シリーズ◇教父と相生

西方キリスト教の女性

その霊的伝承と雅歌の伝統

「キリスト教と女性」研究会 編

教友社

目次

はじめに

本書『西方キリスト教の女性――その霊性と雅歌の伝統』は、二〇二二年に刊行された『古代キリスト教の女性――その霊的伝承と多様性』と対をなす論集であり、両書は共に科研費基盤研究（B）「東方・ギリシア教父と女性――その歴史的実態と東西キリスト教世界における解釈史」（課題番号：20H01191、研究代表者：宮本久雄）の成果を中心にまとめられたものである。また、両書は、二〇一八年に世に送り出された第一巻『愛と相生』から数えると、「教父と相生」シリーズとしては第三、四巻目にあたる（すべて教友社より刊行）。

LGBTQ ＋や同性婚といった言葉を目・耳にしない日はないという今日の日本社会において、また、男女を問わず多くの若きリーダーたちが活躍する現代の世界情勢において、あえてキリスト教における〈女性〉性をテーマにしようというわれわれの取り組みは、ともすれば時代錯誤とも時代に逆行するものとも映るかもしれない。しかしわれわれが意図しているところは、或る特定の「キリスト教的女性観」なるものを同定することにあるのではなく、ましてキリスト教における伝統的なジェンダー概念を強調強化することにあるわけでもない。そうではなく、ジェンダー・フリーが盛んに議論されている今だからこそ、ジェンダー概念を性急に切り捨てることなく、ジェンダーをめぐる抑圧的構造を直視しつつ、しかしジェンダーによってもたらされる解放的・生成的側面にも光を当て、同概念を再考することに意味があると考えるのである。

分担者の一人として、本研究の意図を及ばずながら簡単に説明したい。

本研究グループは、「東方・ギリシア教父と女性――その歴史的実態と東西キリスト教世界における解釈史」を研究課題として、研究代表者・宮本久雄を中心に、研究分担者・足立広明、阿部善彦、海老原晴香、坂田奈々絵、鶴岡賀雄、袴田玲、村上寛、山田順、山田望（アイウエオ順）の総勢十名で構成された。今日しばしばフェミニズムやジェンダー論の観点から批判にさらされる「キリスト教的女性観」なるものが多分に西方キリスト教の特定の思想家に依拠したものであるということ、また、より一般的なキリスト教研究史上においても、ギリシア教父や後のビザンツ文化を通じて豊かに花開いた東方キリスト教の世界観における女性観や、その西方キリスト教世界への影響について、十分に顧みられてこなかったことを問題意識として共有しつつ、①「東方・ギリシア教父時代における女性の主体的な信仰生活とそれを支える教父たちの司牧活動の実態の解明」、②「旧約聖書『雅歌』の註解をめぐる東方・ギリシア教父の伝統とその西方キリスト教世界の女性たちの霊性や〈女性〉性をめぐる言説への影響史の解明」という大きな二つの研究目的を定めた。新型コロナ感染症の世界的流行は本研究グループの構成員それぞれに多大な影響をもたらし、予定されていた調査・研究や国内外の研究者との交流が当初の計画通りには進められなかったものの、その分、メンバーそれぞれがテクストに沈潜し、定期的なオンライン公開研究会やミニシンポジウム、メールでのやり取りを通じて意見を交換しながら、議論を深めていった。三年間の研究活動の中で、本書に寄稿くださった寒野康太氏をはじめ、本研究グループメンバー以外の研究者とも問題意識を共有し、新たな視点や課題がもたらされたことは、本研究にとって幸運なことであった。

本書『西方キリスト教の女性――その霊性と雅歌の伝統』は上記研究目的②に、昨年刊行された『古代キリスト教の女性――その霊的伝承と多様性』は研究目的①に、それぞれゆるやかに対応する研究成果であるが、さまざまな事情で両書に収録できなかった成果や、三年間という短い期間では完遂できなかった課題も当然ある。新たに見つかった課題も多い。近い将来収穫されるであろう実り、今後芽吹くであろう種にも、期待していただければと思う。

さて、雅歌註解を一つの柱とする本書は、村上寛（女性神秘思想・中世民衆霊性）による「ホノリウス・アウグストドゥネンシス『雅歌講解』を巡る女性と女性性の問題について」、坂田奈々絵（教父学・修道院神学）による「雅歌を演じる――マンド司教グイレルムス・ドゥランドゥスと処女奉献式」、阿部善彦（ドイツ神秘思想・女性霊性）による「ことばが宿るとき――エックハルトと女性霊性の生と言葉をめぐる試論」、鶴岡賀雄（宗教学・スペイン神秘主義）による「ルイス・デ・レオンにとっての「女性」の諸相――雅歌読解を中心に」、寒野康太（基礎神学・組織神学）による「霊性の継承――バトラーのカタリナへの眼差し」および「正典としての雅歌――諸解釈の交差する場」（掲載順）という、計六本の論考から成る。

東方・ギリシア教父たちは、雅歌という旧約聖書に収められた若い男女の恋愛詩をもとに、「男性」を神・キリスト、「女性」を教会協働態や信徒の魂と解釈し、神と人との関係を恋愛や結婚の比喩によって捉えてきた。「律法」、「預言書」、あるいは「新約聖書」からも汲み取ることのできない、雅歌のこの特異性は、西方の神学者たちをも惹きつけ、東方の解釈伝統を土台として、いっそう豊かな「男性」像「女性」像を形成していった。このように理解される〈女性〉性が、中世から近現代の西方キリスト教世界において、どのように形づくられ発展していったのか、本書中の論考群は豊かに抜き示してくれている。論考群の中では、そもそもキリスト教会において雅歌を読む・演じるとはどういうことなのかという根本的な問いが提起され、〈女性〉性（そこには、それぞれ重なり合いつつ異なる「処女」性、「花嫁」性、「母層」といった概念も含まれる）が生物学上の性差を超越し、あるいは男性修道士に、あるいは「父」なる神に、あるいは教会建築や典礼そのものの中に見出されるといった視座も提供される。また、シエナのカタリナやアビラのテレジアといった女性聖人に、バトラーやルイス・デ・レオンといった各々の時代の傑出した男性神学者たちがいかに出会い、何を見出したのか、まったく異なるアプローチでそれぞれ肉薄している。これまで日本ではほとんど知られていなかった雅歌註解書や典礼解釈書を取り上げ、雅歌と女性神秘家や典礼との関係性に鋭く切り込み、あるいは、〈女性〉性を軸に宮本久雄哲学や仏教思想との連関にまで思索を展開する、意欲的な取り組みもなされる。

その他、ここでは紹介しきれない数々の問題提起や視座が、読者の皆さんのひとりひとりの思索にとって、よき刺激となり糧となることを願う。

二〇二三年　梅花のころに

袴田　玲

ホノリウス・アウグストドゥネンシス『雅歌講解』を巡る女性と女性性の問題について

村上　寛

1　はじめに

西洋中世における神秘主義には大きく二つの方向性がある。一つはマイスター・エックハルト（一二六〇頃―一三二七年）を代表とする、思弁的ないし普遍的領野を基盤とする本質神秘主義であり、もう一つはいわゆる女性神秘家たちの多くが担った情意的ないし経験的領野を基盤とする愛の神秘主義である。この愛の神秘主義を生み出した主要な土壌が教会における雅歌解釈の伝統であり、またトルバドゥールに代表される世俗の恋愛文学である。従って、婚姻神秘主義と宮廷風恋愛神秘主義の混合あるいは総称こそが愛の神秘主義と言えるが、最初期のトルバドゥールであるアキテーヌ公ギョーム九世（一〇七一―一一二六年）の詩歌に雅歌の要素が見られることを考えるなら(1)、やはり雅歌こそがその根源的な土壌であると言えるだろう。

キリスト教における雅歌解釈の伝統自体はオリゲネス（一八四／八五―二五三／五四年）を嚆矢としてニュッサのグレゴリオス（三三〇頃―三九五年頃）や大グレゴリウス（五四〇頃―六〇四年）、ベダ・ウェネラビリス（六七二／七三年―七三五年頃）やアルクイヌス（七三〇頃―八〇四年）などによって継続的に重要な作品が執筆されているが、ランのアンセルムス（一一一七年没）による『グロッサ・オルディナリア』（*Glossa Ordinaria*）でのオリゲネスへの言及などを契機としつつ、一一世紀から一二世紀にかけてそれまでとは比較にならないほど多くの雅歌注解が作成されることになる。(2) そのような状況において、一二世紀における最も重要な雅歌解釈の担い手はやはりクレルヴォーのベルナルドゥス（一〇九〇頃―一一五三年）であろう。

ベルナルドゥスによる『雅歌についての説教』（*Sermones in Cantica Canticorum*）が、その死後半世紀もたたない内に俗語である古フランス語に翻訳されて流布していたということも暗に示すように、(3) 一三世紀以降の女性神秘家たちとその婚姻神秘主義的モチーフに多大な影響を与えたことはおそらく疑いない。しかし、そのことは無論ベルナルドゥスのみがその源泉であるということを意味しない。その同時代に本稿で中心的にとりあげるホノリウス・アウグストドゥネンシス（Honorius Augustodunensis, 一〇八〇頃―一一五七年頃）をはじめ、ドイツのルペルトゥス（一〇七六頃―一一二九年）やサン＝ヴィクトルのフーゴ（一一世紀末―一一四一年）など様々な人物によって雅歌注解が書かれ、読まれていたことを考えるなら、ベルナルドゥスが大きな影響を与えたにせよ、後の女性神秘家たちが抱く婚姻神秘主義的モチーフの原型はこれら様々な雅歌注解によって醸成されていったと考えることが自然であろう。

一方で、様々な雅歌注解の中には女性神秘家たちへの影響が見出しがたいものもある。ホノリウス・アウグストドゥネンシスの『雅歌講解』（*Expositio Cantica Canticorum*）もそのような作品の一つである。(4) 彼のもう一つの雅歌注解書である『聖母マリアの塑像』（*Sigillum Beatae Mariae*）にあらわれる聖母マリアと花嫁を同一視する解釈が、むろんホノリウスのみに由来するものではないにせよ、その後の中世世界に広く行き渡ったのに対して、『雅歌講解』における解釈はそれほど普及せず、女性神秘家たちの作品にもその影響が見られないように思われるが、それは何故だろうか。本稿では、一三世紀以降の女性神秘家たちに見られる婚姻神秘主義の源泉について明らかにするための予備的考察として、一二世紀の雅歌解釈について、特にホノリウスによる『雅歌講解』における花嫁概念と女性性理解を明らかにした上で、同時代の女性と雅歌解釈を巡る関係について、またその影響史的位置付けについての一つの解釈を提示することを試みたい。

2　ホノリウスについて

ホノリウス・アウグストドゥネンシスはベネディクト会系修道士であり、『教会の大家列伝』(*De luminaribus ecclesiae*)にもその名が記されている、一二世紀における重要な神学者の一人であるが、その生誕と晩年についてはほとんど知られていない。アウグストドゥネンシスという呼び名にしても、それが現在のフランスのオータン(Autun)の古名であるために出身地を示すものとして長くオータンのホノリウスと呼び習わされてきた経緯があるが、オータンの出身であることを示す記録はなく、断片的に伝わるその生涯をかんがみるにオータン出身である可能性はむしろ低い[5]。現在のスイスのアウグスト(Augst)やドイツのアウクスブルグ(Augsburg)との関連も否定されており、アウグストドゥネンシスが示すのは出身地ではなく、彼がその生涯の最後を過ごした地のような縁のある街や修道院に由来する呼び名ではないかと考えられている。

出身地については、『書簡集』(*Speculum Ecclesiae*)の中で「カンタベリーの兄弟へ」という記述があることなどから、ホノリウスが若い頃にカンタベリーの修道院で学んだこと、しかもおそらくはカンタベリーのアンセルムス(一〇三三―一一〇九年)に学んだことはほとんど疑いがないため、自然に考えるならイングランド、中でもアイルランドである可能性が高い[6]。

ホノリウスは最初の著作である『手引き』(*Elucidarium*)によって名声を博したが、ほどなくして司祭の独身制を巡る『司祭の躓き』(*Offendiculum sacerdotis*)を出版したことがおそらくの切っ掛けとなって何らかの衝突が発生し、ドイツに移住することとなった。ジークブルク(Siegburg)はじめとして各地を遍歴した後なのか、或いは直接であるのかは不明であるものの、一一二六年にはレーゲンスブルク(Regensburg)に滞在しており、以後同地のベネディクト会系修道院である聖ペトロ修道院分院で独修士か隠修士として晩年を過ごしたものと推測されている。

ホノリウスは生涯で二つの雅歌解釈を主題とした作品を執筆しており、本稿で中心的に扱う『雅歌講解』はその二作品目にあたる。冒頭で言及されている「前任者のC修道院長」(abbatus C)はおそらく、一一〇五年から一一二六年までジークブルクの聖ミカエル修道院長を勤め、その後レーゲンスブルク司教となったレーゲンスブルクのクーノ(一〇七〇頃—一一三二年)と見られている。クーノの後を継いだ修道院長は、クーノの甥で同名のクーノであるが、一一四六年もしくは一一四七年まで修道院長の職を勤めているため、レーゲンスブルクのクーノの死去後に書かれたとするなら一一三三年以降一一四六年までには執筆されたことになる(7)。

一三世紀以降の女性神秘家への、一二世紀雅歌解釈による影響可能性の有無を射程に入れる本稿がホノリウスによる一冊目の雅歌注解である『聖母マリアの塑像』ではなく、『雅歌講解』を中心とする理由は二つある。一つは『聖母マリアの塑像』が雅歌における花嫁を転義的に聖母マリアと解釈していることである。一三世紀にも広く見出すことができる、花嫁としての聖母マリアという解釈がホノリウスの『聖母マリアの塑像』によって示されたのか、あるいはドイツのルペルトゥス(一〇七六頃—一一二九年)による『主の受肉についての雅歌注解』(*Commentaria in Canticum Canticorum de Incarnatione Domini*)が先行するのかについては議論がある(8)。おそらくはほぼ同時期の成立であり、ルペルトゥスが若干先行するのではないかと言われるが、本稿にとってその点は重要ではない。たとえばマグデブルクのメヒティルト(一二〇七頃—一二八二年頃)にも見られる花嫁としての聖母マリア像というモチーフの源泉がルペルトゥスやホノリウスであることは疑いなく、改めてその影響関係を辿る必要がないと考える

からである。(9)

本稿が『雅歌講解』を中心的に扱うもう一つの理由は、一つ目の理由と表裏一体ではあるが、『聖母マリアの塑像』がそのように広範な影響を与えたと考えられるのに対して、『雅歌講解』の与えた影響が判然としないからである。(10)『雅歌講解』では『聖母マリアの塑像』とは一転して、花嫁を聖母マリアとする解釈が全く見られない。ではそこではどのような雅歌解釈が提示されているのだろうか。またそれは何故だろうか。まずは『雅歌講解』について確認し、そこから得られる視座のもとで『雅歌講解』を巡る中世の女性について考究してみたい。

3　第一の序文

『雅歌講解』は全三部に二つの序文を加えた構成となっている。第一部以降は伝統的な聖書釈義法、つまり歴史的解釈、比喩的解釈、転義的解釈、アナゴギー的解釈という四解釈法に従って、雅歌一章一節から逐語的に解釈していく。二つの序文ではその前提として、婚礼と花嫁について、またその花嫁の追放と和解についてある種物語り的に述べられている。ホノリウスはオリゲネス以来の伝統に従って雅歌を婚礼の歌とする解釈を展開しており、つまり序文で『雅歌講解』全体の解釈方法と概要を提示しているのである。

第一の序文で献呈の言葉に続いてまずはじめに語られるのは、書物について必要とされる三つの要素、つまり著者（auctor）、題材（materia）、意図（intentio）が雅歌の場合何なのかということである。

著者について、ホノリウスは書き手（scriptor）と区別して、著者を聖霊、書き手をソロモンとする。この場合の書き手とは代筆者や口述筆記における書記のような意味ではない。著者について述べるこの段落でホノリウスはleoという単語が動物の種族名であり、星座であり、魚類名であり、人名でもあることをあげながら、著者という単語も多義的であることを示しており、雅歌がソロモンによって書かれていると同時にその真の著者が神であり聖霊であることを示そうとしている。

ここで一つ興味深い点は、ソロモンが「叙事詩の韻律によって三つの書物を生み出し、それらを哲学の三つの部門、すなわち倫理学、自然学、論理学へと割り当てた」(PL 172:348D)と言われていることである。倫理学は箴言に、自然学はコヘレトの言葉に、論理学は雅歌に割り当てられるといわれるが、ここでいわれる論理学はもちろんアベラルドゥス(一〇七九—一一四二年)のような弁証法的論理学ではなく、ましてやすでに広まりつつあった『分析論前書』や『トピカ』、それに『詭弁論駁論』といった著作によるいわゆる新論理学でもない。ここで念頭にあるのは明らかにカッシオドルス(四八五/九〇—五八〇年頃)らによって修道院において継承され、発展してきた自由学芸の文脈における営みとしての論理学であり、そのことは第二の序文後半部で「ソロモンは彼女[花嫁]に、箴言において倫理学を、コヘレトの言葉において自然学を、雅歌において神学を教えた」(PL 172:355B)というように、論理学が神学に置き換えられていることからも理解できるであろう。論理学に帰される雅歌は「そのうちにおいて理性的魂が神への愛によって結合されることを望み、あるいは告げている」(PL 172:348C)霊的探究を物語る書とされているのである。

雅歌の題材については「花婿と花嫁であり、つまりキリストと教会である」(PL 172:349A)と言われる。この時期すでにベルナルドゥスが雅歌の花嫁を教会としてだけではなく、個別的魂とする解釈を説教で展開しているが、ホノリウスは花嫁を教会とする伝統的解釈に従っていることになる。(11) しかし、この後花嫁は四つの方角からやってくる花嫁あるいは追放される側室としての花嫁として論じられており、花嫁としての教会をどのように理解するのかが問題となるが、これは本稿の中心的課題となるものであるため、後ほど改めて考究していきたい。

題材については花婿と花嫁、つまり婚礼であることから、婚礼についてもここで論じられていくことになる。ホノリウスはカッシアヌスにならう四解釈法に従って、それぞれの解釈法によって二様に婚礼を解釈できること、また解釈すべきことを示していく。婚礼は、歴史的・字義的解釈によれば肉の交わりを伴う婚礼（結婚）と、肉の交わりを伴わない婚礼（結婚）の二種類があるといった具合である。比喩的解釈によれば一つは御言葉の受肉、もう一つは神であるキリストが教会の全成員を自分自身に結びつけたことが二様の婚礼として解釈される。転義的解釈によれば、一つは魂が愛によってキリストに結びつけられること、もう一つは劣った存在である魂が神的霊と結びつくことによってもたらされる霊的子孫と言われる善き働きとして解釈され、アナゴギー的解釈によれば、一つは昇天においてキリストが天使の軍勢を自分自身に結びつけること、もう一つは復活の後に全教会を神性のビジョンの内で自分自身の栄光に結びつけることがそれぞれ二様の婚礼として解釈されるのである。

ホノリウスは婚礼についてこれら四つの解釈法による解釈を示した後で、歴史的・字義的解釈を除いた三つの解釈について「福音書では次のように書かれている」として引用箇所を示しながら、雅歌に示され、上述のように解釈された婚礼を歴史の中で実現され、成就する三つの婚礼として提示する。すなわち、受肉、昇天、審判の後に至る栄光である。婚礼に聖書的な歴史を読み込んでいく形式はこの『雅歌講解』の一つの特徴であり、二つ目の序文でより明確に示されることになる。

雅歌の意図については簡潔に語られる。それは「どんな方法であれ教会あるいはキリストの花嫁たる魂を花婿なるキリストに愛によって結びつけることである」（PL 172:350A）とされる。この愛は二つの方法で語られるとされており、一つは神の掟を保持することを意味する神への愛、もう一つは他害の禁止と「人々があなたにしてくれるよう望むことを、同じように彼らに行いなさい」（マタ7・12）という善行のすすめとしての隣人愛である。

第一の序文冒頭で語られる書物の要素は以上の三つであるが、ホノリウスは続いて雅歌という標題について述べていく。雅歌が「称賛の中の称賛」（laus laudum）、つまりあらゆる歌の中で最も優れたものであり、最も聖なるものであるという主張に特異性はないが、歌（canticum）と詩（carmen）を区別して論をすすめていく点については指摘しておくべきだろう。

さて、しかし歌 canticum と詩 carmen の間には違いがある。詩の韻律は確かな法則によって定められているのに対して、歌は合唱することによって鳴り響く。歌は永遠なるものに由来する精神の心地よさであり、良き命と理解されるのであり、それによって永遠の歓喜の心地よさが獲得されるのである。（PL 172:350B）

この箇所の直後で、雅歌一章一節の「彼が私に口づけしますように」（雅歌1・1）について、「これらの言葉は歌ではなく、むしろ歌による行為である。というのも、それらは愛の内にある義なる人々の良き生命を歌っているからである」（PL 172:350C）と言われるように、歌は行為であり、命であり、心地よさであると言われる。雅歌が最も優れた、最も聖なる歌であるからには、「歌は実に義なる人々の生命」であり、「雅歌は完全なる人々の生命」であり、その行為であり、そのような人々を通じて成就する神の救いのわざであることになる。しかも、ここで言われる行為は単なる動作としての行為ではなく、ある事柄についての完遂あるいは成就というニュアンスを含んだ行為である。

ホノリウスは雅歌が旧約聖書の諸書における五番目に置かれるべきであるとするが、それは雅歌が行為としての歌であり、愛の五つの段階、つまり一瞥、挨拶、接触、口づけ、行為というその五番目の行為に相当するためであるとする。(12) このような愛の段階は神との婚姻神秘主義的な霊的身体性の次元ではなく、神による教会・人類への救済の歴史として語られる。すなわち、一瞥は族長時代における神の選びを、挨拶はモーセをはじめとする預言者たちの言葉を、接触は受肉したイエスの働きを、口づけは復活したイエスが語り出す平和を意味するのであり、これらの成就が「審判が実現して主御自身の喜びへと導き入れられるとき」に世界のはじめから用意されている王国を受け取る（マタ25・34）という行為であると言われるのである。

雅歌における様々な要素を歴史として解釈提示していくことがこの『雅歌講解』の一つの特徴であるが、このことは次に語られる「世界の四つの地域から、四つの福音書によって花婿の寝室へと集められる」（PL 172:351C）花嫁において顕著である。ホノリウスはたとえば詩編が三つの部分に分かたれていることを指摘しながら、聖なる書物にはそれぞれ固有の区分や数があり、この『雅歌講解』の場合花嫁が四つの地域から四つの福音によって集められているがゆえに四つの部分に分かたれていると述べ、それぞれの方角からやってくる花嫁について述べていく。

東から導かれてやってくる花嫁は律法以前の族長のもとで選ばれた多くの人々（multitudo）であり、戦車に乗ってやってくるファラオの娘であるとされる。南からの花嫁は律法のもとにある時代に預言者のもとで選ばれた群衆（turba）であり、ラクダに乗ってやってくるバビロニア王の娘であるとされる。西からの花嫁は恩寵のもとで使徒たちによって信仰へと引き寄せられた多くの人々であり、アミナダブの四頭立て馬車に乗ってやってくるシュネムの女であるであるとされる。北からやってくる花嫁はアンチキリストのもとで不信仰から信仰へと向け変えられることになる群衆であり、手で持って運ばれる頭のないマンドラゴラの少女であるとされる。

東の花嫁	南の花嫁	西の花嫁	北の花嫁
ファラオの娘	バビロニア王の娘	シュネムの女	マンドラゴラの少女
戦車	ラクダ	アミナダブの四頭立て馬車	手
族長	預言者	使徒	アンチキリスト
律法以前	律法のもと	恩寵のもと	アンチキリストのもと
多くの人々	群衆	多くの人々	群衆

このうち、ファラオの娘、バビロニア王の娘、シュネムの女の三人は列王記上に典拠を持つが、当該箇所を示しながら確認していくことは冗長になりすぎるので省略する。但し、マンドラゴラの少女については若干の補足が必要だろう。

マンドラゴラ Mandragora は雅歌7章14節にあらわれる、しばしば恋なすびとも訳されるナス科の植物である。古代から鎮痛、鎮静効果のある薬草として利用されており、創世記30章1―17節では強精や妊娠に効果のある薬草として登場している。中近世以降においては、引き抜くときに叫び声をあげ、その叫び声を聞いたものは死んでしまう人型の植物という迷信が有名であろう。マンドラゴラには雌雄があるともされており、ここでは創世記などに見られる強精や多産のイメージと雌の人型植物としてのイメージが結び付き、四人の花嫁の一人として描かれていると思われるが、雅歌の花嫁をマンドラゴラとする解釈は他に類例がなく、この『雅歌講解』に特異な点である。(13)マンドラゴラに頭がないという伝承の出典は不明だが、植物としてのマンドラゴラは複雑に絡み合った根が人間の胴体のように伸び、先端が足のように二股に分かれていることがある。根の部分のみで見れば頭に相当する部分がないことがこのような表現の根拠であろう。『雅歌講解』ではこの頭はアンチキリストであるとされ、つまりマンドラゴラとは真の頭たるキリストを求めてやってくる群衆であるということになるのである。(14)

さて、この四人の花嫁について指摘しておきたいことは、この花嫁が「多くの人々」とか「群衆」と呼ばれていることである。男女関係なく複数の人々を示すこれらの語は、文法的には女性・単数形であり、つまりホノリウスはやはり女性・単数形である教会を文法的性と数を変えずに人々へとスライドさせることによって、語りかけている男性、特に修道士を巧妙に花嫁へと巻き込んでいるのである。

ここに垣間見えるのは入念な女性化の回避である。たとえばベルナルドゥスの『雅歌についての説教』においては、男性性が霊的かつ上位、女性性が肉的かつ下位というような位階秩序を前提とするにせよ、個別的魂としての花嫁と花婿キリストの婚姻において個別的魂、つまり修道士の女性化が要請されることになる。[15] 人間性の内に男性性と女性性を見出していくこのようなまなざしは『雅歌講解』には見られないものである。比喩的解釈それ自体は特筆すべきものではないが、ホノリウスは女性・単数形である花嫁としての教会を即座に女性・単数形である「群衆」へと移行させることによって女性的な表象に巻き込まれることを極力回避しようとしている点において特徴的であるように思われるのである。ニュッサのグレゴリウスが「聖書の言葉は霊魂に対する、より大なる欲求への励ましと勧告の声なのである。［略］さて、かくして花嫁としてあなたがこの高みに達したとき、それによって既に完全性（teleiotēs）に到達したかのごとくに更に登攀することを止めてはならない[16]」と、花嫁を教会および個的ペルソナとして解釈し、読者および聴衆に対して花婿キリストに相応しい花嫁として協働態としての完成を目指すよう勧告するように[17]、二人称的な語りかけにおいて女性的表象である花嫁を模範とし、同一化を促すことは雅歌解釈全般において自然な発想であると言える。しかし『雅歌講解』序文において、模範的花嫁との同一化を求める姿勢は一切見られない。さらに言うなら、この序文では献呈の挨拶部分とはじめの部分で三度用いられる「あなたもおわかりのように」という表現、そして聖書引用を除いた本文では二人称が用いられていない。つまり、女性名詞ではあるが男性性を含んだ概念である「多くの人々」や「群衆」という語を用いることによって、二人称的語りかけによる花嫁との直接的同一化を避け、花嫁という語に付随する女性的特質を可能な限り希薄化させた上で、三人称的な教会として花嫁を解釈していくことを主たる読者である修道士たちに促しているのである。

このような女性化の回避および希薄化を潜在的要素として含みつつ、第二の序文では花嫁が人間本性として語られていくことになる。

4　第二の序文

第二の序文は次のように始まる。

相続者を持つことを望む天の国の支配者は、自分自身に等しい子を生んだ。この子を、「彼は全世界の相続者と定め、そしてその子を通じてこの世を創造した」（ヘブ１・２）。王国の共同相続者たる息子たちを持つことができるようにと、父は息子を女王および側室と、つまり天使および人間本性（humana natura）と婚約させたのである。しかし、ある指導者が悪政を覚え、至高者と似たものになろうと望んだ。支配者をおろそかにする女王はこの者の悪政に同調し、暴君に寄り添い、この姦通によって汚れた彼女は王国の玉座から追放され、その暴君とともに永遠の流刑を宣告されたのである。そこで次に、すぐれた品位ある側室（concubina）が王国と王冠を与えられた。（PL 172:353C）

第一の序文で教会として語られていた花嫁は、ここでは人間本性として語られている。人間は堕落した天使たる女王に代わって王国を与えられる品位ある側室とされるが、ただちに婚礼が成就して終わりとはならない。人間本性を意味する側室であり花嫁である彼女は、完全に飾られていなかったという理由でその婚礼および戴冠が延期されることになる。飾りとはなんだろうか。「ところで人間本性の飾りとは、神的律法への従順である」（PL 172:353D）と明言するように、飾りは従順と同一視される。

雅歌において歌われるような身体的美や自然的美にかかわる解釈ではなく、従順という徳としての解釈だけが強調されることは雅歌解釈としては奇異な感がある。しかしこれは花嫁を人間本性とした時点で、ある種必然的な要請となってくるのである。

この直後の箇所では、天使であるところの恋敵である女王が、人間本性であるこの花嫁を妬んで従順の飾りをだまし取り、つまり花婿である神ではなく女王に従うようにしてしまったと語られている。それゆえにこの花嫁は天国を追放され、キリストと殉教者によって従順の飾りが取り戻されるまで世界を彷徨い苦しむことになったとされているのだが、これが創世記における堕罪と追放を念頭に置いていることは明らかである。楽園追放の原因を神の言いつけに従わなかったことによる不従順に見ることは一般的であり、そうであるからにはここで人間本性として解釈される花嫁が失う飾りは従順でなければならなかったのである。

但しこのような解釈について理解する上で注意すべき重要な点がある。それは、この花嫁が決してエバとは同定されないということである。しかも、このような不従順による追放と従順による回復というテーマは、すでに二世紀のユスティノス（一〇〇頃―一六五年頃）やエイレナイオス（一三〇／四〇頃―二〇二年頃）の内に見られる、エバが犯した不従順をマリアが従順において贖ったという、いわゆる第二のエバの教義を当然想起させるものであるが、[18]この『雅歌講解』序文でこの後聖母マリアが言及されることも、そのような対比構造が示されることもない。これは何を意味しているのだろうか。第一の序文と同様、花嫁をあくまで人間本性や教会とすることによって、エバや聖母マリアのような聖書における具体的な登場人物の女性と結びつけることを回避しようとした結果ではないだろうか。そのことによって、男性である修道士たちが、男性である自分たち自身の事柄として花嫁を理解し、受け取りやすくできるような解釈をホノリウスは提示しているのである。

第二の序文では続いて、聖書の歴史を辿りながらその中で花嫁がいかに彷徨い、苦しめられ、受け継がれ、従順の飾りを取り戻し戴冠あるいは婚礼に至ったのかが語られる。

この花嫁が具体的な女性と結びつかない観念であることは、創世記6章1―4節に基づく次の箇所でも明言されている。

それゆえ天国から追放されたその女性（expulsa）は、飾りを取り戻すために世界を彷徨っていたのである。というのも、そのときまで彼女には［導いてくれる］法もなく、教師もいなかったからである。彼女の恋敵によって唆された巨人族はあたかも追い剥ぎのように彼女をへんぴな場所へと導き、悪徳の内にある多くのあさましさによって彼女を汚したのである。彼女の不幸によって大いに苦しんだ花婿はその敵たちを洪水によって洗い流した。そしてさらに私たちのことに他ならない彼女自身を保護するためにいわば家庭教師（paedagogum）に引き渡したのである。（PL 172:354B）

このように、決して女（femina, mulier）とは言われず、代名詞や分詞の女性形で現れる人間本性あるいは教会であると言われた花嫁は、ここで明確に「私たち」と呼ばれることになる。従って、人間本性であるとも言われるものの、この花嫁が抽象概念のようなものではなく、やはり人々、特に教会の成員であることは明らかである。「この飢饉の後でそれを耐え抜いた女（passa）はエジプトへ向かいファラオによって奴隷にされ」（PL 172:355C）であるとか、「その後、花嫁はバビロンへ連れて行かれたが、キュロス王の元での奴隷状態からキリストの名によって解放され[19]、祭司イエスによってエルサレムへと連れ戻された」（PL 172:355C）といった記述はこのような文脈で考えれば理解しやすいだろう。それどころか、後者の引用の直後では、次のように花嫁が教会の成員であることがホノリウス自身によって解き明かされている。

これは次のようなことを告げ知らせているのである。つまり、その構成員の多くが異端や種々の悪徳へと魅了されてしまった教会が連れて行かれ、神と天使の面前で異端や悪徳に混じらされてしまったが、改悛して真の祭司たるイエス・キリストによって解放され、エルサレム、つまり教会あるいは天のエルサレムへ連れ戻されるということである。(PL 172:355D)

他方で、花婿が花嫁を「サラのもとへ送った」(PL 172:354C)であるとか、「イサクが彼女をメソポタミアからリベカの内へと導き入れた」(PL 172:355A)であるとか、「ダビデは気晴らしに散歩していて裸の彼女を見つけたがウリヤの妻であることを残念に思って、彼を殺すことによって彼女を自分自身と結びつけ」(PL 172:356A)であるとか、「ソロモンが彼女をファラオの娘において自分自身に結びつけた」(PL 172:356B)といった記述のように、明確に女性と関連付けて語られている記述についてはどのように解釈すべきだろうか。

具体的な女性があげられてはいるものの、「サラのもとへ送った」とか「ファラオの娘において自分自身に結びつけた」と言われているように、ここであげられている女性が花嫁自身ではないということが重要である。これらの女性を通じて導き入れられ、受け継がれる人々こそがやはり花嫁なのである。

このように、いうなれば「女性によって」、キリストに結びつけられる教会の成員が導き入れられてきたという意味で、この『雅歌講解』において女性および女性性の価値は決して軽視されていないとも解釈しうるが、ヤコブについての次のような言葉はやはりそのような解釈を否定するものであるように思われる。

それゆえヤコブは一方は多産であり、他方は実り少ないレアとラケルをゆだねられたのである。そうしてついにエジプトを飢饉の危機から救った者を生み出したのであり、そのことのゆえに彼は世界の救世主と呼ばれたのである。(PL 172:355B)

このように、生み出すのは男性であるヤコブであり、他の箇所でも生み出すということに関わる動詞の主語はダビデであり、キリストであり、男性である。ここまでの考察においても度々目にしてきた女性性の忌避をここにも見ることができるのである。

このことは、従順の飾りを失ったことによる花嫁・人間・教会の追放状態がキリストおよび使徒たちによって回復されるということにも示されている。

多くの悪、多くの労苦、多くの悲惨の後で、花婿自らが危機のただなかにあった自分自身の花嫁を訪れ、失われた飾りを彼女自身の従順さによって取り戻した彼女を再び迎え入れ、汚れから洗礼によって浄め、教えとしるしと模範によって包んだのである。彼自身のことである肥えた仔牛をその宴のために屠ることを許し、御自身の血によって彼女を飾り、十字架のしるしによって保証したのである。介添人に、つまり使徒たちに彼女をゆだね、彼自身は婚礼を準備するために天へと出発した。次いで介添人たちは受け取った彼女をしるしと教えによってその死に至るまで飾り、その継承者である殉教者たちは彼女を自分自身の血によって照らし、教師たちは多くの書物によって彼女を飾ったのである。そのうえで、完全に飾った彼女を天使たちの群衆が天の中庭にいる花婿のもとへと戴冠のために導き、彼は彼女を栄光の玉座の内で御自身の王国の共同相続人とするだろう。(PL 172:357A)

従順さを取り戻すことそれ自体は花嫁に生起する事柄であるが、従順の飾りをもたらすのはキリストの血であり、使徒の教えであり、殉教者の血であり、教師たちの書物であり、あくまでも男性である。かくして、ホノリウスは雅歌を婚礼の詩歌とみなし、女性性と結びつけた人間本性の堕罪としての婚礼の延期にはじまる救済史を、男性によるその回復としての婚礼の成就として語り出すのである。

5　おわりに

ホノリウスによる『雅歌講解』序文をここまで読み進めてきた。

花嫁モチーフに必然的に伴う女性化の回避あるいは女性性の忌避についてはすでに指摘してきたところだが、それに加えて、グレゴリウスに見られるような新プラトン主義的な神へのエロス的愛や、ベルナルドゥスの解釈に見られるような雅歌本文における身体性への言及をおそらく意図的に避けていることも指摘できるだろう。このことは、雅歌解釈の思想史的影響関係というよりも、おそらくホノリウス自身の黙示録的終末観と結びついた霊的救済史への関心の強さによるものと思われるが、やはり同時に、この『雅歌講解』が男性である修道士たちだけに向けて書かれたものであることが主要な原因となっているのではないだろうか。

特に修道制の伝統において、神の像にかたどって創られたものである人間は、できる限り神と似たものになること、またキリストに倣うことによって未完成なものとしての人間本性の完成を不断に目指すことが求められるわけだが、父や子（filius）といった性差を含む表現や、歴史的なイエス自身が男性であるために、女性がキリストと似たものになることによって同様に完成を目指すためには性自認とのギャップという一つの障害を乗り越える必要があることがしばしば指摘されてきた[20]。

しかし雅歌においてこの関係は逆転することになる。女性はシームレスに自分自身を花嫁と同一視することができるのであり、またしばしば女性たちは男性によってそのように花嫁を模範とすることが推奨されてきた[21]。あるいはビンゲンのヒルデガルト（一〇九八―一一七九年）のように、自分自身を雅歌の花嫁と同一視して語ることはないにせよ、しばしば雅歌の聖句を引用しながら女性、特に肉の交わりを避ける修道女が子なる神の花嫁になりうることを語り[22]、また自分の修道院の姉妹たちを黙示録における花嫁になぞらえてきらびやかな装飾を身につけさせ聖務日課を行うといったように、自然な形でキリストの花嫁になることができたのである[23]。

一方で男性は花嫁であることを比喩的もしくは霊的に受け取らざるをえない。その伝統的な解決法が花嫁を教会として解釈することであり、ホノリウスもそのような伝統に従っているわけだが、この『雅歌講解』では女性性を可能な限り希薄化させることによって、男性である修道士が花嫁であるという違和感を軽減することが企図されているのではないだろうか。花嫁を女性名詞でありながら男女双方を含んだ言葉である自然本性（natura）や群衆（turba）と言い換えるのはその典型である。

最後に、一三世紀以降のいわゆる女性神秘家への影響関係について見通しを述べつつ本稿を閉じたい。神学的な高等教育から遠ざけられていた女性たちが、ラテン語で書かれた精緻にして極めて高度な聖書の比喩的解釈である『雅歌講解』に直接触れる可能性がほとんどなかったことは言うまでもないが、ベルナルドゥスの雅歌説教や花嫁としての聖母マリア解釈のように、『雅歌講解』で示されているような解釈もまた説教などを通じて広く一般化した可能性は十分にあったはずである。しかし一六世紀に至るまで多くの写本が作成された『雅歌講解』は、雅歌解釈における重要な作品であるにもかかわらず、雅歌にもとづく婚姻神秘主義を展開する女性神秘家たちの著作の中にその痕跡を見出すことができない。

四つの方角からやってくる花嫁やマンドラゴラ、そしてとりわけ婚礼の延期としての堕罪と婚礼の救済史解釈といった『雅歌講解』におけるモチーフが彼女たちの著作に見られないとするなら、それは彼女たちが『雅歌講解』に触れる機会がなかったからであるとか彼女たちが比喩的解釈を好まず経験や情感に立脚していたからというだけではなく、『雅歌講解』の解釈が基本的に男性に向けたものであり、反女性性的な性質を備えたものであるために彼女たちにとって魅力的な解釈とはならなかったからであるということもありえるのではないだろうか。

注

（1）Doronke, Peter, "*The Song of Songs* and Medieval love-lyric", in *The Bible and Medieval Culture*, edited by W. Lourdaux and D. Verhelst, Leuven : Leuven University Press, 1979, p. 237.

（2）グレゴリウス改革による聖職者および修道士の「純化」を証言するものとしての結婚イメージが雅歌への関心の高まりを促したことがしばしば指摘されている。Cf. Eng, Line Cecilie, *Gendered Identities in Bernard of Clairvaux's Sermons on the Song of Songs : Performing the Bride*, Turnhout : Brepols, 2014, p. 403.

（3）ベルナルドゥスによる『雅歌についての説教』古フランス語訳の文体についての分析は以下に詳しい。植田裕志「聖ベルナールの『雅歌についての説教』とその古フランス語訳について」『名古屋大学文学部研究論集』一二七号、八七―一〇二頁。

（4）*Honorii Augustodunensis Opera omnia, ex codicibus mss. et editis nunc primum in unum collecta, opuscula, epistolæ, diplomata* (PL 172), Parisiis : Excudebatur et venit apud J.-P. Migne editorem, 1895, pp. 347-496. なお現代語訳は管見の限り、序文についての拙訳のみである。「ホノリウス『雅歌講解』試訳（1）」『清泉女子大学キリスト教文化研究所年報』第三〇巻、二〇二二年、四一―六一頁。

（5）ホノリウスの生涯については代表的な研究をあげるにとどめる。Flint, Valerie, "The Career of Honorius Augustodunensis, Some Fresh Evidence," *Revue bénédictine : de critique, d'histoire et de littérature religieuses* 82, 1972, pp. 63-86. Beinert, Wolfgang, *Die Kirche-Gottes Heil in der Welt : die Lehre von der Kirche nach den*

Schriften des Rupert von Deutz, Honorius Augustodunensis und Gerhoch von Reichersberg : ein Beitrag zur Ekklesiologie des 12. Jahrhunderts, Münster : Aschendorff, 1973, pp. 38-50.

（6）古い研究になるが、Endres はレーゲンスブルク近郊の出身である可能性を提示している。ホノリウスが生涯の最後を過ごした地であるレーゲンスブルクの修道院長クリスティアヌスがカンタベリー修道院と関係が深く、若い時期にカンタベリーに派遣されていたという解釈である。Endres, Joseph Anton, *Honorius Augustodunensis : Beitrag zur Geschichte des geistigen Lebens im 12. Jahrhundert*, Kempten : Kösel, 1906, p. 14. また、Bauerreiß は Augustodunensis を「アウグスティヌスの街」（Augusutinusstadt）、つまり初代カンタベリー司教の聖アウグスティヌスに由来する街であるカンタベリーと解釈している。Bauerreiß, Romuald, "Honorius von Canterbury（Augustodunensis）und Kunol., der Raitenbucher, Bischof von Regensburg（1126-1136）", *Studien und Mitteilungen zur Geschichte des Benediktinerordens* 67（1956）, pp. 306-313.

（7）Flint, Valerie, "The Chronology of the Works of Honorius Augustodunensis," *Revue Bénédictine* 82（1972）, pp. 233-234. Flint は、ホノリウスが詩編講解を初学者向け、伝道の書講解を中級者向け、雅歌講解を上級者向けの事業であると述べていることを根拠に、この『雅歌講解』が遅い時期の作品である可能性を指摘している。なお、Endres は『雅歌講解』写本がプリューフェニング修道院の一一五八年の蔵書目録には見られること、一一五一年にはおそらくほとんど知られていないということも根拠としながら、このC修道院長を一一三三年から一一五三年にわたって実質的に治めていたレーゲンスブルクのスコットランド聖ヤコブ修道院長クリスティアヌスと解釈しており、この仮説に従うと一一五四年以降の成立ということになる。Endres, *op. cit.*, p. 56. Cf. Riedlinger, Helmut, *Die Makellosigkeit der Kirche in den lateinischen Hoheliedkommentaren des Mittelalters*, Münster, Westf. : Aschendorff, 1958, p. 137.

（8）Astell, Ann W., *The Song of Songs in the Middle Ages*, Ithaca : Cornell University Press, 1990, p. 44.

（9）聖母マリアと雅歌を結びつける重要な淵源はすでに九世紀に見られる。ヒエロニュムスの偽名で書かれたパスカシウス・ラドベルトゥス（七九〇頃–八五九年頃）による『あなたがたは私に強いる』（*Cogitis me*）では聖母マリア被昇天の祭儀について雅歌を引用しつつ、雅歌の花嫁としての乙女マリアに言及している。しかしこのようなマリア論的解釈が広く認知されるのはやはりホノリウスやルペルトゥスを待たなければならない。Matter, Ann E., *The voice of my be loved : the Song of Songs in western medieval Christianity*, Philadelphia : University of Pennsylvania Press, 1990, pp. 152-155.

（10）『雅歌講解』の写本は一〇〇近く現存しており、そのうち一七は一二世紀に作成されていることから、広く読まれていたこと自体は疑いない。*Ibid.*, p. 59.

（11）なお、中世以前の雅歌解釈の伝統に花嫁を比喩的に教会や普遍的魂として解釈しないものはない。唯一、現在では失われたペラギウス主義者のエクラヌムのユリアヌス（三八〇／八六頃―四五四年頃）による雅歌解釈書である『愛について』（*De amore*）のみが字義通りに解釈していることをベダ・ウェネラビリスが指摘し、そのような解釈を非難している。Matter, *op. cit.*, pp. 97-98.

（12）このような愛の五つの段階はホラティウス、テレンティウス、オウィディウスといったラテン文学に遡るものであり、カルミナ・ブラーナのような中世の俗謡歌集や、俗語文学であるトルバドゥールによる詩歌の内にも見られる定型的なものである。Cf. Ohly, *Friedrich, Hohelied-Studien : Grundzüge einer Geschichte der Hoheliedauslegung des Abendlandes bis um 1200*, Wiesbaden : Steiner, 1958, pp. 256-257.

（13）この『雅歌講解』におけるマンドラゴラは終末論的なアンチキリストと深く結びついている。マンドラゴラ表象が意味するものについての分析は以下を参照。Rauh, Horst Dieter, *Das Bild des Antichrist im Mittelalter : von Tyconius zum deutschen Symbolismus*, Münster : Aschendorff, 1973, pp. 262-264.

（14）八世紀以降、雅歌は黙示録と密接に結びつけられて解釈されており、ホノリウスもそのような伝統のもとにいる。雅歌と黙示録の関係については本稿のテーマを越えるので扱わない。Cf. Matter, E. Ann, "Exegesis of the Apocalypse in the Early Middle Ages", in *The Year 1000: Religious and Social Response to the Turning of the First Millennium*, edited by Michael Frassetto, London : Palgrave Macmillan, 2022, pp. 29-40.

（15）最も直接的に修道士と花嫁を同一化しているのは説教七四である。ベルナルドゥスにおける女性性や女性化については以下を参照。Eng, *op. cit.*, pp. 203-262. ベルナルドゥスの婚姻神秘主義に位階秩序を読み込む解釈についても同書による。

(16) 日本語訳は以下に従った。ニュッサのグレゴリオス（大森正樹他訳）『雅歌講話』新世社、一九九一年、二〇一―二〇三頁。

(17) 宮本久雄『愛の言語の誕生――ニュッサのグレゴリオスの『雅歌講話』をてがかりに』新世社、二〇〇四年、一五九―一六二頁。

(18) カール・ラーナー（光延一郎編著）『主の母マリア――カール・ラーナーに学ぶカトリック・マリア神学』教友社、二〇二一年、二六九頁。

(19) 代下36・22。

(20) アレクサンドリアのフィロン（前二五―後四五年）やヒエロニュムス（三四七頃―四二〇年）によれば、女性は霊的な完成を目指す過程において霊的に男性になる必要があるとされる。『トマスの福音書』におけるマグダラのマリアやペルペトゥアの変身もそうした見方を反映している可能性がある。Eng, *op. cit.*, pp. 17-22.

(21) Cf. Bynum, Caroline Walker, *Jesus as mother : studies in the spirituality of the High Middle Ages*, Berkeley : University of California Press, 1984, p. 161. なお、前註との関係で言うと、ヒエロニュムスもエウストキウムに対して雅歌の花嫁と自己を同一視することを認め、推奨している。Cooper, Kate, "The Bride of Christ, the "Male Woman," and the Female Reader in Late Antiquity", in *The Oxford handbook of women and gender in medieval Europe*, edited by Judith Bennett and Ruth Karras, Oxford ; New York : Oxford University Press, 2013, p. 534. またペトルス・ダミアニ（一〇五〇頃―一一一五年）も女性に対する手紙の中で、雅歌の花嫁やシェバの女王を模範とするように勧告している。Matis, Hannah W., "The Song of Songs in the Early Middle Ages: From Gregory the Great to the Gregorian Reform", in *A Companion to the Song of Sgons in the History of Spirituarity*, edited by Timothy H. Robinson, Leiden : Brill, 2021, p. 92. あるいは、推奨されずとも自然とキリストを自分の夫と見なしたモビュージュのアーデルグンディス（六三〇頃―六九四年）や、ニヴェルのジェルトルード（六二六頃―六五九年）のような女性もいる。Cf. Hadewijch d'Anvers, *Écrits mystiques des béguines*, traduits du moyen-néerlandais par J.-B. Porion, Paris : Éditions du Seuil, 1954, p. 19.

(22) McGinn, Bernard, "Women Interpreting the Song of Songs: 1150-1700", in *A Companion to the Song of Sgons*

in the History of Spirituarity, p. 251. ヒルデガルトと雅歌については以下も参照。McGinn, Bernard, "Women reading the Song of Songs in the Christian tradition", in *Scriptural exegesis : the shapes of culture and the religious imagination*, edited by Deborah A. Green and Laura S. Lieber, Oxford : Oxford University Press, 2009, pp. 284-290.

（23）バーバラ・ニューマン（村本詔司訳）『ヒルデガルト・フォン・ビンゲン』新水社、一九九九年、二四七—二五二頁、三〇—三一頁。

雅歌を演じる

――マンド司教グイレルムス・ドゥランドゥスと処女奉献式――

坂田　奈々絵

はじめに

古代末期から現代に至るまで、雅歌は様々な文脈で引用され、読み解かれてきた。それでは実践、特に典礼の場において、雅歌はどのように扱われてきたのだろうか。本稿では、一三世紀の教会法学者マンドのグイレルムス・ドゥランドゥス（Guillelmus Durandus, 1230/31–1296）が『聖務の理論 *Rationale Divinorum Officiorum*』にて展開した典礼解釈における雅歌の引用に注目する。その上で婚姻モティーフと強い関係をもつ、「処女奉献式」の注解を考察の対象とする。そこでまず、ドゥランドゥスと『聖務の理論』について、その性質や内容を確認したうえで、ドゥランドゥスによって編纂された『司教典礼書』における処女奉献式の流れと特徴を概観する。そして、『聖務の理論』で展開される「処女奉献」解釈における雅歌の引用について、同書の聖書解釈の特徴を視野に入れて分析を行う。それによって、中世盛期の処女奉献式における雅歌の引用の実際と機能について明らかにしたい。

1　マンド司教ドゥランドゥスと『聖務の理論』

ドゥランドゥスは一二三〇年頃、ランス南部ラングドック地方のベジエ近郊のピュイミソンに生まれた[1]。彼の前半生については定かでない部分も多いが、ボローニャにて法学博士号を取得した後は、一二六三年頃から教皇庁にてクレメンス四世（在位一二六五―一二六八）およびグレゴリウス一〇世（在位一二七一―一二七六）に仕えたことが知られている。また一二七四年に開催された第二リヨン公会議の憲章の注解を執筆し、一二七八年には教皇領ロマーニャの総督として行政にも携わるなど、多岐にわたる活躍を見せる。その後、一二八五年に南仏・マンド司教に選出されるが、多忙であったドゥランドゥスが実際にマンドに赴任したのは一二九一年のことであった。また一二九五年にはボニファティウス八世（在位一二九四―一三〇三）からラヴェンナ大司教着任への要請を受け、一度はそれを拒否するが、同年、マルカ・アンコニターナとロマーニャの統治者に任命される。ロマーニャでは皇帝党勢力の鎮圧に赴いたが失敗し、一二九六年にローマに戻り、同年一一月一日に没した。その遺体はドミニコ会の教会サンタ・マリア・ソプラ・ミネルヴァに埋葬されている。

ドゥランドゥスは教会法学者としてキャリアを築いた人物であり、その主著として知られているのは、訴訟の手続きなどについてまとめた実践的な『裁判の鏡 *Speculum iuris*』（一二七一―七六年刊行、後増補改訂）、『教会法黄金目録 *Repertorium aureum iuris canonicis*』などである。それにくわえて、典礼や司祭養成のための文書も多数残している。また、一二九二年から一二九三年にかけて『司教典礼書』を編纂した[2]。この典礼書は広く受容され、教皇庁にて編纂された一五九六年の『ローマ司教典礼書』にも大きな影響を与えることとなった。これらに加えて、司祭養成のための典礼マニュアル『手ほどきと憲章 *Instructiones et Constitutiones*』（一二九二―九三年、一二九四―九五年に改訂）を作成したほか、マンドの教会のためにミサ通常文の改訂（Ordinarium Ecclesiae Mimatensis）を行っている。

さて、今回注目する『聖務の理論』は一二八六年に第一版が完成し、その後一二九六年まで第二版の編集が行われたものである。主に聖職者教育のために書かれ、現代では後述する「典礼注解書」というジャンルに属するとされている。全八巻構成からなり、一巻では教会そのものの概念および、聖堂の各部分や備品に関する注釈、そして献堂式が扱われる。二巻では聖職者の位階やそれに関する儀式、三巻では祭服やその他典礼用品、四巻ではミサの各部分について、五巻では聖務日課、六巻では主日と祭日について、七巻では聖人の祝祭日、そして八巻では暦とその計算法が扱われる。同書は一七世紀にいたるまで広く流布した。現在確認されている写本は一三九点あり[3]、印刷本は一六世紀初頭の段階ですでに四四版を重ね、同時期におよそ二万部刷られたと推測されている[4]。しかし典礼の様々な部分に対する詳細な注解は儀式の付随的要素を過剰に意味づけすることにも繋がり、特にルターによって名指しで批判されることにもなった[5]。その後、一九世紀にジョン・マーソン・ニールとベンジャミン・ウェブが *The Symbolism of Churches and Church Ornaments, a Translation of the First Book of the "Rationale divinorum officiorum"* を出版し、ドン・ゲランジェらに再評価されるまで、ほとんど顧みられることがなくなる。そして現代では、特にカトリックの典礼研究の視座からはしばしば否定的な文脈で扱われることもある[6]。とはいえ、ドゥランドゥスの文書は、教会建築や美術、様々な仕草や物質の扱いを巡る、中世の象徴主義を証言する重要な史料であり、また当時の典礼において、どのように聖書が用いられ、読み解かれていたのかを探る手がかりともなる。それによって、雅歌解釈の実践の場を垣間見ることもできるだろう。

2　典礼注解書と「雅歌」

ドゥランドゥスによる『聖務の理論』は、当時様々な人物によって書かれていた「典礼注解書」[7]の集大成に位置づけられる。このジャンルの直接的なルーツはメッツのアマラリウスによって書かれた『典礼学概論 *Liber officialis*』（八二三頃）とされ、一一世紀から一三世紀初頭には、ドイツのルペルトゥスの『聖務について *De divinis officiis*』（一一〇八―一一）、ヨアンネス・ベレトゥスの『教会聖務大全 *Summa de Ecclesiasticis Officiis*』（一一六二）、セニのロタール（後のインノケンティウス三世）による『ミサの神秘について *De missarum mysteriis*』（一一九七頃）、クレモナのシカルドゥスの『ミトラレ *Mitrale*』（一一八五―一二一五）など、様々な典礼注解書が書かれた。ドゥランドゥスはそれまでの注解書と同じく司祭教育を目的として、特にインノケンティウス三世やシカルドゥスら、先行する様々な典礼注解書を抜粋、編集し、ときに説明を補いつつ、典礼の諸要素の根拠や解釈を網羅的に解説する大全をまとめ上げたのである。

こうした典礼注解書において雅歌はしばしば引用されてきた[8]。サルヴァドは中世盛期の典礼注解書のうち、とくにルペルトゥス、ホノリウス、シカルドゥスの典礼注解に婚姻のメタファーが頻出することを指摘、分析している[9]。それによれば、叙階や聖堂の献堂式、またセプトゥアゲシマや復活祭、主の昇天の祭日には、花婿キリストと花嫁である教会共同体の関係を司教の役割や実際の聖堂へと接続する解釈がたびたび現れ、雅歌が引用されてきたとされている。

このような雅歌の引用は、『聖務の理論』においても、前述のルペルトゥスらに比べると若干抑制的ではありつつも、様々な文脈に登場する。例えば一巻の教会建築に関する説明では、塔や柱、背もたれ付きの椅子、教会の梁について、それぞれ雅歌の「ダビデの塔」（雅4・4）や「銀の柱」（雅3・10）、「銀の寝床」（雅3・10）、「わたしたちの住まい」を形作るケダルの梁や糸杉の羽目板（雅1・16）を引用し、部分的ではあるが、教会建築を花嫁と花婿の愛の住まいとして語っている。また四巻では、ミサでの司祭による祭壇への口づけや、司教の右手に対する助祭の口づけを、「あの方の右の手は私を抱きしめる」（雅2・6、8・3）や、「口の口づけによって私に口づけしてくださるように」（雅1・1）といった箇所に繋げることによって、ときに司祭を花婿に重ねている。また他にも、五巻での聖務日課の解説に関して、六時課での神に向けた愛の高まりや、典礼暦について説明する七巻での聖母の奉献や被昇天の祭日ミサで歌われるアンティフォナ「口づけによって私に口づけしてくださるように Osculetur me osculo」への言及にも見られる。これらの引用は、典礼色の解釈のような、解釈対象と雅歌に登場する形象を接続するものから、花婿–花嫁関係に基づいて視覚的な諸事物を不可視的領域に接続しようとするもの、典礼で実際に用いられていた聖歌に言及するものまで、様々な機能をもっている。とはいえ、雅歌に言及する箇所は、先行する典礼注解書からの引用の可能性が高い部分もあり、ドゥランドゥスの創意に基づくものであるとは必ずしも言い切れない。

3　処女奉献式とはなにか

ドゥランドゥスの典礼に関する記述の中で、雅歌が大きな役割を果たすのが、処女奉献式である。まず処女奉献について少し説明を行いたい。コリントの信徒への手紙一7章にて言及される未婚の女性のように、神のために独身でいることは、早い段階から「聖なる者」であることに接続されてきた。テルトゥリアヌスはこうした女性たちを「キリストの花嫁たち Sponsae Christi」と称し、その立場は婚姻のイメージのもとで捉えられていくようになる。この生涯処女を堅持するという女性たちの誓いは、やがて儀式を伴うようになる。こうした儀式に対する最も古い言及例の一つとしては、アンブロシウスの『童貞者について *De virginibus*』（三七七）に描かれた、その姉妹マルケリナへの教皇によるベール授与の様子が挙げられる。[10] このような誓願はやがて処女奉献式として、各地で様々な形式により行われるようになる。[11] 六世紀頃になると多くの奉献処女たちは修道院で暮らすようになり、以降一〇世紀にかけて、この儀式は修道女の誓願式と同時、あるいはその後に行われるようになった。そしてその式次第はローマ教皇庁でも用いられることとなる『ローマ・ゲルマン司教典礼書 *Pontificale Romanum et Germanicum*』（九六〇―九六二、以下 PRG）などにも収録され、次第に統一された。この儀式には明確に結婚式のモティーフが用いられた。PRG には、両親や親族による志願者の引き渡しや、誓いの言葉、ろうそくを持った志願者たちの祭壇への行列、修道服やベール、指輪、そして冠の祝福と授与といった様々な要素がみられるが、特に引き渡しや冠、指輪といった要素は、婚礼の儀式に由来することが指摘されている。[12]

この処女奉献式の実践に対して、ドゥランドゥスは強い影響を与えた。彼はこの儀式を「処女の祝福ないし奉献について *De benedictione et consecratione virginum*」と題し、[13] 自ら編纂した『司教典礼書』（以下、PDur）二三章に収録した。この式次第には、これまでの様々な司教典礼書に現れてきた処女奉献式の諸要素が統合され、新たな要素が付け加えられた。上述のように PDur は後世の典礼に大きな影響を与えることとなったが、この儀式も例外でなかった。先に言及した一五九六年の『ローマ司教典礼書』には、この式次第はごく一部の改訂とともに採用され、その司教典礼書は改訂されつつも第二ヴァチカン公会議まで用いられたのである。

4　ドゥランドゥス『司教典礼書』における処女奉献式

『聖務の理論』で展開される処女奉献式解釈は第一版の段階から存在しており、PDur よりも前の時期に書かれたものといえる。しかしその解釈には同書に収録される儀礼の諸要素が反映されている。そこでまず同書をもとに、ドゥランドゥスの想定した処女奉献式がどのようなものなのかを概観する。

さて、処女奉献式について扱う章の冒頭では、この儀式の日取りの問題と、奉献される者の条件が説明される。まず実施可能な日は公現祭、復活節、主の昇天の祭日、聖霊降臨の祭日、聖母の祝日、使徒の祝日、そして待降節と四旬節以外の主日である（1）。またヒッポ教会会議（三九三）以降の伝統を踏まえ、二五歳以上で、処女を守り続けることを固く望む女性をその条件とする（2）。そしてこの儀式はミサの中で行われ、書簡の朗読と福音朗読の間、昇階唱の後から始まる（3）。以下、その流れをアンドリューによる校訂本をもとに[14]、アムシュトゥッツの場面分けを参照しつつ[15]整理する。

I　志願者たちのろうそく行進

- 志願者たちはベールや外套、頭巾などは身に着けず、修道服だけを着て、教会の一角や隣室に準備された待機場所に控える。司教は祭壇前の折りたたみ式の椅子（faldistorium）に座る。主席司祭は彼女たちを迎えに行き、アンティフォナ「思慮深いおとめたちよ Prudens virgines」を歌う。志願者たちは主席司祭の先導のもとで火のついたろうそくを持って行進し、身廊の西側に立ち、司教と対峙する。（3―6）
- 主席司祭が司教に志願者を紹介し、司教が主席司祭に適格かどうかを尋ね、司祭がそれに答える。司教は周囲の人々に奉献の儀式を行うことを宣言する。（7―9a）
- 司教は「来なさい Venite」と歌いかけ、志願者たちを呼ぶ。彼女たちはそれに応じて内陣の入り口まで進んで跪く。司教は「来なさい」と再び歌う。志願者たちはアンティフォナ「私達はいまや従っております Et nunc sequimur」の冒頭を歌い、内陣の中央まで進み、跪く。司教は再び「来なさい」と歌い、「娘たちよ、私に聞け。主の畏れをあなたがたに知らせる」と続ける。志願者たちはその歌に対して、先のアンティフォナの続きを歌うことで応じ、祭壇の前へと近づき、司教の前にひれ伏す。そして「主よ、あなたのお言葉に従う私を受け入れてください。あらゆる不正義が私を支配することがありませんように」と唱える。(9b―14)

Ⅱ 誓いの言葉・連祷

● 志願者たちは立ち上がり、司教に向かって半円を描くように並ぶ。介添人(paranymphs)や師母(magistrae)が手助けをする。司教は彼女たちに訓話をした後、処女性を保つことを望むかどうかを尋ねる。志願者たちの合意の後、司教は再び永遠に処女性を守ることを約束するか問う。その際に志願者たちは一人ずつ、司教の前に跪き、彼の両手の間に合掌した両手をいれる。司教は応答を聴き「神に感謝」と言い、志願者は彼の手に口づけする。志願者全員が元の場所に戻ると、司教は全員に対して、キリストと婚約を望むかどうか尋ね、志願者たちはそれに応答する。(15―18)

● 司教が椅子の上に身をかがめて跪き、志願者たちがひれ伏すなかで、連願が歌われる。そして司教は立ち上がって司教杖を持つと、志願者たちが神から奉献にふさわしい者とされるよう、処女を守ることを助けられるよう、天上的な生き方へと導かれるよう、そして堕落から守られるようにと祈る。この祈りでは、それぞれの祈願に続けて「私達はあなたにこいねがいます Te rogamus」と合唱が入る。司教は再び跪き、連願が再開され最後まで歌われる。その後、全員が起立し、志願者たちは着替えるために一旦その場を離れ、最初の待機場所に戻る。(19―20a)

Ⅲ 衣と表章の祝福

● 修道服(外套)、ベール、指輪、王冠に聖水が散布され、それぞれが祝福される。(20b―27)

Ⅳ　おとめの聖別

・アレルヤ（ないし詠唱）が歌われる。志願者たちは着替えて再登場し、レスポンソリウム「世の王国はRegnum mundi」等を歌う。彼女たちは再び半円を描くように司教の周りに並ぶ。司教は彼女たちを祝福し、「アーメン」という応答の後、祈りを唱える。（28―31）

・司教は続けて胸の前で手を合わせ、処女奉献の祈りを唱える。（32）

Ⅴ　「結婚の儀」

・司教はレスポンソリウム「おいで、私が選んだ者 Veni electa mea」を歌い、志願者を呼ぶ。歌が終わった後、志願者は一人づつ、あるいは二人一組となって、それぞれの介添人とともに前に出て、一人ないし二人でアンティフォナ「私はキリストのはしためです Ancilla Christi sum」を歌い、司教による意志の確認と祈りの言葉の後にベールを受ける。それを受けた志願者はアンティフォナ「私の顔にはしるしがおかれている Posuit signum in faciem meam」を歌い、それぞれ元の場所に戻る。全員にベールの授与が終わった後、司教は皆とともに祈る。（33―39）

・司教はアンティフォナ「婚約するため Desponsari」によって呼びかけ、志願者は再び、一人、あるいは二人一組となって前に出る。司教は右手で指輪を受け取り、左手に持ち替えると、三位一体の定式を唱えながら、その指輪を彼女の右手親指に、そして人差し指と中指にはめた後に、薬指にはめる。指輪を受けた志願者は一人ないし二人でアンティフォナ「私はかの方と婚約した者 Ipsi sum desponsata」などを歌い、皆がそれを済ませると、全員でアンティフォナ「主はご自身の指輪によって私と婚約させてくださいました Anulo suo subarravit me dominus」などを歌い、右手を挙げて指輪を示す。司教は最後に祝福する。（40―45）

・王冠が授与される。司教はアンティフォナ「キリストの花嫁よ、来なさい Veni, sponsa Christi」を歌い、志願者たちを呼ぶ。志願者たちは指輪の時と同様に前に出る。司教は祈りをとなえつつ、王冠をかぶせる。王冠を受けた志願者は一人ないし二人でアンティフォナ「主は私を装ってくださる Induit me Dominus」を歌う。皆がそれを終えて元の位置に戻ると、司教は再び祈りを唱える。その後、志願者たちは立ち上がり、アンティフォナ「見よ、私が求めるものを Ecce quod concupivi」を歌う。（46―51）

Ⅵ 祝福とアナテマ

・「使徒マタイの祈り」が唱えられる。この祈りによって、彼女たちが守られるよう、堕落の契機から遠ざけられ、祈りや聖なる読書に勤しむことができるよう、神からの助けがこいねがわれる。またPDurには一部の司教によって行われる他の祝福の形式として、聖霊の七つの賜物を求めつつ、終末に向けて灯火を準備する「思慮深いおとめ」であるよう、志願者たちに勧め、神の祝福を願う祈りが付け加えられている。（52―53）

・処女たちを辱める者たちにアナテマが宣言される。（54）

Ⅶ ミサ

・通常のミサの流れに戻る。志願者はそのままの場所に留まり、そこで福音朗読が行われる。奉納の後に志願者たちは火の灯されたろうそくを司教に捧げる。また奉納の際に、彼女たちはその後三日間の聖体拝領ができるように、ミサで拝領する分とはまた別にホスチアが用意される。ミサの後、司教は彼女たちを修道院長や上長に託す。（55―56）

※57節以下にはこのミサに適した聖歌や祈願、聖書箇所に関する指示が書かれている。書簡に関してはコリントの信徒への手紙一7章25節以降、コリントの信徒への手紙二3章17節以降が、また福音朗読に関して

はマタイによる福音書25章1節以降とヨハネによる福音書16章16節以下が推奨されている。（57―67）

さて、ドゥランドゥスは既存の処女奉献式の式次第に様々な改訂を加えた。大きな特徴として挙げられるのが、叙階の要素の取り入れと、結婚のイメージの復興と強調である。[16] まず前者に関して言うならば、志願者のろうそく行進の際に、その適格性を主席司祭に司教が尋ねる点や、誓いの際に司教の手の間に志願者が合掌した手を入れる点などが挙げられる。そして本稿で特に注目されるのが、後者の点である。先に書いたように、PRGの式次第には、すでに様々な婚礼の要素が組み込まれていたが、こうしたモチーフは必ずしも時代を通して保持されてきたものではなかった。例えば一三世紀に編纂された『ローマ司教典礼書』では、指輪は貞潔の誓い、冠は処女性の象徴と解釈されることで、婚礼の象徴は曖昧なものとされてしまったとメッツは指摘している。[17] しかしドゥランドゥスは既存の司教典礼書の要素を保存しつつ、PRGなどそれ以前の司教典礼書の要素も取り入れ、さらにこれまでにない要素を付け加えることで、婚礼との象徴的なの結びつきを強めたのである。またPDurでは、この典礼の中心モティーフとしてのマタイによる福音書25章の「十人のおとめたちのたとえ」の位置付けを一層明確なものとした。つまり式のはじめに主席司祭がアンティフォナ「思慮深いおとめたちよ」を歌い、式の最後に司教が「思慮深いおとめ」であるよう勧告し祝福を授け、またこの箇所が朗読されることで、このたとえが儀式そのものの大枠として提示されているのである。こうした改訂により、ドゥランドゥスは処女奉献式を「花婿のもとへ赴き、彼と結婚する思慮深いおとめ」を描く対話的な演劇のように形成することになったのだ。[18] また婚礼のモティーフとの連関という点から見るならば、叙階との接続もそれに無関係ではないだろう。例えばドゥランドゥスが特に引用したインノケンティウス三世をはじめとして、当時の神学者たちは教皇と教会の関係を夫婦に喩えたし、[19] 典礼注解書においては、司教の指輪は結婚指輪にも喩えられた。[20] 特に中世キリスト教の神学的文脈では、婚礼の根源的なイメージはキリストと教会の結びつきであり、それを起点とする形で叙階や処女奉献式が解釈され、男女の婚姻も再解釈されていったのである。

こうした象徴性を高め、明確にする際に引用されるのが、聖アグネスの受難伝や聖務日課[21]であり、そして雅歌である。主な引用の場は歌である。王冠の授与の際に司教によって歌われるアンティフォナ「キリストの花嫁よ」は、「キリストの花嫁よ、おいでなさい。永遠のうちに主があなたのためにお備えになった王冠を受けなさい[22]」と続く。これは一三世紀の先行するローマ司教典礼書にすでに見られるもので、後に見る『聖務の理論』では、雅歌からの引用であると説明されている[23]。また特筆すべきは、指輪の授与の際のアンティフォナ「婚約するために」であろう。この歌の歌詞は次のとおりである。「愛する者よ、婚約するためおいでなさい。冬が去り、キジバトが歌い、ぶどうの花は匂い立ちました[24]」。これは雅歌二章10─13節に登場する次の言葉を短くし、歌としたものである。

私の友よ、私の鳩よ、私の美しい方よ、急いでお立ちなさい。すでに冬は去りました。雨は去り、離れてゆきました。私達の大地には花々が咲き、刈り込みの時が訪れました。私達の大地にはキジバトの声が響きます。未熟ないちじくは実り、ぶどうの花はその香りをふりまきました。私の友よ、麗しい方よ、お立ちなさい。そしておいでなさい[25]。

この歌は以前の司教典礼書には見られないもので、ここに用いられたことはドゥランドゥスの創意であると指摘されている[26]。彼は雅歌を引用することで、指輪の授与に婚礼との結びつきを再付与し強調しているのである。

このような直接的な引用や言及に加え、PDur で再び強調されることとなった対話的構造にも雅歌とのアナロジーを見出しうる。式の冒頭にある三度にわたる「来なさい」という呼びかけとそれに対する志願者たちの応答や、司教と志願者の対話による意志確認、また応答の性質をもつ志願者たちの歌う様々なアンティフォナなどがそれにあたる。そもそもマタイの「十人のおとめたちのたとえ」には、花婿の到来を知らせる声はあっても、おとめと花婿の対話はない。もちろん、アムシュトゥッツの指摘するような宗教劇からの影響をはじめ、様々な要因を考慮する必要があるが、結婚のモティーフに「対話」が結び付けられているという点には、「相聞歌」である雅歌における、おとめと若者の響き合いを見ることができるのではないだろうか。

4 『聖務の理論』での処女奉献式

『聖務の理論』での処女奉献式の注解は二巻一章に登場する。この巻は聖職者が主題となっており、続く章で先唱者 cantor、詩編唱者 psalmista、守門 ostiarius、読師 lector、祓魔師 exorcista、侍祭 acolythus、副助祭 subdiaconus、そして助祭 diaconus、司祭 sacerdotus、司教 episcopus がそれぞれ扱われる。一章は総論のような内容になるが、役職に関する説明では扱いきることのできない要素が詳細に扱われている。

さて、一章では、導入（1）[27]の後、古代ローマの政治や宗教における様々な役割（2―3）、旧約聖書における役職が挙げられ（4）、「キリスト教徒」や「キリスト」、またキリストの様々な呼称についての説明が加えられる（5―10）。その後、語源や聖書の内容に基づいた、俗人と修道者、位階的聖職者の各役割について（11―25）、トンスラとひげについての説明が詳細に行われる（26―32）。そして聖職者の叙階について、特にそれを行うことのできる日取りを中心に説明され（33―38）、その後、処女奉献の儀式とそれに関連する教会における女性の扱いが語られる（39―48）。

そこで39節以下の、処女奉献式に関わる解説を見ていこう。まず日取り等についてPDurとほぼ同内容のことが

39節で説明された後、彼女たちの肉体的な処女性が次のように説明される。

ホセア書2章にて「信仰においてあなたを私に娶らせるだろう」（ホセ2・10）と言われているように、すべての魂は信仰において神と婚約しうるが、おとめたちはより特別にキリストと婚約するとされる。なぜなら、彼女たちの肉体はキリストの肉体により近しく一致しており、こうしたことによって、キリストの肉がそうでないように、［彼女たちの肉体も］腐敗を味わうことがないのだ。それゆえ黙示録14章にかかれているように、おとめたちは小羊が行くところならどこにでもついて行くのである。(28)

続いて、40節では志願者たちのろうそく行進について説明が加えられる。ここは雅歌が頻出する箇所であるので、その詳細については後述する。そして41節では、入堂の際の三度の「来なさい」という呼びかけについての解説がなされる。それによれば、一度目の呼びかけは「世の交わり」から距離を置く財産の放棄、二度目の呼びかけは肉体の喜びから抜け出す貞潔の誓い、三度目の呼びかけは自分自身の意志から脱出する従順に重ねられる。その後、連祷が「悪魔の策略と誘惑、そして世と肉、悪魔との激しい戦い、さらには女性の弱さそれ自体では耐えることができないような、戒律遵守という難題(29)」を守るためのものとして説明される。

また42節から44節では、志願者に授与される衣やベールの解説が行われる。42節では衣について、白い衣の場合はエフェソの「新しい人」（エフェ4・24）や、聖セシリア、キリスト復活の際の天使の衣に重ねられ、黒い衣の場合には、「肉を死に追いやったこと」や、花嫁としてキリストの死に倣うこと、そして他の男性を遠ざけることに繋げられる。続く43節で、志願者たちが新しい衣を身に着けるという行為が、簡潔に「この世のあらゆる栄華と支配を軽蔑」することに繋げられている。そして44節ではベールと指輪、そして冠についての解説が行われる。ベールの意味については、第一に「働きと心をもって謙遜に世を軽んじ、感覚を覆い隠」すこと、第二に「[女性は]神の似姿ではないがゆえに包み隠す」必要があること、第三に従順の象徴、第四に「男性に姿を見せる」ことが不法であること等が詳しく語られる。そして指輪については、「アルファとオメガ」であるキリストと、始まりも終わりもない指輪の丸い形が重ねられ、心臓の血管が伸びる第四指は、「心の底からキリストを愛する」ということに接続される。また雅歌をもとにしたものとしてアンティフォナ「キリストの花嫁よ、来なさい」を引用しつつ、王と婚約した女性が女王になるイメージの下で、その王冠の意義を語る。

以降の45節からは、女性が特定の役務に任じられる際に授けられる様々なベールの説明が行われたのち、未亡人がベールを受ける場合についての説明がなされる。ここで未亡人に対して、司教はベールを直接与えることができないと説明される。つまり配偶者を得ていた未亡人は、肉体や精神がすでに汚れを受けており、「教会の結合を象徴するようにキリストと結ばれてはいない」という。ここでは39節にも登場した身体的処女性が前提となっており、そのうえで処女奉献式が明確に「教会とキリスト」の結合を象徴するものと明示されているのだ。また、47節でも未亡人に対するベールの授与について説明される。しかしこれについては各地で様々な習慣があったようで、ドゥランドゥス自身、ローマの司教典礼書には未亡人へのベール授与を祝福するものがあるとか、司祭からならば誓願のベールや回心のベールを受けることができるといった多様な例について触れている。またこの点については、初版の写本グループおよびパリ写本と、第二版の写本グループとでは、説明やその順序について若干の相違が見られる。

以上を踏まえて、これらの解説の中で重点的に雅歌が引用される40節について、まず試訳を提示する。

さて、祝福されるおとめたちは天蓋の下やその他の場所を囲み立ち、福音朗読の前に首席司祭や他の者が大きな声で「思慮深いおとめたちよ」を歌う。そして［おとめたちは］燃える蝋燭を手に、頭にはなにもかぶらずに、司教のもとへと出てゆき、教会に入る。ルカによる福音書12章の「あなた方の腰には帯がしめられ、あなた方の手には燃える灯がある」という言葉に従い、火の点いた蝋燭を手に運び持つのは、自らの灯を携えて花婿を出迎えた思慮深いおとめたちに、彼女が倣うことを示すためである。もちろん、彼女たちの花婿はキリストであり、司教はその代理人として示されている。ルカによる福音書15章に「あなたの善き行いを人々が見るよう、あなた方の光を人々の前で輝かせなさい」とあるように、燃える灯を手に持つことは、良き行いを通して、隣人たちに模範を示すためである。

　彼女たちが天蓋を出て聖堂へと入ることは、迎え入れるべき祝福とキリストとの婚約を通して、絶望的な監獄にして現在の闇に満ちた世のまやかしから、天の御国の自由、喜び、そして輝きへと、またより上なる御国の婚姻の床へと導かれてゆくことを示している。このことは、雅歌の中で次のように言われている。「おいで、私が選んだもの。私の王座をあなたに置こう」。彼女たちは頭になにもかぶらずに［司教のもとへ］おもむき、彼女たちに向かって司教は歌い、そして言う。「来なさい」。そして彼女たちは同じように歌い応える。「いまや私達は従っています」。これは雅歌で次のように書かれていることを示すためである。「わが友よ、立ちなさい。わが花嫁よ、おいでなさい。私にあなたの顔を見せなさい。そしてあなたの声を私の耳へと響かせなさい Surge amica mea, ueni sponsa mea, ostende michi faciem tuam, et sonet uox tua in auribus meis」（雅2・13—14）。さらに言うが、頭になにもかぶらないということは、世を放棄し退くことをふさわしく示している。さらに、「私は黒いけれども美しい。そして王は私をその寝所へとお連れくださった Nigra sum sed formosa, et introduxit me rex in tabernaculum suum」（雅1・4／2・4）と雅歌にあるように、頭になにもかぶらずに教会へと入るのは、美しく花婿に喜ばれる者として、花婿ご自身の寝所へと導かれることを示しているのだ。[30]

この部分は、志願者たちのろうそく行進の注解である。前半部分で具体的な行進の様子が、特にろうそくの炎に対する解説と共に語られ、またこの典礼において、花婿はキリストであり、司教がその代理人を務めることが明示される。そして志願者たちの行進は、「世」から「婚姻の床」へと導かれることとして書かれる。また、続く箇所でドゥランドゥスは雅歌の一節として「おいで、私が選んだもの」という言葉に言及する。これは『司教典礼書』の式次第の中盤、ベールの授与の際に歌われるレスポンソリウムの一節で、グレゴリウス一世による答唱集に収録されているものである[31]。ティボドーによって雅歌七章11節との関連が指摘されているが[32]、雅歌の引用そのものではない。また、志願者の応答への言及に続いて、雅歌二章13―14節の部分的な引用がなされる。これは省略されている部分を除けばウルガタ聖書にほぼ従っている。ここで引用されている花婿の言葉は、志願者たちがベールをかぶらずに聖堂内を行進するということと、彼女たちが司教の呼びかけに応答することに結び付けられている。そして最後に、ベールをかぶらないということに関して、雅歌一章4節と二章4節を接合する形で、消極的なものとして解釈される「黒さ」を「ベールをかぶらない」という状態に結びつけ、そこから寝所への誘いに繋げることで、この状態を積極的な意味をもつものとして重ねて説明する。

以上から見ると、ドゥランドゥスの雅歌引用は、原文に即しているものというよりも、文脈にあわせてときに省略や接合を行うという特徴がある。また、その引用は常に正確とは言いがたい。たとえば、42節では、雅歌の一節として「キリストに清いおとめを差し出すように、私はあなた方を一人の男と婚約させました Despondi uos uni uiro uirginem castam exhibere Christo」という言葉が提示され、白い衣の「清さ」について語られる。しかしこの部分はコリントの信徒への手紙2一一章2節である。こうした引用からは、ドゥランドゥス、あるいは当時の教会の伝統において、「結婚」と「雅歌」は具体的な内容の字義のレベルでというよりも、伝統的解釈に基づいた概念のレベルで結び付けられており、それに即して雅歌の個別の箇所が引用・言及されているという傾向が現れてくるのではないだろうか。

6　典礼と聖書解釈

さて、こうした典礼の解釈における聖書の使用という点について、最後に序文からその特徴を見ておきたい。彼はセニのロタールによる『ミサの神秘について』四巻33章を踏襲して次のように説明している。

あたかも書かれたものを通して教えられる者のように、私達は秘跡を、しるしや形象を通して受け取る。ここでは形象は［神の］力ではなく、力のしるしなのである。そしてあるしるしは自然的なもの（naturalia）であり、あるものは人為的なもの（positiua）である。[33]

『聖務の理論』という典礼の諸要素について解題する書物のはじめに、彼はこのように「しるし」および「形象」の意味を据えた。こうした発想の背景には、アウグスティヌスによってキリスト教的に整理されたしるし理論、つまり無意志的しるし（Signa naturalia）と意志的しるし（Signa data）の区分があると指摘されている。[34] ただしここでの「しるし」の問題は、聖書解釈や言葉ではなく、あくまで典礼で用いられる形象に集中する。彼は第四巻で聖務の諸要素として、「人」（in personis）、「言葉」（in uerbis）、「働き」（in operibus）、そして「事物」（in rebus）のそれぞれに、神に由来する神秘が満ちているとする。[35] 儀式における外的に知覚可能な諸要素を、それを受け取る人間がどのように理解するべきかが、ここでの中心的テーマなのである。そしてこの序文は次のように続く。

ところで、教会の事物や務めにおいて行われることが、予型的に（figuraliter）なされているようには見えない。なぜなら予型は過ぎ去り、いまや真理の時であるが故に、ユダヤ的に行うべきではないからだ。しかし今日、真理が現れて予型が過ぎ去ったとしても、私達には見えない一層多くの真理が実に隠れているのだ。それゆえに、教会は予型（形象）を用いているのだ。例えば純白の衣は我らの魂の美しさであり、我らの不滅の栄光として理解される。私達はこうしたことをはっきりと見ることはできない[36]。

ここでは二節の流れを承けて、「予型 figura」についての説明が行われる。「予型」は救済史的観点から旧約の出来事を指す言葉として用いられる言葉である。しかしドゥランドゥスはここに二重の意味を見出す。つまり教会において用いられる様々な要素を「figura」とすることで、そこに秘められた意味があることを語っているのである。この「figura」には、言葉そのものや歌、また解題されなければわからないような動きや色彩、数といった様々なレベルでの「しるし」が含まれている。そしてこうした「figura」とそれが指し示す「事柄 res」を接続する際に彼が言及するのが、聖書の四重の解釈である。彼は続く九節で「神的な書物には、歴史的意味、寓意的意味、転義的意味、そしてアナゴーゲー的意味がある[37]」とした上で各解釈の詳細を語り、その後、以下のように述べている。

実にこの本は rationalis という言葉で表現される。律法の大祭司が胸あてにつけているユダヤの rationale に「明白かつ真理 manifestas et veritas」と書かれているように（cf. レビ8・8）、ここでは神的な聖務における多彩［な要素］の諸理論とその本質が描き出され、顕わとされる。教会の高位聖職者と司祭たちは、その胸当ての箱にしっかりとそれらを保つべきである。そこには石がはめこまれ、その輝きのうちに、イスラエルの子らに対して神が慈悲深くいらっしゃるだろうことを彼らが識別したように。敬虔な読者はこの読み物の輝きから神的な聖務の神秘において教えられ、偶然にも、罪のつまづきによりかの方の憤りに軽率にも出くわさない限り、彼らに対して神の好意があるだろうことを知る。これもまた、四つの色と金がくみあわせられており、先述の通り、教会の事物や聖務における多彩さの理は、四つの意味、つまり歴史的、寓意的、転義的、アナゴーゲー的なものにより、信仰を中心に彩られているのだ。(38)

最初に言及される「rationale」とは、旧約聖書に登場する大祭司の胸当てエフォド（出28・22―30）に相当する。特に中世には、このエフォドがルーツと考えられてきたrationaleという祭服があり、それが『聖務の理論』の名称の直接的な由来である。ここで登場する「明白かつ真理」はヒエロニムスがその書簡で行った解説に起原をもつものと考えられる。(39)ドゥランドゥスはエフォドの装飾の多彩さを、教会におけるfiguraの解説の重層性となぞらえる。様々なfiguraは歴史的な起原と、特に寓意的ないし倫理的な角度から解釈され、その意義が提示されるのである。またこの四つのうち、アナゴーゲー的な意味については、ある場所では「寓意」の一つであるとも言われる。(40)

では聖書解釈の手法がfigura解釈の手法とされた場合、本論のテーマである雅歌をはじめとした、聖書の言葉はどのような位置におかれるのだろうか。ドゥランドゥスの聖書の用法を見るならば、大きく三通りに分けられる。第一には、ある実践の歴史的根拠として出される場合である。例えば先述した、二巻序文における旧約の聖職者への言及はまさにそれにあたり、聖職位階制の成立過程として、モーセによる祭司の任命や、キリストによる聖職者の任命などが語られる。(41)ただしこうした説明の場合、聖書の記述のみが歴史的説明の根拠として用いられるわけではない。当該の事項の説明の際には、歴史的経緯の一部としてローマ帝国の元老院や軍隊の組織構造にも触れている。[42] そしてこのような聖書の引用の場合は、聖書の記述そのものにも歴史的解釈が施される。第二には、典礼に関係する聖書の朗読箇所や聖歌の歌詞が引用される場合である。その場合、聖書はアレゴリー的に解釈され、典礼での意義を説明するのに用いられることとなる。こうした用例で顕著なのは、第七巻で登場する諸祝日の解釈などである。そして第三に挙げられるのが、聖書の記述が寓意的ないし倫理的解釈によって典礼の諸事物に接続される場合である。本稿で見てきた雅歌の引用には第二のパターンもあるが、一部のパターンは第三の場合にあてはまる。すでに指摘したように、ドゥランドゥスによる雅歌の引用は、教会ないし個人の魂とキリストの婚姻という雅歌の伝統的な寓意的解釈が前提となっており、聖書の言葉の引用が、一種の触媒として作用しているのである。彼が解題した中世の典礼は、様々に複雑な要素からなる身振りや言葉の集合体である。例えば「ベールをかぶらないこと」がたびたび引用によって説明されているように、当時の人々にとっては不合理に見える指示もあったことだろう。これらに「理」を与えるものとして作用するのが聖書であり、その句は聖書解釈そのものを培ってきた共同体との膠にもなるのである。そこは寓意的に解釈された聖書による寓意的な典礼解釈という、いわば二重の解釈が絡み合っているのである。

ルクレールが聖書解釈と典礼の循環関係を指摘したように[43]、聖書と典礼は切り離せるものではなく、典礼文であっても、また聖歌であっても、聖書そのものや、時代時代の中で加えられた聖書解釈を基礎としている。『聖務の理論』の処女奉献式では、雅歌や福音書、詩篇、知恵の書、ダニエル書などの引用は、それぞれが読み解かれてきた「婚姻」という文脈において一つに統合され、典礼における諸事物の「はっきりと見ることはできない」[44]意味の世界へと参与者を導く鍵となっている。その中でも、様々な形象にまつわる豊かな表現を擁する雅歌は、典礼という感覚的な出来事と、非感覚的な結婚のイメージを結びつける触媒となってきたのである。そしてそれによって、雅歌とその解釈伝統は、典礼においてパフォーマティブに「演じられる」ものとなったのである。

むすびとひらき

以上、ドゥランドゥスの処女奉献式の特徴と、『聖務の理論』における解説について見てきた。ドゥランドゥスは従来の雅歌解釈研究でしばしば注目される、神秘主義者と見なされるような人々とは異なり、むしろ教会法学者として、具体的に教会を運営し、典礼をつつがなく執行するための基準を設定しようとした人物である。そのため、その著作のさらなる分析のためには、法学的側面からの考察をはじめ、考慮するべき今後の課題が様々に残っている。

最後に本論集のテーマである「女性」について考えていきたい。教会史にはしばしば見られることであるが、男性によりまとめられ、男性によって主導されるこの儀式に、果たして個々の女性やその主体性を見出すことはできるのだろうか。この問いに答えることは難しい。しかし「キリストとの婚姻」をパフォーマティブなものとする処女奉献式が、婚姻のモティーフをもって神と自らとの関係を語った女性たちになんらか影響を与えた可能性はしばしば論じられてきた[45]。個人的な祈りと共同体としての典礼は独立のものではなく、前者は後者から、あるいは両者が互いに影響を与えることもありえるだろう。このように見るなら、ドゥランドゥスの解釈と処女奉献式における断片的な雅歌の引用は、キリストとの婚姻の道を生きようとした人々の祈りに与り、またそれを支えるものであったと考えることもできるのではないだろうか。

またこのような「処女奉献式」は現代でも行われている。中世では一部の修道会において、修道誓願と密着した形で行われていたこの典礼であるが、第二ヴァチカン公会議での刷新を経て、修道生活には加わらない在俗の女性のためにも行われるものとなった。二〇一八年には在俗の奉献処女に関する教会文書「花嫁としての教会像

Ecclesiae Sponsae Imago」が奉献・使徒的生活会省から公布され、その歴史的由来や意義、また召命の識別や養成の指針などが語られた。現代でも様々な女性が、この世のただなかで、「花婿キリストのためだけに生きる花嫁として教会の像となり、それゆえにキリストを世に示す」(46)精神的な婚姻を生きているのである。

注

（1）ドゥランドゥスの生涯については以下を参照した。*Guillaume Durand, évêque de Mende* (*vers 1230-1296*)*: canoniste, liturgiste et homme politique. Actes de la Table ronde du CNRS, Mende, 24-27 mai 1990*, Pierre-Marie Gy éd., Paris: Éditions du Centre national de la recherche scientifique, 1992.; Gulielmus Durandus, *The Rationale Divinorum Officiorum of William Durand of Mende: A New Translation of the Prologue and Book One*, tr Timothy M. Thibodeau, New York: Columbia University Press, 2010.

（2）これらの執筆時期については以下を参照した。Pierre-Marie Gy, « L'oeuvre liturgique de Durand de Mende », *Guillaume Durand, évêque de Mende* (*vers 1230-1296*), éd., Pierre-Marie Gy pp. 21–24.

（3）Jean Longère, « Guillaume Durand, évêque de Mende », dans *L'image dans la pensée et l'art au Moyen Âge. Colloque organisé à l'Institut de France le vendredi 2 décembre 2005 par l'Association "Rencontres médiévales européennes"*, éd. Kristina Mitalaité, Michel Lemoine, Jean Longère et al., Turnhout: Brepols, 2006, pp. 41–60.

（4）Cf. Michel Albaric, « Les éditions imprimées du Rationale divinorum officiorum de Guillaume Durand de Mende », dans *Guillaume Durand, évêque de Mende* (*vers 1230-1296*), pp. 183–193.

（5）マルティン・ルターの『教会のバビロン捕囚』では、擬ディオニュシオスの『教会位階論』と並んで、『聖務の理論』が挙げられ、そこに書かれた「比喩」の使い方が愚かであると断じられている（cf.「教会のバビロン捕囚」

『宗教改革三大文書』深井智朗訳、講談社、二〇一七年、三一七頁）。このような『聖務の理論』への批判的言及については、以下を参照した。Timothy M Thibodeau, "Enigmata Figurarum: Biblical Exegesis and Liturgical Exposition in Durand's 'Rationale.'" in *The Harvard Theological Review*, vol. 86, no. 1, 1993, pp. 65–79.

（6）Thibodeau, op. cit, p. 67.

（7）典礼注解書というジャンルを巡る議論については以下を参照のこと。Stephen Mark Holmes, "The Latin literature of liturgical interpretation: defining a genre and method", in *Studia Liturgica*, 43.1, 2013, pp. 76–92., 同 "Reading the Church: William Durandus and a New Approach to the History of Ecclesiology", in *Ecclesiology* 7.1 2011, pp. 29–49.

（8）ただし、典礼注解における雅歌の引用は盛期中世に限定されない。初期キリスト教の時代から、ミサと洗礼解釈の際にしばしば雅歌が引用されてきたことを、教会史家のジャン・ダニエルーは指摘している。Cf. Jean Daniélou, *Bible et liturgie : la théologie biblique des sacraments et des fêtes d'après les Pères de l'Église*, Paris : Éditions du Cerf, 1958, pp. 259–280.

（9）Sebastián Salvadó, "Marriage in the Divine Office: Nuptial Metaphors in the Medieval Conception of the Officium", in *The Symbolism of Marriage in Early Christianity and the Latin Middle Ages: Images, Impact, Cognition*, Amsterdam: Amsterdam University Press, 2019, pp. 281–300.

（10）Nathalie Henry, "The Song of Songs and the Liturgy of the Velatio in the Fourth Century: from Literary Metaphor to Liturgical Reality," in *Studies in Church History*, vol. 35, 1999, pp. 18–23.

（11）処女奉献式の歴史については次を参照した。René Metz, *La Consécration Des Vierges Dans L'eglise Romaine: Étude D'histoire De La Liturgie*, Paris: Presses Universitaires De France 1954.

（12）James Borders, "Gender, Performativity, and Allusion in Medieval Services for the Consecration of Virgins", ed. Jane F. Fulcher, in *The Oxford Handbook of the New Cultural History of Music*, Oxford: Oxford Academic, 2012. pp. 17–38, p. 19.

（13）この儀式が処女の「祝福」なのか「聖別」なのかについては、それまで表記が統一されておらず、ドゥランドゥスはこの両方の名称を採用した。Cf. Metz, op. cit., p. 276.

(14) Cf. *Le Pontifical Romain Au Moyen-Âge*. tome 4, ed. Andrieu Michel, Roma: Biblioteca Apostolica Vaticana, 1941. リスト内のカッコは Andrieu 版の番号に対応する。

(15) Renate Amstutz, "Die liturgisch-dramatische Feier der Consecratio virginum nach dem Pontifikale des Bischofs Durandus (Ende des 13. Jh.). Eine Studie zur Rezeption der Zehnjungfrauen-Parabel in Liturgie, Ritus und Drama der mittelalterlichen Kirche", in *Ritual und Inszenierung: Geistliches und weltliches Drama des Mittelalters und der Frühen Neuzeit*, ed. Hans-Joachim Ziegeler, Berlin, Boston: De Gruyter, 2004, pp. 71–112., pp. 73–74.

(16) Metz, op. cit., p. 303.

(17) Metz, op. cit., pp. 265–267, 274.

(18) Amstutz, op. cit., pp. 73–74.

(19) Cf. Line Cecilie Engh, "What Kind of Marriage Did Pope Innocent III Really Enter Into?: Marriage Symbolism and Papal Authority", in *The Symbolism of Marriage in Early Christianity and the Latin Middle Ages: Images, Impact, Cognition*, Amsterdam: Amsterdam University Press, 2019, pp. 301–328.

(20) Salvadó, op. cit., pp. 285–286.

(21) アンティフォナ「おいで、私が選んだ者 Veni electa mea」や「私の顔にはしるしがおかれている Posuit signum in faciem meam」、「見よ、私が求めるものを Ecce quod concupivi」など、全13の聖歌のうち6曲がこれらからの引用と指摘されている。Cf. Amstutz, op. cit., p. 110.

(22) PDur, XXII, 46: Veni sponsa Christi, accipe coronam, quam tibi Dominus preparavit in aeternum.

(23) Guuillelmi Duranti: Rationale Divinorum Officiorum（以下、注では RDO と表記）II, 1,44. 章節番号については次の本に準拠する。また私訳の底本も同書である。*Guuillelmi Duranti: Rationale Divinorum Officiorum*, I–IV. ed. A. Davril, O.S.B. and T. M. Thibodeau, Belgium: Brepols, 1995.

(24) PDur, XXII, 40: Desponsari, dilecta mea veni; yems transiit, turtur canit, vinee florentes redolent.

(25) Cant. 2. 10–13: Surge, propera, amica mea, columba mea, formosa mea, et veni: [11] jam enim hiems transiit; imber abiit, et recessit. [12] Flores apparuerunt in terra nostra; tempus putationis advenit: vox turturis audita est in terra nostra; [13] ficus protulit grossos suos; vineæ florentes dederunt odorem suum. Surge, amica mea, speciosa mea, et veni

本論文における聖書の引用は次による。*Biblia Sacra: iuxta Vulgatam versionem*, adiuvantibus B. Fischer [et al.]; recensuit et brevi apparatu critico instruxit Robertus Weber, editionem quintam emendatam retractatam praeparavit R. Gryson, Stuttgart: Deutsche Bibelgesellschaft, 2007.

(26) Metz, op. cit., p. 303.

(27) カッコ内の番号は上掲の『聖務の理論』校訂本の節番号に対応する。

(28) RDO II, 1, 39: Osee ii: *Sponsabo te michi in fide*; uirgines tamen specialius Christo desponsari dicuntur quia earum caro carni Christi familiarius se conformat pro eo quod illa, sicut nec Christi caro, corruptionem non sensit. Et inde est quod uirgines secuntur agnum quocumque ierit, Apo. xiiii.

(29) RDO II, 1, 41: insidie et temptationes demonum atque acerrima contra mundum, carnem et demones certamina, et insuper regularis obseruantie difficultas que muliebris infir mitas sufficienter per se sustinere non posset....

(30) RDO Pr., 40: Sane benedicende uirgines sub papilione uel aliquo alio loco stant incluse, que, archipresbytero uel alio ante euangelium cantante alta uoce: “Prudentes uirgines”, etc., cum cereis ardentibus in manibus, nudis capitibus exeunt obuiam episcopo, et ecclesiam ingrediuntur. Siquidem cereos accensos ferunt in manibus iuxta illud Luc. xii: *Sint lumbi uestri precincti et lucerne ardentes in manibus uestris*, ut ostendant se imitari prudentes uirgines que ornauerunt lampades suas et exierunt obuiam sponso. Sponsus namque earum Christus est quem pontifex eius uicarius representat. Lucernas quidem ardentes in manibus tenere, est per bona opera exemplum proximis monstrare, iuxta illud Luc. xv: *Luceat lux uestra coram hominibus ut uideant opera uestra bona* etc.

Egressus uero earum de papilione et ingressus in ecclesiam o designat quod, per suscipiendam benedictionem et Christo desponsationem, de ergastulo et erumpnis ac tenebris presentis mundi fallaciis, ad celestis regni libertatem, gaudium ac claritatem, et ad superni regis thalamum transducuntur; unde in Cant.: *Veni electa mea et ponam in te tronum meum*. Nudis capitibus obuiam ueniunt et pontifex cantando dicit illis: "Venite"; et ipse similiter cantando respondent: "Et nunc sequimur" ad representandum quod in Canticis legitur: *Surge amica mea, ueni sponsa mea, ostende michi faciem tuam, et sonet uox tua in auribus meis*. Rursus denudatio capitum, depositionem et abrenunciationem mundanorum congrue designat. Nudato etiam capite ecclesiam ingrediuntur ad notandum quod uelut formose, et sponso placide, in ipsius sponsi tabernaculum introducuntur, iuxta illud Cantic.: *Nigra sum sed formosa, et introduxit me rex in tabernaculum suum*.

(31) Cf. PL78.798B

(32) *Gvuillelmi Dvranti: Rationale Divinorum Officiorum*, p. 138.

(33) RDO Pr., 2: Sane hic sacramenta pro signis accipimus seu figuris, que siquidem figure non sunt uirtutes, sed uirtutum signa, quibus tanquam scripturis docentur utentes. Signorum autem alia sunt naturalia, alia positiua....

(34) Kirstin Faupel-Drevs, *Vom rechten Gebrauch der Bilder im liturgischen Raum: Mittelalterliche Funktionsbestimmungen bildender Kunst im Rationale divinorum officiorum des Durandus von Mende (1230/1-1296)*. Leiden, Niederlande: Brill, 2000. pp. 67–136.

(35) この点については『祭壇の神秘の秘跡について』序文を踏襲したものである。

(36) RDO Pr., 6: Porro non uidetur quod ea que in ecclesiasticis fiunt rebus atque officiis, figuraliter fiant, tum quia figure recesserunt, et est tempus hodie ueritatis, tum quia non debemus iudaizare. Sed licet reuera figure quarum hodie ueritas apparuit recesserint, tamen adhuc multiplex ueritas latet, quam non uidemus, propter quod utitur Ecclesia figuris. Verbi gratia per uestimenta candida intelligimus aliquo modo decorem animarum nostrarum, scilicet gloriam immortalitatis nostre quam uidere non possumus manifeste....

(37) RDO Pr., 9: ...in diuinis scripturis est sensus ystoricus, allegoricus, tropologicus et anagogicus.

(38) RDO Pr., 16: Sane liber iste Rationalis uocabulo describitur. Nam quemadmodum in rationali iudicii quod legalis pontifex ferebat in pectore scriptum erat manifestatio et ueritas, sic et hic rationes uarietatum in diuinis officiis

et earum ueritas describuntur et manifestantur quas in scrinio pectoris sui ecclesiarum prelati et sacerdotes debent fideliter conseruare. Et sicut in illo erat lapis in cuius splendore filii Israel Deum sibi fore propitium agnoscebant, sic et deuotus lector ex huius lectionis splendore in diuinorum officiorum misteriis eruditus agnoscit Deum fore nobis propitium, nisi forte eius indignationem culpe offendiculo improuide incurramus. Illud quoque quatuor coloribus auroque contextum erat et hic, ut premissum est, rationes uarietatum in ecclesiasticis rebus atque officiis quatuor sensibus, uidelicet ystorico, allegorico, tropologico et anagogico, fide media colorantur.

（39）Hieronymus Stridonensis, Epistola 64, Ad Fabiolam: porro, quod dicitur in ipso rationali δήλωσις esse et ἀλήθεια, id est manifestatio atque doctrina uel ueritas, hoc ipsum significat, quod numquam in dei ratione mendacium sit….

（40）Cf.「もし目に見えること［を指している］ならば単純に寓意であり、もし目に見えないものや天上的なもの［を指している］場合はアナゴーゲーと言われる」（RDO pr. 10）。

（41）RDO II, pr. 21–25.

（42）RDO II, pr. 15.

（43）Jean Leclercq, « Ecrits monastiques sur la Bible au IXe-XIIe siecle, » *Mediaeval studies*, 15, 1953, pp. 95–105. また Thibodeau, Enigmata Figurarum, p. 73. も参照のこと。

（44）RDO Pr. 6.

（45）例えばビンゲンのヒルデガルドが作り出した「諸徳の劇」（Ordo Virtutum）は、マインツの司教典礼書（一二世紀）に収録された処女奉献式から大きな影響を受けたとされている。Cf. Alison Altstatt, “The Ordo virtutum and Benedictine Monasticism”, in *The Cambridge Companion to Hildegard of Bingen*（*Cambridge Companions to Literature*）, Cambridge University Press, 2021, pp. 235–256.

（46）Ecclesiae Sponsae Imago 114. The Congregation for the Institutes of Consecrated Life and the Societies of Apostolic Life, “Instruction “Ecclesiae Sponsae Imago” on the “Ordo virginum”, 2018-07-04.

https://press.vatican.va/content/salastampa/en/bollettino/pubblico/2018/07/04/180704d.html（アクセス日時：二〇二三年一二月一五日）

ことばが宿るとき

――エックハルトと女性霊性の生と言葉をめぐる試論――

阿部　善彦

はじめに[1]

以前に女性著作家また女性神秘家と呼ばれる彼女たちの生についての「試論」を提示した。[2]そこで、およそ次のようなことを述べた。つまり、彼女たちの生は根本的変容をこうむる必要があった。それは超自然的な変容であって、その心身に苛烈な影響をおよぼす。それは彼女たちの生を神以外のものに対してまったく無化し、純粋に神だけのものにするための変容である。

そうした変容が必要であるのは、神が創造の秩序の中にすでにそのための十分な認識可能性を与えている、自然的認識においてあらわれるものによって認識可能なものを超えたもののために、彼女たちが特別に召し出されたがゆえにである。この特別な召し出しとそれにともなってもたらされる苦悩と喜びに満ちた変容を通じて、彼女たちの生は、自分自身に対しても、他者に対しても、完全に無力で、無能なものとして無化される。

そのうえ、無化する変容を通じて彼女たちの生は、それまでの生における自己のあり方からも他者のあり方からも切り離され、無理解・孤独・孤立のなかにおかれる。そうして、彼女たちは特別な召し出しのためにささげられたものとして、神との関係において静寂・沈黙・貧しさのなかに生きる者とされる。このように、神に全生活をとらえられた彼女たちの生がおかれる完全な無能・困窮・受動的状態は、誕生したばかりの新生児が自らのうちにおいて経験する生そのものがそうであるように新生・誕生の圧倒的な豊饒性のうちにおかれる。

そのようなしかたで神にささげられた乙女の純潔、処女性のうちにとどまりつづけている彼女たちの新生・誕生の圧倒的な豊饒性における生のありようは、世界内的に外化するいかなる対象ともなりえない神自身における神の存在の内奥に純粋にとどまりつづける孤独と沈黙の生にほかならず、この世の知恵のよこしまなまなざしに晒されることなく守られている。しかし、そうであるがゆえに、往々にして、彼女たちの生と言葉が、説明不能・理解不能な異物として、神学者や上長、同僚からの激しい攻撃・弾圧の対象となったことは言うまでもない（このことについては以下本論でも言及する）。

しかし、無化的変容をつうじて、新生・誕生の圧倒的な豊饒性に満たされた純粋な神自身における神の存在の内奥にとどまりつづける乙女の純潔、処女性において、彼女たちは、キリストの降誕の夜にひとり子を生むマリアとして、そしてまた、その母から生まれ、抱かれている幼子キリストとして、その内部に自らの生を受けとることになる。かくして、彼女たちの生は、聖母マリアと子・キリストがまさにそれにおいて自らの生を受けとるその生と同じ生によってあり、聖母マリアと子・キリストがひたすら父なる神へ向けて無一物になりきって、その貧しさのただなかに成就している圧倒的に豊饒なる新生・誕生のたえざる反復になりきるのである。

ここで、彼女たちの生と言葉の関係について注目するならば、彼女たちの生と言葉は同じものから受けとられていることがわかる。なぜなら、父なる神が自らのいっさいを与えることによって生を与えた言である子・キリストを、その身に宿し、生み出すということにおいてのみ、彼女たちの生と言葉は、彼女たちにおいて受けとられるからである。かくして、彼女たちがその生において宿す言葉は、彼女たちの生が神との関係の内部において成立しているその内部（これを神の存在と生命の〈母層〉とよぶ[3]）において、それなしには、完全に彼女たちは無であるとしか言いようがないほどに、神から彼女たちの生の内部に与えられている生そのものと一つとなって、彼女たちに神から与えられているのである。しかし、その生において生と一体的なものとして与えられる言葉を受けとることとはどのようなことであろうか。本論ではそれを〈ことばが宿るとき〉としてあらためて考えてみたい。

一　ことばが宿るとき――内的沈黙における言語と生

まず近世の女性霊性における重要人物であるギュイヨン夫人（Jeanne-Marie Bovier de La Mothe Guyon, 1648-1717）の『短く簡単な祈りの方法』（大須賀沙織訳、教文館、二〇二二年）を見ておきたい。同書には先に「試論」で見た女性霊性の特質およびエックハルトにも通底する言葉と生の深い洞察がちりばめられている。そして、ギュイヨン夫人の言葉は、エックハルトと、女性神秘家の多くがそうであったように、男性的言説によって迫害され、無理解と忘却の歴史のなかに押し込められてきたのである（同訳書『解題』および『年譜』参照）。

ギュイヨン夫人は同書第一四章において、神の言葉が宿るには「内的沈黙」が重要であると述べている。このことについて見ておきたい。

「沈黙して主の前にとどまり、主を待ち望め」（詩篇三六篇六節［三七篇七節］）。内的沈黙がなぜこれほど必要かというと、御言葉は永遠の本質的な言葉であり、魂の中に受け入れられるためには、御言葉のありようと似た魂の状態が必要だからです。……中略……御言葉は魂に伝えられ、魂を再生させるべきものであるため、魂は注意深くなければなりません。それゆえ、神の声に耳を傾け、注意深くなるよう、あれほど多くの箇所で勧告されているのです。その例はたくさん挙げることができますが、次の引用にとどめておきます。「わが民よ、あなたがたみな、私に耳を傾けなさい。私が選んだ国よ、私の声を聴きなさい」（イザヤ書五一章四節）。「私が胎内に宿し、胎内に含むあなたがたみな、私に耳を傾けなさい」（イザヤ書四六章三節）。「娘よ、聞きなさい。あなたの父の家を忘れなさい。そうすれば、王はあなたの美しさを慕うだろう」（詩篇四四［四五篇］一一―一二節）。神に耳を傾け、神に注意深くなること、自分自身とあらゆる関心を忘れることが必要です。これらはただ二つの行動（というより受動です。なぜならそれらはまったく受動的ですから）は、神の愛、美への愛を引き寄せます。この愛は、神ご自身が伝えてくださるものです。ですから、耳を傾け、注意深くあること、自分自身を忘れることです。（前掲訳書、七一―七二頁）

内的沈黙は自己自身とそこから由来するあらゆる思念・意識のざわめきによって外的に対象化される一切のものから引き下がることである。その意味において、まさしく「忘れること」、忘却としてとらえられている。このことは「記憶の完徳」としてフランソワ・ド・サル（François de Sales, 1567–1622）が述べていることに重なる。ギュイヨン夫人はフランソワ・ド・サルと彼との霊的交流にあったシャンタル夫人（Jeanne Françoise de Chantal, 1572–1641）の著作から多くを学んでいる（前掲訳書『解題』および『年譜』参照）。ここでは『聖フランソワ・ド・サルがシャンタル修母に与えた内的生活に関する助言』（前掲訳書に収録）によって内的沈黙と忘却の関係について見ておきたい。

それゆえ、あなたの魂はすっかり解きほぐされ、神にならい、静かに落ち着いていなければなりません。なぜならこの状態は、まったく自由で無化された霊を必要とするため、魂がそのとき、自分の考えで何かをしようとし、話をしたり、何かを好んだりして、それらをよりどころにすると、神の働きかけを妨げ、平安を乱し、深い沈黙の中に雑音を引き起こしてしまうからです。この深い沈黙は、感覚に応じて、霊に応じて、魂の中になければなりません。それは、この孤独の中で、神が心に語りかけるあの繊細な言葉を聴き分けるためです。深い平安の静寂の中で耳を傾けてください。この平安が魂の中でつづくかぎり、神が語りかけることに聴き入らなければなりません。魂が沈黙の中に置かれ、聴く状態に置かれたのを感じたら、ごく単純に、心配も熟慮もなく、愛に満ちたまなざしを向けなければなりません。そうすることで、魂はほとんど自分を忘れ、注意そのものとなります。魂はこのような自由な状態にとどまることで、神が欲することを行うのです。（前掲訳書、一六三―一六四頁）

魂を自由と平和と平静のうちに置きなさい。自らのはたらきに由来する味わいや束縛から、魂を引き出しなさい。下からや上からの、いかなる注意や気遣いによっても心を乱さず、孤独の中に立ち戻ってください。なぜなら魂は、より豊かに、この静かな無為の状態に達すれば達するほど、愛に満ち、静かで孤独な、平和で甘美な、神の知恵の霊が注ぎ込まれるからです。（同一六四―一六五頁）

神の知恵に理解力を結合させなければなりませんが、そこにはいかなる手段も方法もなく、限界に陥ることもなく、明確で個別的な理解もありません。魂と神の知恵を完全な合一の中で結合させるためには、両者が互いに、ある類似の手段の中で合意する必要があります。それゆえ魂は、できるかぎり純粋で単純でなければなりません。そこでは、何か明示された境界や形象に制限されたり、修正されたりすることはありません。なぜなら神は、そうしたものには含まれないからです。それゆえ魂は、神と合一するために、明確な語りや記憶をもつべきではありません。記憶の完徳とは、神のうちにすっかり吸収されることであり、魂が自分の中のすべてを忘れ、浮ついた思考や想像のあらゆる喧噪から遠く離れ、ただ神のうちに甘美に安らぐことです。神性、あるいは人格化した神（その記憶は、真の道であり、導き手であり、あらゆる善の創造者である方がそうであるように、目的にいたるのを常に助けてくれます）以外の特別な形象や事物の記憶を捨て去れば捨て去るほど、記憶を神のうちに置くようになり、神が記憶を満たしてくださることを期待して、記憶をよりいっそう空虚に保つようになるでしょう。（同一六五―一六六頁）

神の言葉を聴くことは、言葉が、それを聴く者のすべてとなって、その者に生を与え、愛と知恵で満たすようになることである。〈ことばを聴くこと〉はそのようにして内的沈黙のうちに〈ことばが宿ること〉である。そして、ここでもまた内的沈黙は、神以外の一切が、聴く者のうちからとりのぞかれ、聴く者の内奥に神の言葉が宿るために必要とされる。だが、それはどういうことだろうか。

わたしたちはそこで沈黙の外的なイメージにからめとられて、事柄の本質を見失ってはならない。内的沈黙とは、わたしたちの思念・意識のざわめきによって外的に対象化される一切のものがことごとくとりのぞかれることによって生じた、その空き地、その空虚な空間に、神の言葉が埋め合わせるように入ってくることではない。そうであれば、その沈黙の作り出す空白は、せいぜい、思念・意識を作為的に停止する努力がつづくかぎりにおいてしか実現しないものであろうし、その作為的努力が意図的にこしらえる空虚な無音状態が内的沈黙と同一視されてしまうだろう。

この内的沈黙においてとりのぞかれるべきものは、生と言葉そのものである神を、それ自身のうちに含みえない一切のものである。それら一切は、それら自身では死せる表象、死せる概念にすぎない。しかし、いかなる仕方でも外的に対象化されない、それ自身の内的沈黙のうちにとどまりつづけている神自身における神の生と言葉を、それ自身のうちに含みえるものは神自身のほかにはない。しかも、わたしたちの認識能力には、わたしたちの思念・意識において外的に対象化されるものでなければ把握的に認識できないという有限性がある。

したがって、それ自身の内的沈黙のうちにとどまりつづけている神自身における神の生と言葉をまえにして、わたしたちの思念・意識の作為と努力は破綻し、沈黙せざるをえないのである。にもかかわらず、わたしたちの思念・意識は自らの外部に向かって饒舌に自己破滅的に滑り出してゆく。もちろん、その向かう先に神は不在である。しかも、外部へと饒舌に滑り出して、対象とのかかわりに没入しているあいだは、わたしたちの思念・意識は、神と神の不在を完全に忘却しつづけているのである。(4)

これに対して、内的沈黙とは、神自身の圧倒的な内的沈黙の深淵において、一切の思念・意識の作為と努力とが無意味なものとされるその「無為」において、自らの外部へと滑り出すことがまったく忘れ去られてしまうことである。内的沈黙とは、そうした無為と忘却にほかならない「深い平安の静寂の中で」ひたすらに神自身が自らを完全に語りだすその言葉にほかならない圧倒的な沈黙そのものに満たされ、支えられてあることなのである。それゆえに「この孤独の中で、神が心に語りかけるあの繊細な言葉を聴き分けること」が、この内的沈黙において実現し、「この静かな無為の状態に達すれば達するほど、愛に満ち、静かで孤独な、平和で甘美な、神の知恵の霊が注ぎ込まれる」と述べられているのである。

神自身の内的沈黙にほかならない自らを完全に語りだす神の言葉が無際限的なものである以上、それを受けとめる人間の生においては、「この孤独の中で、神が心に語りかけるあの繊細な言葉を聴き分けること」ないし「神の知恵の霊が注ぎ込まれる」ことは、たえざる聴従（アコルーティア）、そして、知恵の受容に向かって自らをどこまでも変容させる、たえざる伸展（エペクタシス）の、その無窮の動性に無一物になって身をゆだねてゆくことであるほかないであろう。

そのように、たえざる聴従、伸展の無窮の動性に無一物となって身をゆだねるあり方において、神が神自身における神のすべてを与えつくそうとする無限の贈与を受けとるすがたは、幼子と母の関係にならうものである。つまり、母の胸でまどろみつつ幼子が乳房から乳を飲むように、ひたすらに純粋に無為に、贈与されるものを受けとることである。フランソワ・ド・サルが『神愛論』第六巻九章[5]で示す幼子の例をうけて、ギュイヨン夫人は『短く簡単な祈りの方法』第一二章で次のように述べている。

母親の乳房に口をつけている幼子は、母乳が出てくるよう、小さな唇を動かしはじめます。母乳が豊かに出はじめると、口を動かすことをやめ、ただ飲みこむことで満足します。……中略……同じように、まず愛情の唇を動かさなければなりません。しかし、恩寵の母乳が流れはじめたら、休息のうちにとどまり、ゆっくりと飲みこむ以外、何もすることはありません。……中略……動かず、安らかにゆっくりと母乳を飲むこの子には何が起きているのでしょう？……中略……子どもは母の胸の上で眠りに落ちます。安らかに祈る魂はしばしば、神秘的眠りに落ちます。その眠りの中では、あらゆる能力が口を閉ざし、段階を追って一時的に与えられるものの中へと入っていきます。魂がごく自然に、障害もなく、努力もせず、練習も技法もなしに、ここへと導かれます。内面は、大砲によって奪いとられる要塞ではありません。愛によって所有される平和の王国です。ですからこのようにして、小さな歩みをごく穏やかにたどるうちに、やがては［神から注がれる］〈注賦的祈り〉へと到達することでしょう。神は、特別なこと、難しいことは何も要求しません。それどころか、ごく単純で子どものような方法を大変好まれます。（前掲訳書、六六―六七頁）

そのような無限の贈与を受けとるために、幼子のように「魂は、できるかぎり純粋で単純でなければ」ならない。そして、まどろみのなかで無心に唇を動かす、その「神秘的眠り」において、自己と一切に絡みつく思念・意識の自発的はたらきそのものを根こそぎ忘れ去って、神だけがその記憶を満たすようになる「記憶の完徳」において「自分の中のすべてを忘れ、浮ついた思考や想像のあらゆる喧噪から遠く離れ、ただ神のうちに甘美に安らぐこと」において満たされるものとならねばならないのである。

このような内的沈黙において、徹底的に無化された魂が神で満たされる孤独・無為・静寂・平安のただなかに、祈りが注ぎ込まれるのである。そして、祈りを注ぎ込まれた魂はさらなる霊的変容へと引き込まれてゆく。この次第をギュイヨン夫人は同書第二〇章において雅歌解釈をつうじてみごとにのべ伝えている。

祈りとは、愛の熱気にほかなりません。魂を溶解し、希薄化し、神のもとまで立ち昇らせます。祈りは溶解するにつれて、香りを放ちますが、その香りは魂を燃え立たせる愛から来ています。それこそ、花嫁がこう言って表現していたことです。「愛する人が臥所にいたとき、私のナルドは匂い立ちました」（雅歌一章一二節）。臥所とは魂の奥底のことです。神がそこにおられるとき、そして人が神のもとにとどまり、神の前に身を保つことができるとき、こうした神の現存が少しずつ魂の硬さを溶解し、溶けながら魂は匂いを放ちます。ですから花婿は、花嫁が「愛する人に話しかけられると、すぐに溶けてしまった」（雅歌五章六節）のを見、「香のかすかな煙のように、砂漠から立ち昇るのは誰か?」（雅歌三章六節）と言ったのです。魂はこのようにして、神のもとへと立ち昇ります。しかしそのためには、愛の力によって自己が破壊され、無化されるにまかせなければなりません。それがキリスト教に不可欠な犠牲の状態です。……中略……御言葉の霊が、私たちの中で生きるようにするには、存在することをやめなければなりません。御言葉の霊がやってきたら、私たちの生をゆだね、

自己を捨て、霊ご自身が私たちの中で生きるようになければなりません。（前掲訳書、八七―八九頁）

このように愛において自己が燃え上がり、溶解し、香りとなって、神へと向かう動性とまったく無一物的にひとつとなって立ち昇ってゆくとき、その無為のただなかにおいて、逆説的に、神の愛と生のはたらきによって最も活動的なはたらきが生じることになる。その次第をつづく同書第二一章で同じく雅歌にもとづいて次のように示している。

「私を引き寄せてください。私たちは駆けて行きます」（雅歌一章三［四］節）。おお、わが中心なる神よ、私のもっとも深いところで私を引き寄せてください。この引力によって、わが力と感覚はあなたのもとに駆けて行くでしょう。この唯一なる引力は、魂を癒し、引き寄せる香油です。おとめは言いました。「あなたの香油の香りのもとへ、私たちは駆けて行きます」（雅歌一章三［四］節）。……中略……これが、魂の奥底の引力に従うあらゆる力と感覚の連結であり、疾走なのです。ですから、魂は無為にとどまっているのではなく、私たちに命を吹き込む神の霊に依存して行動しているのです。なぜなら、「私たちは神のうちに、神によって、生き、動き、存在する」（使徒言行録一七章二八節）からです。

ギュイヨン夫人は、こうした活動において、受肉した御言葉によって修復された神の像としての人間の創造の意義が救済的に完成すると述べている。なぜなら「私たちの活動は、神の活動を受け入れる状態に身を置き、御言葉が私たちの中にその姿を描き直せるようにすること」だからである（前掲訳書、九七―九八頁）。そのように「神的働き」を受けるものとして、自らを空しくして「キリストのもの」となり、「キリストの霊に満たされ」て、〈ことばが宿るとき〉、「その霊を通して、私たちは〈アッバ、われらの父よ〉と叫ぶ」（ロマ８・15参照）のであって、「この霊自身が、私たちが神の子であることを証しする」（ロマ８・16参照）のである（前掲訳書、一〇二頁）。

そのように〈ことばが宿るとき〉、〈ことば〉とそれが〈宿る〉ことの証しと証言は〈ことば〉そのものからの霊によって、いかなる外化なしに与えられ、しかも、その霊が「私たちの活動」をその最内奥において、いかなる断絶もなしに支え、満たし、生かしているのである（前掲訳書、一〇三―一〇四頁）[6]。それゆえギュイヨン夫人は次のように続ける。「魂は自らの動きを神の霊にまかせるや、自分が神の子であるという証を心に感じます。この証しは魂を喜びで満たし、『魂が神の子の自由に呼ばれている』こと、『魂が受けとった霊は奴隷の霊ではなく、自由の霊である』ことを、よりよく理解させてくれます。魂はそのとき、自由に、そして心地よく活動しているのを感じますが、力強く確実に活動しているのです」（前掲訳書、一〇二頁：ロマ８・15、21参照）。

ギュイヨン夫人の説く内的沈黙、純粋な愛、無為、無化などの考えは通常「キエティズム」（静寂主義）としてラベリングされる。しかし、そうしたレッテルがみかけ上のものにすぎないことはすでに明らかである。すでに見たように、内的沈黙はそれ以上ない活動性の受容にほかならない。その活動性は同時に神の子としての誕生でもある。内的沈黙とは、そのように「御言葉」がそのすべてである自らの「霊」をもってわれわれのうちに〈宿る〉ことであり、しかも、その存在と生命である神的活動によって満たし、自らと同じ「子」として父から生まれるものとすること、つまり、父なる神の存在と生命の母層のうちにわれわれが「子」として〈宿る〉ことでもある。

そして、ギュイヨン夫人によるその証言もまた、内的沈黙において彼女に〈宿ることば〉そのものが、彼女を自らと同じく存在と生命の母層のうちに宿るものとし、そのようにして、彼女に自らを与え、自らを示すことによってもたらされるのである。それゆえ、ギュイヨン夫人による内的沈黙への呼びかけは、〈ことばが宿るとき〉を生きた預言者の呼びかけがそうであったように、神の言葉の反復以外のなにものでもないのであって、つまり、われわれをその胎内において育む神自身による神自身の存在と生命の母層への呼びかけ以外ではありえないのである。

「肉なる者はすべて、主の御前に黙さなければならない」（ゼカリヤ書二章一三〔一七〕節）。主が現れたらただちに、すべてが静まらなければなりません。神は私たちが留保なく神に身をゆだねるようにさせるため、私たちが身をゆだねるとき、何も恐れる必要はないこと、なぜなら神が特別に私たちの世話をしてくださるからであることを、同じイザヤ書の中で保証しています。神は言います。「母親が自分の子どもを忘れることがあろうか？　胎内に宿した息子をあわれまないことがあろうか？　たとえ母親が子どもを忘れても、私は決してあなたがたを忘れない」（イザヤ書四九章一五節）。おお、慰めに満ちた言葉よ！　このあとで誰が、神の導きに身をまかせることを恐れるでしょう？（前掲訳書、一〇五頁）

二　胎内的言語を虚無化し、抹殺するもの――『言語と証人』より

本論で問題としたいことは、このような神の存在と生命の母層から生まれる胎内的言語が激しい憎悪と攻撃の対象とされ、そして、忘却されていったことである。しかし、そうした憎悪と攻撃および忘却を時代的制約に還元・解消してよいものであろうか。

確かに、ギュイヨン夫人が生きた時代においては、宗教改革に対抗したカトリック教会において教義体系が高度に練り上げられ、学問方法としても近世スコラ学が精緻に組み立てられ、いわゆるジャンセニスム問題に見られるような恩寵と自由意思をめぐる激しく、とりとめのない、命がけの論争が繰り広げられていた。(7)それと連動して神学の言語と信仰の言語の乖離が激しくなり、神秘主義ルネサンスの時代とよばれることもある一六世紀から、一転、

一七世紀になると、神秘主義の黄昏、反神秘主義の時代とよばれるほどに、神秘思想の言語世界が、教義体系を支える神学の言語世界から厳しい弾圧を受けるようになる(8)。

ギュイヨン夫人にせよ、以下本論三で取り上げるエックハルトにせよ、それぞれの時代的構図のなかに、それぞれの受難の理由を見出すことは十分可能であるだろう。しかし、そのように問題の所在を時代的制約に還元・解消するならば、われわれの再読の試みがたどりつくところは、その時代的構図の中での名誉回復にすぎないであろう。それは結局、存在の母層において、ことばによって宿され、また、ことばを宿してきたエックハルトおよび女性霊性の生と言葉を虚無化し、抹殺しつづけて今日に至るキリスト教と思想の歴史の根本問題をあいまいにしてしまうであろう。〈ことばの宿るとき〉、この胎内的言語の時節の到来を徹底的に虚無化し、抹殺してきたものは何であるのか、その問題究明を、ここでは、宮本久雄『言語と証人――根源悪から人間変容の神秘、そしてエヒイェロギアの誕生へ』(東京大学出版会、二〇二二年)にもとめたい。

本書のサブタイトルにある「根源悪」は宮本久雄によって西洋近代の根本問題として一貫して問題にされてきた。「根源悪」といえばカントであるが、本書の「根源悪」はそれと決定的に異なる性質をもつ。カントにしたがえば、われわれは理性的存在者たる人間であって、普遍的な道徳法則を見出し、それに照らして自らの生き方をかたちづくる格率を導き出すことができる。そしてさらに、それがなすべきことであるがゆえになす、という義務論的定言命法に対する理性的・人格的判断と同意を、自由に自らに与えることができる。なぜなら、人間にはそうした実践理性的能力とともに善意志という意志的能力もそなわっているからである。

しかし、そうであれば、なぜ現実世界は悪に満ちているのか。カントはこの問題を回避せず「根源悪」として受けとめた。人間に「根源悪」を認めるカントに対して、ゲーテは憤激し、カントはキリスト教への愛着ゆえに「その哲学のマントに根源悪という恥ずべき汚点をなすりつけてしまったのだ」(ヘルダー宛一七九三年六月七日付書

⑨（簡）と述べたという。しかし、啓蒙的理性への楽観的信頼を示したゲーテにせよ、原罪のような「根源悪」を認め たカントのどちらをとるにせよ、西洋近代の歴史の破局は避けがたく、人間理性が生み出した巨大科学はアウシュヴィッツを実現した。[10] 本書にある「根源悪」とは、カントのいう「根源悪」の考えではまったくとらえられていなかった人間の虚無化の問題、忘却の穴の深淵を根本に見据えているものであって、このアウシュヴィッツの審問の前に立つものとして、カントの「根源悪」と決定的に異なるものである（以上、本書第一章で中心的に示される）。

では、なぜこの「根源悪」が、エックハルトやギュイヨン夫人たちのように、ことばを宿した者たちの生と言葉を圧殺するものとして問題となるだろうのか。それはアウシュヴィッツがさらけだしたように、人間がまったく虚無化され、忘却の淵に飲み込まれるとき、そこで虚無化されているのは人間であるとともに、ことばを宿した者たちの生と言葉だからである。それが本書でプリーモ・レーヴィまたアガンベンを介して示される「言葉を奪われた者」「生ける屍」「回教徒：Muselmann」である（二四―二六、三四九―三五一頁参照）。それは、ハイデガーの哲学がアウシュヴィッツの審問を通過できないこととともに示される。そして、それはハイデガーの問題であるとともにわれわれの問題でもあり、そして、きわめて「言葉」の問題であるといえる。どういうことか。本書のハイデガー批判の要点はいくつかあるが、ここでは言葉の問題という観点から、ハイデガーの「四方界：das Geviert」の問題性に関する個所を見ておきたい。

四方界とはどのようなものか。それは「もの」（Ding）に宿るとされる。端的にいえば、天、大地、神々、死すべき者（人間）の四者である。それはものとどのように関係するのか。ここでワイン壺の例をとってみよう。この壺は、レアルなものという意味でローマ人が用いるレース（res）でも、西欧中世時代に表象される製品であるエンス（ens）でも、ましてや近世的コギトが表象する対象でもない。この壺にあっては、例えば、その空洞にワインが注がれ、壺はそれを受け取り注ぎだして、ワインは人間や神々に捧げられる。壺の本質はこのように捧げる行為のうちに集約される。捧げられるワインは天からの雨を大地が受けとってぶどうの実を生み、人間がぶどう酒を熟成させ、それは神々に献上される。こうしてワインの捧げにおいてワイン壺には、神々、人間、天、大地が宿る。この四者は四者であってしかも互いに反照し合いながら、そこに世界が生起する。世界は四者の方界であり、ものはこの世界をしばらく滞在させる。（四三頁）

この「四方界」についての要約を読んでいると、その言葉からワインの馥郁たる香りが豊かに立ち昇り、何か陶然とした心持ちになる。しかし、本書は直ちにその感情に冷水を浴びせるような批判的まなざしを向ける。なぜなら、それらの詩的言語が現出させている四方界は「技術時代の偽四方界」であって「あまりに田園的なユートピア」、実在からかけ離れた世界の幻想なのであって、その目の前にあるのはアウシュヴィッツ・ビルケナウ収容所の死体製造システムであり、その「生の祝福を破壊さす死の呪い」のなかで「生ける屍」が「焼却炉という祭壇で焼かれ」捧げられる、恐るべき臭気に満ちた世界にほかならないからである（四四―四五頁参照）。

このようなハイデガー批判を通じて透過してくる詩的言語の虚無性をわれわれはどのように受けとめればよいだろうか。こうした問題に照応するように、ミシェル・アンリもまたハイデガー批判の中心に詩的言語の非実在性を指摘している。ここで少しアンリにも立ち寄って考えてみたい。

アンリによればハイデガーのいう「現象学：Phaenomenologie」は、「パイノメノン」（光の明るみのうちへと現れるもの・現象）についての「ロゴス」（学・言葉）ではなく、「パイノメノン」（光の明るみのうちへと現れるもの・現象）における「パイネスタイ」（自らを光の明るみのうちにもたらし、現れるようにさせるはたらき）そのもの、つまりそうした「純粋現象性」そのものが「ロゴス」と同一であることを意味しているのである。なぜなら「ロゴス」こそが、見えるものを見させ、現れるものを現れるようにさせる光にほかならないからである。しかし、「純粋現象性」として光そのものであるロゴスは、それが見えるようにしているもの、現れるようにしているものを、現実に「存在」させることはできない。「それが現れさせているものを存在のうちに立てることができないという、無力」「現れることがもつ根本的な存在論的無力」「世界のこのような赤貧を明らかにするのが、言語である[11]」。

このような言語と実在を分かつ「深淵を開示するのは、詩的言語である」として、ハイデガーがしばしばとりあげる詩人トゥラクールの言葉を引用してアンリは次のように述べている。

ハイデッガーがそれについていくども提示している註釈によって有名になったトゥラクールの詩を、私が読むとき――「雪が窓辺に落ち／夕べの鐘が鳴り続くとき／多くの者たちに食卓が用意され／そして家はよくそなえられている〔……〕」――私は或る仕方で雪と窓とを「見」、私は言わば鐘が鳴るのを聞き、私は聖なる食事のために用意された食卓を表象する。それでも私がこの詩を読み、省察する部屋のなかには、それについてこの詩が語っているすべてのうちの何ひとつ、存在してはいないのである。窓は雪に面してはいないし、いかなる鐘も鳴っていない、食卓は用意されていない。雪、窓、鐘の音、食事、これらすべての奇妙な、色あせた、幻想的な諸現出は、虚空を漂っているのである。詩人によってその名を呼ばれて、これらの諸現出は、私を取り囲む諸対象のあいだに席を占めることなく、一種の不在のうちに現前へといたり、一つの夢の諸幻視にも似て、死の間際にある諸開花のようなものである。それらは、詩人の言葉から生まれたものとして現れているという点では、現前してはいるが、現れているとはいえ現実性を欠いたままであるという点では、不在なのである。今や現象学の原理は、こう述べられる。「現れることと同じだけ、それだけ非実在がある[12]」。

このような詩的言語の存在論的無力さとともに、懐かしき「夕べ」の世界の虚無性、つまりはAbendland（夕べの国、西洋）の虚無性が立ち現れる。その美しい夕べにおいて、ぬくもりに満ちた家につどい、ともに食事する人々たち、そういうAbendland（夕べの国、西洋）に住まいする人々の幻想的な現れが抱える底知れぬ虚無性は、次のプリーモ・レーヴィの言葉とも照応するものであり、カントもハイデガーもその審問を通過しえなかったアウシュヴィッツの根源悪の深淵をわれわれに突きつけているように思われる。

暖かな家で／何ごともなく生きているきみたちよ／夕方、家に帰れば／熱い食事と友人の顔が見られるきみたちよ。／これが人間か、考えてほしい／泥にまみれて働き／平安を知らず／パンのかけらを争い／他人がうなずくだけで死に追いやられるものが。これが女か、考えてほしい／髪は刈られ、名はなく／思い出す力も失せ／目は虚ろ、体の芯は／冬の蛙のように冷え切っているものが。／考えてほしい、こうした事実があったことを。／これは命令だ。心に刻んでいてほしい／家にいても、外に出ていても／目覚めていても、寝ていても。／そして子供たちに話してやってほしい。／さもなくば、家は壊れ／病が体を麻痺させ／子供たちは顔をそむけるだろう[13]。

これらの言葉は「言語」と「証人」にとって大きな問いを引き起こす。つまり、われわれが、アウシュヴィッツの審問の前に引き出されたものとして無数の顔、顔、顔の前に立ち、その無数の落ちくぼんだ目に向き合うとき、もはや、われ思うゆえにわれあり、とうそぶくような自己性はまったく「非実体化」し、「流動化」し、証言を引き受けるようにと、否応なく、新たにまったく無から受動的に引きだされた主体性としての〈わたし〉が、自己をあざむくこと以外にはそこから逃れ出ることのできない主体性の審問の場において「他者の語り部」となることを求められていることに直面するのである（本書一一二頁参照）。つまり、ほかならない〈わたし〉が、他者のために、他者の言葉を語り、証言する、証人になることを求められていることに直面するのである。

しかし、そのように「他者の語り部」として〈ことばが宿るとき〉は到来しうるのであろうか。なぜなら、すでに見たような言語の虚無性という問題を突きつけられている以上、いかにして、他者のために、他者の言葉を語り、証言する、証人になる、そうした〈ことばが宿るとき〉が到来しうるというのだろうか。そこで新たな言語論が必要となるだろう。「他者の語り部」となりうる、そうした言葉をうちから支えるものがなんであるのか。それは、西洋哲学の「ロゴス」がこれまで積み上げてきたもののなかには探しえないものであり、その徹底的な批判解体を通じて、一度その虚無性に徹して、塵から出たものを塵に戻さねばならないのであり、かくして、そこに一度徹底的に死に切るほかないのである。このことは『言語と証人』が根本的に引き受けている課題である。

ではいかにして甦りの朝にあずかりうるのか。このことも『言語と証人』が根本的に引き受けている課題である。他者のために、他者の言葉を語り、証言する、証人になることを可能とし、「他者の語り部」とする、そうした言葉をうちから支えるものがエヒイェ（神の脱在、脱在の神）であり、エヒイェであるロゴス・ダーバールであり、エヒイェのロゴス・ダーバール、エヒイェからのロゴス・ダーバールである。本書ではそうしたエヒイェロギアによる新たな言語論、証人論が展開される。しかし、この世の言葉に死んだとしても、いかにして、エヒイェであるロゴス・ダーバールによって甦り、エヒイェによって、エヒイェから新たに生まれ、ともに、エヒイェの生命そのものであるロゴス・ダーバールとそこから送られるプネウマ・ルーアッハの息・いのちにうちから支えられて「証人」「他者の語り部」となる〈ことばが宿るとき〉が到来するのだろうか。

その点において本書にある石牟礼道子論は重要な意味をもつと考えられる。「証人」「他者の語り部」の言葉においては、「わたし」は「わたし」であり「あなた」は「あなた」であるというような同一律的論理や、人称や能動・

受動を区別する文法（たとえ中動態を復活させたとしても）、そして、もちろん「われ思うゆえにわれあり」とうそぶく近代的自我の自他の分別など、ほとんど意味をもたない。せいぜい感情移入といって言葉を濁すばかりであろう。本当の意味で、共感・共苦・共喜しあうこと、つまり、他者のうめきがわたしのうめきとして、わたしのうちに宿り、わたしから生まれることが、いかにしてありえるのか。近代言語は、そのうめきと向き合い、その胎内的生命の言語、文法、語りがいかなるものであるのか、自らの課題として引き受けてきただろうか。

こうした近代言語の無能と虚無をまっすぐに見つめることのなかに石牟礼文学は開花した。石牟礼は「言葉を焚き、そして己れを焚き」（三四〇頁）、対象言語のざわめきが止息し、あらゆる「言葉果つるところ」で「あらゆる生命を育む母層」に内在し、そこに「アニマのくに」「相生のくに」「霊的血脈」において同じ生命をわけあう兄弟的生命「コンフラリア・隣人性」を現成させるダーバール・ナラティブをきりひらいている（三三一―三三二頁参照）。石牟礼文学における「巫女的感受性」とは、本書で指摘されているようにシャーマニズムやアニミズムに限定されて理解されるものではない（三三八頁）。その本領は、どこまでも自ら自身と言葉を「焚き」捧げ尽くすその無窮の空性を通じて、あらゆる生命をそのうちに宿し育む存在の「母層」以外のなにものでもなくなるまで彼女の身体と心のすべてが無化され、その「母層」におけるエヒイェ的生命の共苦・共喜の脈動となって、エヒイェとともにあらゆる生命に自他の区別なく無差別的に内在する脱在性にあるといえる。

本書においてこの「母層」をあらためて受けとりなおすと、それは、まさにエヒイェの脱在性以外のなにものでもないことがわかる。「母層」は自らの生のうちに〈もう一つの生〉を宿し、育む。「母層」は、その〈もう一つの生〉のために生き、〈もう一つの生〉がそれ自身で生きるものとなるために、自らのうちにあるすべてを与えつくそうとする無償で無限の贈与のはたらき以外のなにものでもなく、そのようなおしみない豊かさこそ「母層」・脱在性の本質である。

〈自らの生のうちに〉感じ取られる、そのもう一つの生こそ、自分の生にまさって自分の生であり、その〈もう一つの生のうちに〉自らの生の喜びも悲しみも苦しみもすべてが感じ取られる。しかしこの胎動する生の一体性においてエヒイェ・アシェル・エヒイェとして自らの生を与えつくすエヒイェの脱在性に生かされてあることを人間は直ちに忘却する（放蕩息子のたとえにあるように）。おしみない豊かさである「母層」、エヒイェの脱在性は、何もなかったかのように、たやすく忘却され、あるいは、その息子たちとその男性的言語によって踏みにじられてきた。

それは本書が繰り返し指摘し批判することであり、それらを通じて明らかになるわれわれが手にしている西洋近代の概念や言語のみじめさは、いかに西洋哲学の歴史が、「母層」、エヒイェの脱在性を忘却してきたのか、さらには、エックハルト、ギュイヨン夫人に下したような弾圧・抹殺を繰り返してきたのかを証示していよう。しかし本書が示すように、忘却の歴史にあらがうように「母層」を語るダーバール・ナラティブの伝統は生き続けている。旧約聖書における神の憐れみ、慈しみを示すヘブライ語に「ラハミーム」があり、これは母の胎、子宮も意味する語である（九二―九三頁参照）。それは新約聖書のギリシア語では、同じように体内・胎内的言葉である「スプランクニゾマイ」として受けとられ、強盗に襲われた人を見つけたサマリア人（ルカ10・33）、回心した弟を見つけ駆け寄って口づけする父（ルカ15・20）など、子であるイエスが語り、身をもって示した、父なる神の無償の愛とあわれみのために用いられている。[14] このうめき、もだえの共苦・共喜と、それがそこにおいて感じられる生命の「母層」を語り継いできたダーバール・ナラティブの伝統において、われわれは新たに生まれなおさねばならない。さもなければ、到底「他者の語り部」となる〈とき〉、つまり存在と生命の母層においてわが身に〈ことばが宿るとき〉が到来することはないだろう。その新生的誕生の道行きをエックハルトにたずねたい。

三　エックハルトがひらく胎内的生命と言語の豊饒性

エックハルトが説く「魂における神の誕生」は、ダーバール・ナラティブの伝統において受けとられるべきものである。エックハルトが説く「魂における神の誕生」は聖書が示す神の胎内的生命の母層における生命の芽吹きにほかならないからである。「魂における神の誕生」とは、神の生命のうちに胎動し、生まれ出る生として、胎内的生の一体性において父から与えられる生によって、もう一つの生として自らの生を生きるものとして、父から生まれること以外のなにものでもないのである。

そのように父なる神から生まれたものとして、われわれはともに神の子らであり、同じ兄弟姉妹として、同じいのちをわけあうものであり、父の胎内的生において、ともに感じ、ともに生きることができる。イエスの父なる神への切なる呼びかけ、「父よ、あなたがわたしの内におられ、わたしがあなたの内にいるように、すべての人を一つにしてください」（ヨハ17・21）、これは、エックハルトによれば、まさにそのようにキリストとともに神の胎内的・受肉的生命において神の子ら、兄弟姉妹となること以外のなにものでもない(15)。

ところが、エックハルトはそのように理解されてこなかった。従来、むしろ、新プラトン主義の影響のために、エックハルトは「三位一体の神」と「神性」を区別し、そして、「三位一体の神」を超えた「神性」への突破と内在を説いたとされてきた。そして、その突破においては、否定性が強調され、「神性」は「神性の無」として理解されてきた。さらに、魂は、この否定性をめがけて、「三位一体の神」を突破し、「神性の無」に内在するとされるのであって、その意味は、つまり「三位一体の神」も人間の魂もそれぞれのペルソナ性をもはや保持しないほどの自己無化を徹底的に行い、そのときに、神性への還帰と合一が成立するということである。そして、この直接的一においては、子であるキリストや聖霊の入る余地がない。エックハルトはこのように教えたから断罪され、排除されたのであって、それは新プラトン主義から過度の影響を受けたためである。およそ、このように評価されてきた。たとえば、西谷啓治は次のように述べている。

彼（＝アウグスティヌス）以後の神秘主義は、アウグスティヌスのうちにも含まれていた新プラトン的傾向を一層強調することによって、遂には有である神と区別された「超有」または「無」としての神性に達する。ディオニュシウスより出てエリウゲナを経、エックハルトに至り、更にヤーコプ・ベーメに通ずる系統の神秘主義が、異端の悪名と戦いつつ守り続けたのは、その道であった[16]。

しかし、そのような評価は妥当なのだろうか。いずれにせよ、このような評価は、エックハルトをキリスト教神学の伝統の流れから孤立させることに成功し、また、エックハルトに、いわゆる、偉大な神秘主義者というレッテルを与えてきたことは確かであるとおもわれる。しかし、従来の評価に決定的に欠落していたものは「生み・生まれるもの」を満たす存在の母層を見る観点である。その観点の欠如こそが、ギュイヨン夫人しかり、エックハルトの「魂における神の誕生」をも理解不能にし、さらには、その説くところを今日に至るまで排斥、忘却されるに至らしめたのである。このことをここではっきりと確かめたい。

三の一　生む一である「在りて在る神」――エックハルトの脱在的神論

エックハルトは、同じドミニコ会の神学者トマス・アクィナスから「在りて在る者」（出3・14）である神の存在に徹した神学的思惟を受け継いで、それを深めていった。エックハルトの初期ドイツ語著作『教導講話』で、すでに次のように述べられている。「人間は思惟された神に満足したままでいるべきではない。なぜなら思惟が去れば神も去るからだ。むしろ、人は存在する神をもつべきである。存在する神は、人間の思惟といっさいの被造物のはるか高くにある」(同六章)。「存在する神」とは三位一体の神であり、父が子を生み、子が父から生まれるという誕生の生命そのものである神自身の根源的な存在における神である。[17]

『出エジプト記註解』(第16節)で確認しよう。[18] そこでエックハルトは同じドミニコ会の神学者トマス・アクィナスから「在りて在る者」(出3・14)である神の存在に徹した神学的思惟を受け継いで深めている。そこで神名が〈sum qui sum〉という〈sum〉の反復で示されるのは〈sum〉がいかなるしかたでもそれ以外のありようのないものであるということ、つまり「神自身からあらゆる否定性が除去された肯定の純粋性を意味する：puritatem affirmationis excluso omni negativo ab ipso deo indicat」からであるとされるのである。

この肯定の純粋性において表示されているのは神自身以外のなにものでもない。つまり、まさしく〈sum qui sum〉という〈sum〉の純粋な反復であるかぎりの神の存在そのもの以外のなにものでもない。したがって、それは「ほかならぬ神の存在が、神自身のうちへとむかって、神自身からあふれでて自己自身に戻ってくるある種の円環的還帰であること、そして、それ自身のうちにおいて自らを保つあり方、あるいは、自分自身からけっして離れることのないあり方を：ipsius esse quandam in se ipsum et super se ipsum reflexivam conversionem et in se ipso mansionem sive fixionem」意味するのである。

「しかも、それはさらに、ある種の自己自身のうちから吹きあがる沸騰、あるいは、自己自身を生み出すことを：adhuc autem quandam bullitionem sive parturitionem sui」意味している。つまり〈sum qui sum〉は、神自身以外のなにものでもない神の存在における神の本質的な神名であるだけでなく、そこで反復される〈sum〉によって、存在の純粋性が顕示されているのである。そしてこの反復される〈sum〉は、神の存在の純粋性のみならず、神自身のうちにおいて神自身の本質遂行にほかならない誕生のはたらき、つまり父なる神と子なる神のあいだで成立する誕生の連関にほかならないことをも顕示しているのである。父なる神は自らにおける自ら自身のすべてをまったく同じように完全に子なる神に与えつくすことで、まったく同じものとして、しかもそれ自身の生を生きるものとして子なる神を生み出すのである。そして、この誕生において、子なる神は、もうひとつのペルソナとして自ら自身の生命を生きるべく生まれるのである。それが〈sum qui sum〉である。どういうことか。

神が〈sum qui sum〉として〈sum〉の反復であるかぎり、自らの純粋な存在そのものと自らの誕生のはたらきにおいて、神は「自ら自身のうちにおいてはげしく沸きたちながら、自分自身のうちへとむかって流れ込みつつ、沸騰している：in se fervens et in se ipso et in se ipsum liquescens et bulliens」のである。そして、この存在の純粋性と、神的生のこのうえなく激しい内的発露において、〈sum〉はそれ以外のなにものでもない純粋な〈sum〉の完全な反復として「光における光であり、光のうちへとむかって自ら自身のすべてによって自ら自身のすべてを透入させているのであって、いたるところで、自ら自身のすべてが円環的に還帰しており、自己自身に戻ってくるのである：lux in luce et in lucem se toto se totum penetrans, se totum conversum et reflexum undique」。

しかも、このような存在の純粋性における〈sum〉の反復と誕生のはたらきの完全な内的一致は、『二四人の哲学者の書』の「知者」の言葉にもとづいて理解されている。つまり、それは「知者の次のことば〈一は一を生む、あるいは、生んだ、そして、自己自身のうちへむかって愛を、あるいは、白熱する輝きを自己自身に戻している〉にもとづくのであって、このことのゆえにヨハネ福音書第一章［四節］で〈それ自身のうちには生命があった〉と述べられているのである：secundum illud sapientis: »monas monadem gignit — vel genuit — et in se ipsum reflexit amorem — sive ardorem«. Propter hoc Ioh. 1 dicitur: 'in ipso vita erat'」。

このように、エックハルトは、神名〈Ego sum qui sum〉のうちに神の存在の最も純粋な肯定を読み解く。しかも、その〈sum qui sum〉の反復において、神的ペルソナの誕生をも見出し、それこそが『二四人の哲学者の書』における「一:monas」のありようそのものであるとする。その「一」とは「一は一を生む、あるいは、生んだ」(つまりつねに生み続けている)とあるように、「一」自身が「一」であることにおいて、自らの完全な反復として全く同じものでありつづけながら、そのようなものであることにおいて、同時に、それ自身の生を生きるもう一つの生を生み続けているのである。そして、それこそがヨハネ福音書が明らかに述べている「生命:vita」、つまり、子であるロゴスのうちをつらぬいて父が生み与える「生命」であり、受肉によって人間に贈与されるのである。

この誕生的生命の贈与に論を進めよう。父は子に完全に自らを与えつくし、子はそのすべてを受けとり、父以外からは何も受けとらない。そのように父なる神の生命の完全にして純粋な反復である子が、受肉し、仲保者として道となり、神にかたどられて創造されたわれわれをも、同じ誕生の生命の内へと、つまり、同じ「像」であることへと、つまり、「子」としてあることへと招き入れるのである。エックハルトは次のように説く。

神はなぜ人となったのか。わたしが同じ神として生まれるためである。……わたしたちの主が「わたしが聴いた全てをあなたがたに知らせた」(ヨハ15・15)と述べている言葉は次のように理解しなければならない。子は父から何を聴いたのであろうか。父は生むことしかできず、子は生まれることしかできない。父がもつ全て、父である全て、つまり、神的な存在と神的な本性の深淵を、父は一人子のうちに完全に生む。子は父からこれを聴き、わたしたちが同じ子になるためにそれを知らせた。子がもつ全て、つまり、存在と本性を、わたしたちが同じ一人子となるために受け取ったのである。(Pr. 29, DW II, p. 84)

父子の永遠・完全な誕生における生命に対して、いかなる手立てもない人間のために、子は惜しみなく同じ人間となり、道となって、われわれを「同じ子」へと高めてくださる。「子」が受肉による救済によって人間に与えるものは「父」から受けたものの完全な贈与、つまり「子であること」(filiatio)であり、それは父なる神の生命によって生きる者として生まれる新生以外の何ものでもありえない。

だからこそ、われわれもまた「アッバ」(父よ)と叫ぶ霊に満たされて、父なる神の生命による新生に生まれ、キリストがそうであったように、父にすべての信頼をかけて生きねばならず、父の完全な像的反復を成就する神の像であるものとして、父以外のものに対して、無一物に徹した受肉の生を生きねばならない。そのようにして、キリストが生きた無一物の生、自己無化(ケノーシス)にあやかって生きることになる。

エックハルトが「魂における神の誕生」とともにドイツ語説教や論述で繰り返し説いた「離脱」「放念」「謙遜」「貧しさ」「沈黙」「砂漠」の教えは、このようなキリストの生における無一物性にほかならない。キリストの生における無一物性は、人間的知の対象として外化しえない父における神性の存在と生命の横溢によってのみ満たされており、それゆえに、そのうちにあるものは神的誕生の以外のなにものもない。そうした生の無一物性に人間があずかることは、人間の禁欲的努力の成果によるものではない。それは、受肉による救済を完成させる神によって神的生命に満たされることで成就する新生的誕生であり、最高度に救済的で恩寵的な霊的変容にほかならない。

そのためには、父以外のなにものに対しても無一物である、徹底的な脱像・イコノクラスム(entbilden/Iconoclasm)という、否定の暗夜を過ぎ越さねばならない。なぜなら、父における神性の存在と生命は、始原内部、根底内部の静けさのうちにとどまっており、通常、われわれが像とみなしている、世界内的な対象や、把握可能な概念として、客体化されることは決してありえないものだからである。次の個所を参照したい。

これらの力の最高の完成は知性と呼ばれる最高の力にある。これは決して休まない。この力は、神が聖霊であるから、また子であるからといって求めるのではない。これは子を避けるのである。これは、また、神であるからといって、神を求めるのでもない。なぜか。そこで神が名をもつからである。もし仮に神が千いるとすれば、これは絶えず突破（durchbrechen）して、神がいかなる名前ももたないところで、神を求める。神がいまだ名前を持っているかぎり、これは神より高貴な者、より善い者を求めるのである。ではこれは何を求めているのか。これはそれを知らないが、父である神を欲している。それゆえ聖フィリポは「主よ、わたしたちに父をお示し下さい。そうすればわたしたちは満足します」（ヨハ14・8）と述べている。これは、そこから善性が由来する髄のような神を求め、そこから善性が流れ出る核のような神を求め、そこから善性が涌き出でる根や水脈のような神を求めるのである。そしてそこでのみ神は父である。今や、わたしたちの主はこう言われる。「子のほかに父を知るものはいない。父のほかに子を知るものはいない」（マタ11・27）。真理において、われわれは父を知ろうとするならば、われわれが子となるのでなければならない。（Pr. 26, DW II, pp. 31–32）

魂における神の誕生を実現するために、父における神性である、生む一へと入り込む必要がある。そして、そのために、否定の暗夜を過ぎ越す必要がある。しかし、その否定の暗夜の過ぎ越しは、西谷が述べていたように、神を突破して、神性の無に至ることではない[19]。先の引用にある「名の無い神を求める」とは父なる神への突破である。しかも、同時に、父なる神を父とする子として生み出される新生的誕生である。

それゆえ「名の無い神を求める」ことは、人間の手の届かない彼方なる領域に神を祭り上げることであってはならない[20]。むしろ、否定の暗夜は神的生命・誕生に至る道、産道とならねばならない。否定の暗夜は、わたしたちを、同じ子として、同じ父から生まれるものとする、受肉のロゴスの救済的はたらきが成就するためのイコノクラスムであって、それをつうじて、父の自己無化へと参入、参究することになるのである。そして、その参究が徹底的な脱像・イコノクラスムという否定の暗夜を過ぎ越さねばならないのは、人間が父の胎内的生命を生きる者として、その生へと〈神の像〉として招かれているからにほかならない。この点をエックハルトに特徴的な〈神の像〉および〈離脱〉論をつうじて確認しておきたい。

三の二　父の胎内的生命を生きる人間――エックハルトの〈神の像〉〈離脱〉論

これまでに見たように、父における神性は、それ自身のうちにとどまり、けっして、外的な認識可能性へと外化しないものである。それゆえ、内的還帰が必要となる。それは次に見るように、一である父における神性を目指す内的還帰である。たしかに、それは、新プラトン主義的な派出・帰還のモティーフにそって解釈されてはいる。しかし、「わたしたちに父をお示しください、そうすれば、それはわたしたちを満足させます：ostende nobis patrem, et sufficit nobis」（ヨハ14・8）、という聖句が示す、一である父における神性の認識をもたらす、そのような内的還帰の最終的根拠は、人間が神の像として創造されたことにおかれるのである。

一は、すでにしばしば語られたように、父に帰せられる。……人間は、神の全実体の像に向けて造られたのであって、そうであるから、似たものに向けてではなく、一に向けて造られたのである。申命記六章、ガラテヤ書三章に「神はしかし一なる者である」（申6・4、ガラ3・20）［とある通りである］。……「もろもろの流れは、それらが流れ出たところへと帰る」（伝1・7）［と述べられる］。さらに、ボエティウスは『哲学の慰め』第三巻において、次のよう述べている。「個々のものは自らの帰還において喜ぶ」。しかるに、人間以外のすべての被造物は類似性に基づいて、存在のうちに生み出されたものとして出てきた。このことのゆえに、神を求め、そして、神に似ていることで満足する。しかし、人間は、神の一なる全実体の像に向けて造られ、全的な一にもとづいて存在のうちへと生み出されたのであるから、神に似ているものに帰ることでは満足しない。むしろ、そこから出てきた一に帰り、そのようなことだけが人間を満足させる。そしてこれがここで次のように言われていることの意味である。「われわれに父をお示しください」、すなわち一を、そうすれば「われわれは満足です」（ヨハ14・8）。「私は父から出たものであり、父のもとに行く」（ヨハ16・28）。「彼（＝太陽）は最高の天から出て、そして、その最高点に至るまで走行する」（詩18・7）。（In Io. n. 549）

ここで、エックハルトは、人間が「神の一なる全実体の像：imago totius unius substantiae dei」であることを、アウグスティヌスの capax Dei にもとづいて理解している。[21] しかも、アウグスティヌス的な capax Dei としての「神の像」は、アリストテレス的知性論にもとづく、「知性である限りでの知性」（intellectus inquantum intellectus）の完全性と結びつけて理解されている。つまり、一切になりうるという知性的存在者としての人間の知性の完全性はアウグスティヌス的な capax Dei としての神の像のあり方によって理解される。このことは『ヨハネ福音書註解』では簡潔に次のように述べられている。

実際、哲学者は「魂はある意味で万物である」と述べており、そして、アウグスティヌスも「神を受容できるもの［capax］であるから、神の像であると述べているのである」。Ut enim ait philosophus »anima quodammodo est omnia«, et »eo imago dei est quod capax dei est«, ut ait Augustinus. (In Io. n. 610)

アウグスティヌスの capax Dei とアリストテレス的知性が、ともに、神の像において一つの焦点を結ぶのは、

「像」の「本質規定：ratio」にもとづく。つまり「像」は「それの像であるところのもののうちのある限定されたものを表出するものであるものではなく、それの像であるところのもののすべてを余すところなく表出するものである」のであって、像は原像の完全な反復以外のなにものでもない。こうした「像」としての「本質規定」に加えて、知性は無制約的可能性であるため、知性だけが、神の完全な反復を体現する像となるのである。「知性的本性のみが、神的本質の実体的な諸々の完全性を受容できるもの［capax］なのである」(In Gen. I. n. 115)。

神の像であるかぎり、人間は、余すところなく十全に神を受容しうるもの（capax）である。それゆえ、神に帰せられる完全性の一部についてではなく、神的実体の諸完全性は像によって、ことごとく、そのまま反復されるのである。この反復において、人間は、余すところなく十全な神の像である。神の像であるかぎり、その反復は、人間の知性的本性における存在・生命そのものにほかならない。そして、その反復において十全に与えられ、像化されているものは、神的存在・生命以外のなにものでもない。このような神的存在・神的生命の完全な像的反復こそ「魂における神の誕生」の実現にほかならない。

このことを「離脱」との関係においてもう少し見ておこう。まず、すでに見たように、「父は生むことしかできず、子は生まれることしかできない」とあるとおり、神は神自身における根源的な神的存在・生命において、神自身であるほかないということ、つまり、それ以外ではありえないという不可能性とともに自らの内部に秘せられている。「神は、自ら自身において純粋に内的にとどまり存在する。そこで、神は、これでもなく、それでもないというのも神のうちにあるものは神だからである：Er［sc. Got］ist ein lûter înstân in im selber, dâ noch diz noch daz enist; wan swaz in gote ist, daz ist got」(Pr. 3, DW I, p. 56)。

神自身における神がまったくの無として語られるのも、こうした神の神自身のうちにおいて神自身であるほかありえないという神の絶対的不可能性のゆえにである。つまり、神自身における神が、外的に対象化されたあれやこれではありえ「ない」という不可能性に向けて神の「無」が語られるのである。「神は、まったくの無であり、これでもなく、それでもない：Er ist nihtes niht, er enist weder diz noch daz」(Pr. 23, DW I, p. 402)。

そうした不可能性において、「父は生むことしかできず、子は生まれることしかできない」のであり、それ以外のあり方が一切不可能なそれ自身としての存在・生命の現実性における神でありうるのである。エックハルトによれば、このような不可能性こそが「離脱」の本質であり、「離脱」とは、まさに、この不可能性における神自身における神と、人間におけるその像的反復以外のなにものでもないのである。このことを、以下『離脱について』(*Von abegescheidenheit*) によって見ておこう。

そこでは「これでもなく、あれでもないこと。それが純粋な離脱の現成である：daz weder diz noch daz ist der lûtern abegescheidenheit gegenwurf」(DW V, p. 423) として、先に見たような、外的に対象化されたあれやこれではありえ「ない」不可能性としての神の「無」が離脱の内実であることが示される。それゆえに、「離脱は純粋な無において成立するのである：Si [sc. abegescheidenheit] stât ûf einem blôzen nihte」(DW V, p. 423)。

かくして「離脱」は、それ以外のあり方が一切不可能なそれ自身における神の存在・生命の始原的・永遠的起源であるので、神の存在・生命の内実そのものにほかならない神の純粋性・一性さえも、神の始原的・永遠的次元内部においては「離脱」に由来するものとして語られる。「さて、神の本性的で本来的な在り処は離脱からくる一性と純粋性である：Nû ist gotes natiulîchiu eigen stat einicheit und lûterkeit, daz kumet von abegescheidenheit」(DW V, p. 403)。「というのも、神が神であるということを、神は自らの不動なる離脱より保持しているのであり、神は、離脱によって、自らの純粋性と自らの一性と自らの不可変性を保持するのである：Wan daz got ist got, daz hât er von sîner unbewegelîchen abegescheidenheit, und von der abegescheidenheit hât er sîne lûterkeit und sîne einvalticheit und sîne unwandelbærkeit」(DW V, p. 411)。

それゆえにこそ、「人間を、最高度に、最も近く神に結びつける」「最高にして最善の徳：diu hoehste und diu beste tugent」は「離脱」でなければならないのである（DW V, pp. 400-401）。さらに、それ以外のあり方が一切不可能なそれ自身における神の存在・生命の始原的・永遠的起源である「離脱」が「人間を、最高度に、最も近く神に結びつけ、本性によって神であるものを、恩寵によって、人間にもたらすことができる」徳であるのは、「離脱した精神に、神は神自身以外のいかなるものも与えることはできない」という神の離脱の不可能性において神と人間を結びつけるからである（DW V, p. 411）。言い換えれば、自ら自身以外のものではありえない不可能性としての「離脱」における神自身は、その自らの「離脱」の完全な像的反復においてしか人間に自らを与えることが「できない」ということである。そのような「離脱」における不可能性にもとづいて、「離脱は神を強いてわたしへと来たらせる」とも述べられるのである（DW V, p. 403）。

この「離脱」における像的関係は、まず、父と子のあいだに根拠づけられなければならない。つまり、なによりもまず像的関係は、子における父の完全な反復としてあり、それぞれにおいてそれ以外のあり方がありえないという、「離脱」の絶対的な不可能性において、父子がまさにそれ自身である存在・生命の現実性の完全な反復をそのうちに含みこんでいる。そうであるからこそ、「像」は神自身のうちでのみ可能である「離脱」における十全な神自身における神の啓示である。というのも「像」は、それが像である限りにおいて、それの像であるところのもの以外のあり方が不可能だからである。しかも、それ以外のものでありえないというこの不可能性は、神の像としての人間においては、こうした父と子の誕生の「像」的反復において実現している、それ以外のものではありえないという不可能性の、その十全な像的反復として実現するものでなければならない。

かくして「離脱」とは、それ以外のあり方が一切不可能なそれ自身における神の存在・生命の純粋性・一性としての父子における誕生そのものであり、それ以外のなにものでもありえないという不可能性における神そのものである。しかも、同時に、その「離脱」つまり神自身における神は、神の像・神の子としてその像的反復を生きることへと招かれた人間の生を神自身の一切をもって恩寵的に満たす以外のありようをもたないのであって、「離脱した精神に、神は神自身以外のいかなるものも与えることはできない」のである。そのようにして、「離脱は神を強いてわたしへと来たらせる」ものであり、「人間を、最高度に、最も近く神に結びつけ、本性によって神であるものを、恩寵によって、人間にもたらすことができる」徳なのである[22]。

以上のことから、エックハルトの説く「離脱」は「魂における神の誕生」の実現そのものと不可分なものとして受けとられなければならないことがわかる。さらに言えば、エックハルトの説く「放念」や「貧しさ」また「荒野［砂漠］」「乙女」「女」などもまた、そうした一にして純粋なる像的反復のうちに、どこまでも無一物的に徹した人間の生のありよう以外の何ものをも説くものではないのである。そして、言うまでもなく、そのなかで最も根本的な「魂における神の誕生」こそは、まさに〈ことばを宿した者たちの生と言葉〉のありようそのものである。

三の三　エックハルトにおける〈身ごもり、生む、女性性〉の言語的豊饒性

これまで見たように「魂における神の誕生」における生のありようは、その内実そのものにほかならない胎内的生命と言葉を、神の存在と生命の母層において語り継ぐ「他者の語り部」となる、新生的な誕生を生きることであり、それが、身を張ってダーバール・ナラティブの伝統を受け継ぐ者の生である。そして、ここで強調しておくべきことは、そのように「他者の語り部」、「神の語り部」として新生的誕生を生きることが、存在の母層と不可分であることが、エックハルトにおいては、身ごもり、生む、女性性において理解されていることである。

しかし、このことは、これまで、神秘主義などとして不可知の雲の彼方に祭り上げられてきたエックハルトの思

想において、まともにかえりみられることのなかった点であるといわざるをえない。エックハルトの説く〈ことばを宿した者たちの生と言葉〉が、存在の母層と不可分であることが、いかにして、身ごもり、生む、女性性において受けとめられているかについては、先に見たようなエックハルトの像論また「誕生」論の再考とともにあらためて注目されるべきことであろう。

ここではエックハルトの「ドイツ語説教2」にもとづいて〈ことばを宿した者たちの生と言葉〉が、存在の母層の不可分であって、それが徹頭徹尾、身ごもり、生む、女性性において理解されていることについて見ておきたい。結論から言えば、エックハルトが語る「離脱」「放念」「脱像」「貧しさ」は〈ことばが宿るとき〉の到来の時節にほかならず、それは、存在の母層に身をゆだねきった無一物的に徹した人間の生のありよう以外のなにものでもない。その同じことがエックハルトの「ドイツ語説教2」においては「処女：juncvrouwe」として示されている（以下、同説教からの引用は DW I, pp. 25-31 による）。

「処女」である人は「まさにイエスが彼自身において、とらわれなく自由であり、清らかであるように、最高の真理に対する障害がまったく無く、純潔で、自由なのである」。それゆえ、この「とらわれなく自由である：ledic und vrî」ことにおいて「処女」においてはイエスとの「等しさ：glîch」による「一致：einunge」が実現する。それこそが「処女」が身ごもること、つまり「清らかなイエスを懐胎する：den megetlîchen Jêsusm enpfâhen」ことなのである。したがって「処女」は同時に「女：wîp」でなければならない。なぜなら、聖母マリアがそうであったように、処女の懐胎の本質は、聖霊によって宿した子を、生む父のはたらきに従って、ひとつになって生むことであり、「神に向けてイエスを父の心のうちに生み返す：gote widergebirt Jêsum in daz veterlîche herze」ことだからである。それゆえエックハルトは次のように述べている。

人間がいつまでも処女のままであるならば、その人間から、いかなる実りも生まれてこないであろう。人間が実り豊かなものとなるためには、その人がひとりの女であるということが、当然にそうあらねばならないのである。女というのは、魂について語られうるもっとも高貴な名前であり、処女であることよりもはるかに高貴なことなのである。

それゆえ「処女」でもなく「女」でもなく「女である処女：juncvrouwe, diu ein wîp ist」でなければならない。それは「父がご自分の永遠の言葉を生み出すまさに同じ根底から、そうだ、まさに同じ根底から、実り豊かにともに生むものとなる」とエックハルトは述べている。「同じ根底から：ûz dem selben grunde」「実り豊かにともに生むもの：vruhtbære mitgeberndе」であるので、「彼女のもたらす実りは多く、神自身に劣らないほど、その実りもまた大きい。これらの実りと誕生とを女である一人の処女がもたらすのであり、毎日、百度でも、千度でも、数え切れないほど、その実りを最も高貴な根底から生み、実らせながらもたらす」とされる。

いうまでもなくエックハルトの「魂における神の誕生」は、オリゲネスなどの教父的伝統にさかのぼり聖書から受けとられたものである。キリスト教信仰の核にある「受肉」理解、キリスト論、神性と人性、創造と救済の理解と不可分であり、それを言い表すものにほかならない。エックハルトはその伝統を徹底的にその始原である神的母層において受けとることによって、その霊性的・叡智的深みにおいて〈生む根底〉における胎内的生命の生と言葉を語り継いだのである。しかも、それは、ここで見たように、身ごもり、生む、女性性において語りだされており、それは、この「ドイツ語説教2」のほかに、エックハルトの「ドイツ語説教22」においていっそう顕著であるように、聖母マリアに結びつけられているのである。

エックハルトにおいて「受肉」と「魂における神の誕生」が重なる地点において、聖母マリアの救済史的意義が際立ってくる。聖母マリアは、神の言であるイエス・キリストの受肉の恵みの到来において不可欠の役割を担っているだけではなく、彼女自身が、人間として、最初に、神の言の受肉の恵みに与った存在であり、聖霊に満ちた主のはしためとして、自己無化の中で、「魂における神の誕生」を実現したからである。

「主のはしため」として自らを無化したマリアのあり方は、「神の身分にありながら、神と等しい者であることに固執しようとは思わず、かえって自分を無にして〔ekenôsen〕、僕の身分になり、人間と同じものとなり、人間の姿で現れ、へりくだって、死に至るまで、それも十字架の死に至るまで従順」(フィリ2・6―8)であったキリストの自己無化(ケノーシス)に倣い従うものである。マリアの処女性は、そうした徹底的な遜り、自己無化として解釈される。エックハルトが繰り返し語る「離脱：abegescheidenheit」や「脱像：entbilden」の意義は、徹底的な遜り、自己無化に至ること、つまり、「魂における神の誕生」を実現することにほかならないのであり、それは、イエスを「受容・懐胎：enpfangen」した聖母マリアを模範として語られている。

こうして、エックハルトは、受肉によってもたらされた「誕生」の恵みに最初に与った、恵みの初穂である聖母マリアに、救済史の中で特別な位置を与えるのだが、それは聖霊に満ちた主のはしためとして、キリストの自己無化(ケノーシス)と一体化した生涯を生きた、その「謙遜」ゆえにであると述べている。「彼女〔マリア〕は『〔神は〕そのはしための謙遜をかえりみられた』〔ルカ1・48〕とあるように、この徳〔謙遜〕によって、神の子を懐胎し、生むに値する者となったのである[23]」。

エックハルトはこうした〈ことばを宿す者〉としての胎内的生命の生と言葉を民衆語であるドイツ語説教においても豊かに語り継いだ。それは女性と男性の区別をこえて、神の像として創造されたすべての者の霊的生活を支えるダーバール・ナラティブとなって、修道者・一般信徒を含めた有名無名の女性たちの霊性にとりわけ深い影響をおよぼした。

そうした状況は「エックハルトの娘」としてしばしば紹介されるエックハルト伝承に典型的によく表れていると思われる。それはある少女がエックハルトのいる修道院を訪ね、自らは「少女でもなく女でもなく夫でも妻でも寡婦でも処女でもなく、また主人でも下女でも下僕でもない」と言い、「わたしはそのいずれのひとつでもなく、また、一つのものでもあれば他のものでもあるのです」と述べ、それにエックハルトが「わたしは、今まで出会うことができた人間の中でもっとも純粋な澄み切った人間の言葉を聞いたような気がする」と応じるというごくごく短いエピソードである。

この両者に生まれ、交わされる言葉・ロゴスは、まさに少女とエックハルトに宿る受肉のロゴスから溢れ出たものであり、この出会いの新鮮さと驚きも、今ここで受肉のロゴスに身を委ね切った神的脱自性のうちで、自同性への固定化を全く離れ去った者たちの一期一会のものにほかならない。エックハルトと少女の語る言葉はともに「魂における神の誕生」の胎内的生を生きる無化された人間の生と言葉である。「神から生まれたものは神であり、神の子である」(In Io. n. 110)。神が神を生む永遠の今の誕生に自らを完全に明け渡した者には、新たな母層においてともに生まれたものとしての、わけへだてのない相生の地平が生まれる。

それゆえ〈ことばが宿るとき〉、そこには男も女の区別もない。ただ「受容・懐胎：enpfangen」する聖母マリアのように神的母層において自己無化しきった生——エックハルトはそれを胎内的生命の生と言葉として「離脱：abegescheidenheit」「放念：gelassenheit」「脱像：ent-bilden」として語り継いだ——があるのみである。であるからこそ、エックハルトの対話者である少女は「娘」である。つまり同じようにともに神から生まれたという、父なる神、生む神性の根底との出生関係のみが、純粋にその者のありようを示しているのである。そして、この名無しの娘はエックハルトの説教に登場するマルタとマリアでもあり、また自らの女性性を通じて身を張って宗教的生の参究に専心した無数の有名・無名の女性たちの象徴でもある。

エックハルトをつうじて深められた神的母層に徹した胎内的生命の生と言葉は、その断罪と忘却にもかかわらず、中世後期のドイツ語圏を越えて、オランダ語、フランス語、英語、スペイン語、イタリア語圏へと広がってゆき、近代ヨーロッパに拡大した。そして各地で女性たちの霊性が開花した。たとえば、アヴィラのテレサのような著名な女性神秘家だけでなく、一六世紀に『福音の真珠』(*Die evangelische peerle*, 1538)を中世オランダ語で著した無名の女性は、ベギンと呼ばれる在俗信徒である。同書のフランス語訳は、フランソワ・ド・サルはもちろんのこと、ベネト・キャンフィールド(Benet Canfield, 1562–1610)、バルブ・アカリー(Barbe Avrillot Acarie, 1566–1618)、ピエール・ド・ベリュル枢機卿(Pierre de Bérulle, 1575–1629)に親しまれ、女性たちの霊的生活の形成を支えるものとなったのであって、ギュイヨン夫人にもつながる脈々たる影響力は以下に見る引用箇所からも明らかである。

ここでは、神との一致について、神と魂の対話を通じて次のように語られる個所を見ておきたい(24)。神はそこで魂に語りかけて「あなたの魂の単純な本質におけるあなたの根底へと、あなたが内的に戻れば戻るほど、わたしと一つの霊となります」、「そしてもしあなたがその裸の根底に入り、あなた自身をわたしと一つにするならば、あなたは恩寵によって、わたしが本性によってあるところのものとなるでしょう」と述べている。

ここには、これまで見てきたような、エックハルト的な根底の理解を読み取ることができる。そして、エックハルトにおいてそうであったように、それは生む根底である。エックハルトが「魂における神の誕生」として示したものは、ここでは、「幼子」となることとして語られている。さらに、その生む根底における胎内的生命のありようは、すでにフランソワ・ド・サル、そして、ギュイヨン夫人において見たのと同じよう、母層からの言葉として深められ、母の乳房によって養われる幼子として『福音の真珠』においても示されている。

精神を、母の乳を吸い、養われる幼子となるように整え、そして、このうえなくすばらしく育まれる者となりなさい。そのようなしかたで、あなたは、わたしの聖なる功徳により、幼子のように純粋で無垢なものとなり、内奥へと回帰し、神的本質との一致によって養われるようになるでしょう。

これは、これまで見てきたように、神の霊による子として新生・誕生であり、神の像の回復的成就であり、子としての全面的な受容性における神の能動性への全面的一致であって、『福音の真珠』において、さらに、次のように述べられている。

なぜならあなたの霊がわたしの霊で満たされ、あなたがたがわたしの幼子であるという証を受けるところほど、あなたがたがよく養われるところはないのです。そこでこそ、わたしはあなたにすべての真理を教え、わたしの神秘を明らかにするので、あなたの本質は、わたしの神的本質によって養われるのです。そこはまた、わたしがわたしの口でもってあなたに口づけする（雅1・1参照）ところでもあるのです。すなわち、わたしはわたしの神的本質でもってあなたの本質に接吻し、あなたはわたしのうちにある思量を超えた食物によって養われるのです。そして、あなたはあなたのすべての肢体において育まれ、わたしの人間としての重荷を負うことができるほどまでに育まれるのです。そして、わたしの食物を食べて、あなたがたは知性的になり、わたしの意志、願い、思いがわかるようになります。あなたの記憶は、わたしとともに実り豊かなものとなって、ひとつの喜びとなるので、あなたの意志は変容し、わたしと一つの精神となります。そして、あなたはあなたの諸々の思念のうちにおいても平安にいます、それらの思念がわたしのなかに安らいでいるからです。わたしがあなたのうちにいることを知っているので、あなたの知性のうちにおいてあなたは喜びに満ちたものとなります。あなたの意志はわたしのうちにあるので、あなたの意志においてあなたは自由なものとなります。こうして、あなたはあなたの心のうちにおいて、聖なるものとなり、神とおなじすがたにかえられるのです。かくして、あなたは、いつも喜びに満ちているわたしの人性における魂の功徳をつうじて、たえず喜びに満ちた魂をそなえる者となり、その像と似姿へと立ち返る功徳をえることになったのです。

このように「魂における神の誕生」における神の子としての霊的誕生についての語りは、聖書および教父的源泉から流れ出ながら、エックハルトにおいていっそうの霊的・叡智的深み・神性の根底へともたらされ、その深みにおける地下流の宝蔵からたえず新たに汲みとられ、このような、純粋で無垢な「幼子」とそれを養う神的母層のうちに生きる胎内的生命の生と言葉として今日までひそやかに語り継がれてきたのである。しかし、エックハルトが断罪され、忘却されたことから明らかなように、その霊的・叡智的深み・神性の根底から汲みとられた胎内的生命の生と言葉は、たんなる人間的理性・計算的合理性・客体的同一性を絶対化した男性的言説空間〈中世後期以降、近代に向かって加速し完成する大学・教会・政治における男性単一支配[25]〉において徹底的に弾圧・攻撃され、ギュイヨン夫人をはじめ〈ことばを宿す〉女性たちもまた断罪され、忘却されてきた。

だが、それにもかかわらず、その地下流はおのずとたえず滲み出して、人知れず乾いた地を潤わせてきた。そして、そこから、やがて泉が生まれ、大きな霊性の流れも生み出されてきた。そうして、リジューのテレーズに代表されるような女性カルメル会霊性における「幼子イエスへの信心：Dévotion à l'Enfance de Jésus」のように、いつも新たな女性霊性の息吹がそこから芽吹いてきたのである。

結び

ここで、これまでキリスト教と理性の歴史が虚無化し、抹殺してきた、ギュイヨン夫人の内的沈黙と祈り、そして、エックハルトの「魂における神の誕生」をはじめとする〈ことばを宿した者たちの生と言葉〉にいまいちど思いを深めたい。そして、われわれが、その幾多の胎内的生命と言葉を、神の存在と生命の母層において語り継いできたダーバール・ナラティブの伝統のうちに受け継ぎ、「他者の語り部」として新たな誕生を生きる者となる、〈ことばが宿るとき〉の到来を、わが身のうちに迎えるようになるために、われわれが見過ごしてきた仏教の霊性伝承から大いに学ぶところがあると考えたい。以下、高崎直道『仏性とは何か』（法蔵館文庫、二〇一九年）にもとづいて「仏性」「如来蔵」について少し述べてみたい。「如来蔵」（タターガタ・ガルバ）とは「如来の胎」という意味である。

胎は読んで字のごとしで、お母さんのおなかであります。そこから赤ちゃんの生まれてくる、その容れ物が胎であります。それをインドのことばでガルバというのであります。（同二四頁）

インドのことばは不思議でありまして、そのガルバということばで中身のほうもいうのです。中身というのは胎児であります。（同二六頁）

すなわち、衆生が如来蔵であるということは、衆生がその胎中に如来を宿している（如来が胎児）と解するか、あるいは、衆生が如来の胎児であると解するか、そのどちら意味にもとれる。（同一七四―一七五頁）

あまねく宇宙全体に広がる無限の如来の智慧と慈悲は一切衆生をその胎につつみこみ、ひとりひとりに自らを惜しみなく与え、そのうちに宿る。われわれをつつみ、われわれにつつまれる「如来の智慧の光」「如来の法身」は「ちょうど太陽が生きとし生る者を育ててくれるように、周く光被して、そのおかげで私どもの内にも如来と同じ智慧が育まれているのです。ですからすべてが如来の慈悲の働きの恩恵です」（同一四六―一四七頁）。

この胎内的生命を生きるように、一切衆生は招かれていながら「自覚」していない。しかし「如来蔵、仏性の自覚」に満たされるとき、「如来の自己実現」つまり、如来の智慧と慈悲の反復に徹して生きる生を生きる。その際には、如来の智慧のおかげで自分以外のすべての衆生も同じ如来の胎内的生をともに生きていることがわかるので、「我執」を離れ、「慈愛心」において「自他平等の菩薩行」を具現する（以上、同二七四頁）。こうした仏教の「如来蔵」「仏性」の霊性伝承が、日本の鎌倉仏教において、道元また親鸞に受肉し開花したのである（同一七頁）。

これまで、たとえば、西谷啓治によって新プラトン主義的な一の強調としてエックハルトの「突破」や「離脱」や「放念」が理解され、そして、その理解にもとづく「神性の無」が禅仏教との関係において議論されてきた。その一方で、魂における神の誕生は、それにふさわしく扱われてこなかった。さらに言えば、ギュイヨン夫人もエックハルトもともに断罪し、不可解で異様な神秘主義として遠ざけてきた近代理性は、これまで、「生み・生まれる」ことについて、どれほど徹底した思索を繰り広げてきたのだろうか。「生み・生まれる」ことについて、われわれの歴史は、「存在」「知性」「一」について費やされてきた哲学的探求に匹敵するものをはぐくんできただろうか。

忘却されてきたエックハルトによれば、「存在」「知性」「一」はことごとく「生み・生まれる」、存在の母層に流れいるのであり、その意味において「生命」「誕生」がエックハルトの根本概念となっているのである。この「生み・生まれる」ことについての無理解、無関心を批判的にのりこえることで、われわれは、存在の母層における胎内的生命と言葉を大切にしてきた東西霊性のうちにダーバール・ナラティヴの伝統に新たにつながるものとなり、ともに、〈ことばが宿るとき〉の到来の時節を生き、語りあう相生の地平をひらくことができるだろう[26]。

とはいえ、そうした相生の地平をひらくという今日的課題を東西霊性の伝統がともに受けとめ、ともに担い、引き受けてゆくとしても、それによって、それぞれの霊性伝統が育んできた独自性や固有の価値や意義が切り下げられ、あいまいになってしまうのでは、というおそれも当然生じるであろう[27]。それについては門脇佳吉『禅仏教とキリスト教神秘主義』(岩波書店、一九九一年)、『パウロの「聖霊による聖書解釈」——身読的解釈学』(知泉書館、二〇一〇年)のような核心に迫る参究がなされており、そこからさらに考えてゆかねばならないだろう。ここでは日本において東西霊性の伝統の相生の地平を今日的課題として全身全霊で受けとめた吉満義彦(一九〇四—一九四五)にわずかに言及し、ささやかながらいくつかの見通しを述べておきたい[28]。

吉満は超自然本性的な霊性の秩序を最内奥的現実ととらえることで、そこから摂理的・恩寵的に華開するものとして、あらゆる自然的・文化的・歴史的・宗教的現実の多様性を見通そうとしている。しかも、吉満が、そうした、いわゆる今日における東西宗教霊性交流や諸宗教の神学につながる相生的な宗教理解の地平を構想しえたのは、その根底に、恩寵は自然を破壊せず、完成させる、というトマス・アクィナス的な自然・人間観、創造・救済論があったからにほかならないのである。このことを、吉満は、たとえば「文化と宗教の理念」(一九四二年)で次のように述べている[29]。

具体的な歴史的人間の営みにおいては、結局は超自然的な恩寵の生命への内的関係において、初めてあるべき姿の真の実現がなされるのである。つまり「恩寵と自然」とは創造の秩序においての関係と、超自然的救済の秩序においての関係を含んでいるのである。……中略……これはさらに深い宗教性の内面的問題となってくるのであるが、自然的な人間精神性の自らの最高の努力をもって、絶対者への超自然的救い出しの道に相通ずる究極的姿をも事実呈していたのである。つまり恩寵の秩序から一応切り離された人間性の中において、高き徳性の発現と、高き深き宗教的絶対者への生命の触れ合いの姿をもわれわれは人類の魂の営みの中に認めうるのである。……中略……中世的神学の最後の完成者である聖トマスの思想として常に引用されるところの、「恩寵は自然を破壊せずかえってこれを予想しこれを完成する」という思想は、その全幅的な深い内容において活かされて理解されねばならない。人間の自然的可能性はそれがまさに神よりの創造であるという意味において、無限の深き意味を包蔵しているのである。特に今日の一種の神話的な人間性の自然的地盤の意識を強調する時代において、ますますこのことは意義づけられねばならないだろう。自然は合理的人間の思うよりもはるかに深いものであり、創造の日のごとく旧く、創造の業のごとく日々に新しく神秘に満ちている。（四二〇―四二二頁）

「今日の一種の神話的な人間性の自然的地盤の意識を強調する時代」とあるのは、ローゼンベルクの『二十世紀の神話』における優生学・人種主義・民族主義・国家主義と結びついたナチス的血の神話や日本の皇国神話を念頭においてのことであり、切迫した時代状況の中での論述であることがうかがわれる。その状況性のなかで、吉満は恩寵によって完成される自然の奥深さへと立ち返ることによって、政治的・イデオロギー的な分断・対立が世界大戦によって激化・硬直化した東西世界全体の文化と宗教の多様性を、より深い根源からとらえなおし、東西世界全体を、ことごとく超自然的完成にともにあずかるべき歴史的かつ超歴史的な共同体として受けとり直そうとしているのである。(30)

近代以降の西洋哲学およびプロテスタント神学は、とりわけ、そうした自然の超自然的完成へのダイナミズムを、忌むべき「存在の類比：analogia entis」としてしりぞけ、決定的に人間と自然物から切り離してしまったのであって、そのことによって、中世の人間・自然観の根底に息づいていた、自然本性のうちにある「従順・聴従的能力：potentia oboedientiae」をも見失なってしまったのである。[31] それゆえに吉満は、こうしたカトリシズムの自然・恩寵論の意義を、近代批判の脈絡の中で提示し、トマス・アクィナスにもとづいて論じるのであり、その目指すところは「新しい中世」となるのである。「宗教と文化の理念」では次のように述べられている。

カトリック的な立場においては、単に神と所造との間に連続的似姿の性格を主張するということから、両者の存在的および精神的絶対区別を消去して考えるというごときものではなく、神の超自然的恩寵の絶対的無限なる超越性を打ち立てる、その恩寵の尊厳性の意識のただ中において、いよいよ深き謙虚において、神の人格的愛を幼子の解放された自由性もて受け容れ（聖母マリア的「なれかし」Fiat の人間態度！）、まさに神の全能性の故に可能にされた自らの従属的固有活動性を実現するという立場である。つまり神の人間化という立場ではなく、神における人間性の愛の内面的生命関連を成立せしめるのが真の analogia entis の論理である。（四二七頁）

それゆえ、吉満がここで「カトリック的な立場」というときのカトリシズムとは、たしかに「歴史の現実の段階においては、もろもろの異なった立場に対して、自らの真理性を主張するところの一つの立場となって現れている」ものではあるにせよ、そうした歴史的な諸段階の内部での排他・対他的な自己理解にとどまるものでありえず、「超自然的なるカトリック性」における「一切普遍性の自覚」に立つべきものである（四三一頁）。したがって次のようにも述べられる。

「いわゆる教会のほかに救いなし」というカトリック的命題も、実は救われる人類はすべて同一救済の源泉において、霊的超自然的生命を共にするという内面的真理の自覚的表現に他ならないのである。真理は一つ、救いは一つ、愛は一つ、したがって人類の霊魂救済は一つかぎり、救われたる霊魂の霊的共同体は一つかぎりという観念である。（四三一―四三二頁）

ここにおいて「超自然的なるカトリック性」における「独一性」が語られうると吉満は述べている。しかも、それは「一切の宗教性表現を通じて、何か根本的にはやがてその全き姿を、キリスト教的な人格的内面精神性の三位一体的な創造神の信仰のうちに指摘され得」るとする「原始一神論」（Urmonotheismus）とも矛盾しないものとも認められるのであり（四三〇―四三一頁）、また、以下に見るような、ジャック・マリタンの「受肉性のヒューマニズム」（humanisme de l'incarnation）と合致するものでもある。

それは具体的に言って恩寵的な文化の実現のア・プリオリとも言うべきものをキリストの「受肉性」（Incarnatio）の神秘の中に見いだす立場である。……中略……このキリストの受肉性の真理に象徴されているごとく、キリストの救いは人間性とその可能性自らの中に、上よりの超自然的起原の生命可能性が内在的に実現されることを意味するであろう。人間的文化・人間的精神性の発現自らの中に、超自然的な生命の具体的実現が営まれるのでなければならない。文化は宗教性と否な超自然的生命と内面的有機的な結合をなされ得るのであり、なされねばならないと考える立場である。マリタンは正しく理解されたカトリック的文化哲学のいわばア・プリオリがここに指摘されるとなし、聖トマス的な文化の理念を、「受肉性のヒューマニズム」（humanisme de l'incarnation）というべきであると言っている。[32]（四二二―四二三頁）

このような「原始一神論」あるいは「聖トマス的な文化の理念」、「受肉のヒューマニズム」が根本的に示していることは、人間・被造的世界がことごとく受肉の恩寵に包まれて、超自然的生命に満たされて完成するものであるということであり、[33]このことを吉満は文学においても次のように受けとる。

先にわれわれは創造の日のごとく神秘に満ちていると言ったが、しかしさらに深く自然は超自然的な恩寵の神秘にも満ち満ちていると言い得るのであり、まさにそのかぎりにおいて、かの英雄的なカトリック宗教詩人シャルル・ペギーがその雄大な詩篇『エヴァ』の中で、「恩寵の樹木はその地中深く根差す、そは超自然はそれ自ら肉的なるものなれば……」と言い、ここにおいてあるいは他の至るところにおいて繰り返し、「永遠性はそれ自ら時間の中にあり」と言い、「時間はそれ自身非時間的なる時間である」と歌う所以があるのである。（四二四頁）

したがって、吉満の「カトリシズム」は「イズム」ではなく、霊性そのものであると見るべきであろう。吉満の「カトリシズム」は、地下水流のように霊性の大地に浸透し、響きあうものであって、その感応道交を、われわれは、押田成人のうちにも受けとることができると思われる。押田成人は代父を吉満として、ヘルマン・ホイヴェルスから洗礼を受けた。時期的に、吉満と直接的交流する機会は限られていたと思われ、実際、押田の著作においても簡単に触れられているに過ぎない。しかし、押田の『道すがら』（地湧社、一九九三年：初版一九六九年）におさめられている「ガンジス河の夜明け」という文章において、カンジスの流れに浮かぶ小舟のなかで吉満について回顧したことに触れている。

「夜」があらわれました。あらゆる種類の夜——聖なる神秘家の夜にとどまらず、人間精神の最先端において感ぜられるあらゆる夜——あるいは神否定者の夜、あるいは宗教的苦悩の夜——があらわれました。いいえ、個々人の夜だけではありません。現代という夜が深々とその口をあけていました。「深淵は深淵を呼ぶ」（詩編）という言葉が私の魂をとらえました。「今日ヒンズーの子らにおいて、ガンジスの水の上を、なにものかの呼び合う声がこだましてゆくように思われました。イスラムの子らにおいて、またやがてすべての地上の民らにおいて、同じ愛の源泉へのともどもなる祈りを、ともどもなる憧憬と努力を、まさにミスティク（神秘家）の魂において見いだすべき時に達しているのではないだろうか」（吉満義彦『神秘主義の形而上学』）。丸太のオールのリズムにのって、「夜」の洞察者吉満義彦が、私の脳裏に浮かびでてまいりました。（同二一九―二二〇頁）

「ガンジスの水の上を、なにものかの呼び合う声がこだましてゆくように思われました」という、そのこだまは、吉満の求めた霊性と結びあい、響きあいながら、カンジスをゆく押田の心に浮かびでた。押田は、その後、このこだまを受けとめ、導かれるかのように、東西宗教霊性の相生の地平をひらく九月会議を実現する。(34) 押田のみならず、さらにまた、ハインリッヒ・デュモリン、門脇佳吉、エノミヤ・ラサール、トーマス・マートンもまた、吉満の求めたような霊性を、カトリック霊性、カトリック思想においてたえず新たに深めていったと見ることもできよう。しかし、それらの霊性に通底する「母層」における感応道交をわれわれが受けとめるためには、「祈りの姿に無の風が吹く」(35) という押田の霊性と生活が証しているように、これまで以上に、霊性の息吹、聖霊論を重視する必要があるだろう。

注

（1）本論は科研（20H01191）のミニシンポジウム「〈女性〉性をめぐって――初期・中世キリスト教のテクストが披く地平」二〇二二年一二月三日（土）、四日（日）：ノートルダム清心女子大学キリスト教文化研究所（三日）、岡山大学文学部哲学倫理学セミナー室（四日）、での共同討議のために「ことばが宿るとき――女性霊性と存在の母層をめぐる試論」という題で用意した原稿にもとづくものである。また科研（19K00119）の研究成果の一部を含む。なお次の口頭発表のために用意した原稿と関連する内容も含んでいることを予めご了承いただきたい。「合評会：宮本久雄著『言語と証人』」（二〇二二年一〇月一五日：清泉女子大学）のために用意した原稿「言葉の虚無性と他者の語り部について」。「科研シンポジウム：ドイツ・ドミニコ会とエックハルト」（二〇二二年一月二九日：基盤研究（B）「ギリシア・アラビア・ラテンにおける新プラトン主義思想の伝播と発展」（19H01204））のために用意した原稿「エックハルトの像論――受肉による救済の観点から再考する」。とりわけ前者は本論二、後者は本論三に関連する。

（2）「西方キリスト教世界における女性霊性についての試論」宮本久雄ほか著『古代キリスト教の女性――その霊的伝承と多様性』教友社、二〇二一年、一七九―二〇二頁。

（3）詳しくは本論二を参照。

（4）ここで問題となる思念・意識のありようは共同討議の場で宮本久雄氏から指摘があったように現象学的な志向性に重なるものであり、本論の問題理解としてはミシェル・アンリの『現出の本質』（特に第四五節）における「思考」の向・外在性、あるいは志向性の外在性への運動と「内在」「本質」の「忘却」の議論を念頭においている。そこでアンリは「本質の忘却は」「乗り超えられないものとして思考の本性そのものに属する」のであって、「思考が久しい以前から本性上、外在性の思考であるかぎりにおいて思考自身のものとして思考に定められてしまっている本源的な方向性に属するものとして、思考の仕業なのであって」「そのようにして、忘却は思考の仕業なのであり、それは本質の忘却なのである。なぜなら、思考は外在性へと向かうのに対して、純粋な現前の本源的本質、つまり内在は、その構造そのもののゆえにこの外在性の外に身を保っているからである」と述べている。ミシェル・アンリ『現出の本質　下』北村晋・阿部文彦訳、法政大学出版局、二〇〇五年、五五〇―五五一頁。

（5）Cf. *Œuvres de Saint François de Sales*, vol. IV, Annecy, 1894, pp. 333-335.

（6）また「御言葉の霊」にほかならない「神的働きの霊」は、すべてにおいて必要なものを備え、人間の願いの彼方にあるものを人間のために「えもいわれぬうめきをもって願ってくださる」のである（前掲訳書、一〇三頁：ロマ8・26参照）。この「霊」によって宿り、生まれる「うめき」については本論二で触れる、宮本久雄『言語と証人』における石牟礼道子論をふまえて今後さらに考察したいと考えている。

（7）この点については次の研究がある。御園敬介『ジャンセニスム――生成する異端』慶應大学出版会、二〇二〇年。

（8）この点については次の研究がある。渡辺優『ジャン＝ジョセフ・シュラン――一七世紀フランス神秘主義の光芒』慶應大学出版会、二〇一六年。また、次も参照。鶴岡賀雄「『キエティズム』について」『キリスト教神秘主義著作集15――キエティズム』教文館、一九九〇年、四八九―四九六頁。

（9）トマス・ブッフハイム「カント『宗教論』における悪の普遍性」木阪貴行訳「国士舘哲学」（18）、二〇一四年、一四七―一六五頁、注4を参照。

（10）近代的理性、専門知、技術知とアウシュヴィッツの関係を、徹底的に人間性・良心の問題として引き受けつつ解明した優れた研究に次のものがある。ジグムント・バウマン『近代とホロコースト［完全版］』森田典正訳、筑摩書房（ちくま学芸文庫）、二〇二一年。

（11）ミシェル・アンリ『受肉』中敬夫訳、法政大学出版局、二〇〇七年、七六頁。

（12）『受肉』七七―七八頁。

（13）プリーモ・レーヴィ『これが人間か――改訂完全版　アウシュヴィッツは終わらない』竹山博英訳、朝日新聞出版、二〇一八年、三―四頁。

（14）ラハミームおよびスプランクニゾマイ（ほかにも用例あり）については次を参照。『慈しみとまこと』上智大学キリスト教文化研究所編、リトン、二〇一七年、一六一―一八、七九頁以下。

(15) この点については次を参照。エックハルト『ヨハネ福音書註解』第一三〇節、第三八三節、第五四八節、『エックハルト　ラテン語著作集　第三巻』中山善樹訳、知泉書館、二〇〇八年、一三五―一三六、三一四―三一五、四四四頁。またミシェル・アンリ『キリストの言葉』武藤剛史訳、白水社、二〇一二年、特に第八章。

(16) 西谷啓治『神秘思想史・信州講演』燈影舎、二〇〇三年、九九頁。

(17) この点については次を参照。阿部善彦「エックハルトにおける「一」：“unum, ut iam saepe dictum est, appropriatur patri”（In Io. n. 549）」『パトリスティカ』第二〇号、教父研究会、二〇一六年、八七―一〇四頁。

(18) エックハルト『出エジプト記註解』第一六節参照。『エックハルト　ラテン語著作集　第二巻』中山善樹訳、知泉書館、二〇〇四年、二四頁。ただし本論におけるエックハルトの著作からの引用は次の原典からの阿部による訳文。Meister Eckhart, *Die deutschen und lateinischen Werke*, Stuttgart: W. Kohlhammer, 1936 ff.

(19) ドミニコ会神学者・宮本久雄は、先の引用個所に見られるような否定神学的言説について、それが、新プラトン主義的傾向にもとづく三性の否定ではなく、むしろ、三位一体の生命への参入へと導くためのものであると述べている。同『宗教言語の可能性』勁草書房、一九九二年、三一一―三三一頁。「神の内的生命であるまことの三一性を人の思いなしの相関者としてしまう結果、人がその三一的生命に参入することを妨げることを洞察し、その意味で三一性の対象化を乗り超えようと意図したものである」（同書、三三一頁）。

(20) 宗教改革期以降の近代キリスト教では、むしろ、そうすることで、神との乖離・断絶の悲惨を強調し、残された道は、罪責甚大の自覚と、その救済不可能性の絶望の淵から逆説的に生じる、ひたすらの信仰による救いであることを明らかにしようとするかもしれない。だがエックハルトにそのような考え方はない。

(21)『創世記註解』において、このことを確認しておきたい。「つまり、人間は神的な「実体の似姿へ向けて」神から現れ出たのであり、このことのゆえに、知性的本性のみが、神的本質の実体的な諸々の完全性を受容できるもの（capax）なのである。それらの完全性とは、例えば、知識、知恵、主宰、諸々の存在者の配置、他の諸々の被造物に対する配慮と統治である。そしてこのことが次のように言われていることなのである。われわれのうちの何かの像と似姿へと向けてではなく、「人間をわれわれの像と似姿へ向けて造ろう」。そして次のように続く。「海の魚たち、空の鳥たち、全地の獣たちを支配させよう」。そして次のように続く。ご自分の何かについての像に向けてではなく「神は人間をご自分の像に向けて創造された」。「神の像に向けて」とあるのであって、神のなかにある何ものかについての像ではない。そしてアウグスティヌスも魂は「神を受容できるものであることによって神の像である」と述べており、神的実体の実体的固有性である諸々の完全性を受容できるものなのである。すなわち、知恵、配慮、統治、そして、万物におよぶ主宰、または、支配のことであり、これらは、人間すなわち知性のほうにもそなわるのである。そしてこのことのゆえにここで次のように述べられているのである。「人間をわれわれの像と似姿へ向けて造ろう」。というのも、像（imago）の本質規定（ratio）とは、それの像であるところのもののうちのある限定されたものを表出するものであることではなく、それの像であるところのもののすべてを余すところなく表出するものであることなのであるからである。そこからギリシア人は人間をミクロコスモスと、つまり、小さな世界と呼ぶのである。というのも、知性は、知性である限りにおいて、すべての存在の似姿であり、それ自身のうちに存在者の全一的統合性（universitas）を包含しており、分割をともなうこれとかあれとかのものを包含するのではないからである。それゆえに、知性の対象は、ただこれとかあれとかである存在者ではなく、一切の制約のない仕方での存在者なのである」（In Gen. I. n. 115）。

（22）神自身における神との一にして純粋なる像的反復を生きることへと招かれた人間の離脱における恩寵的生のありようは、エックハルトの「根底：grunt」論において「神の根底が私の根底であり私の根底が神の根底」として、その純粋なる像的反復とともに示される。

（23）In Io. n. 90. また自己放棄、謙遜、離脱の模範としての聖母マリアは『教導講話』『離脱について』で強調される。このほか謙遜と魂における神の誕生の関係は『高貴な人間について』「ドイツ語説教14」「同15」を参照。また「ラテン語説教55-2」（Serm. n. 544）では「魂における神の誕生 partus Dei in anima」が聖霊による恵みの満ち溢れによることが聖母マリアを原型として語られる。

（24）以下同書の引用の訳文（阿部）は次の原典箇所にもとづく。*De Groote Evangelische Peerle*, Antwerp: Jan Cnobbaert, 1629, pp. 403-404. また次の英訳も参照した。*Late Medieval Mysticism of the Low Countries*, eds. by R. v. Nieuwenhove/R. Faesen/H. Rolfson, New Jersey: Paulist, 2008, pp. 218-219. なお最新の校訂版に次の二

巻本があるが今回は参照できなかった。*Die grote evangelische peerle*, (deel 1, historische en filologische studie; deel 2, tekst), ed. by Guido de Baere, Miscellanea Neerlandica 48, Leuven: Peeters, 2021. この校訂版については近刊『西洋中世研究』(14)に菊地智氏による「新刊紹介」が掲載されるので参照されたい。

(25) 西欧近代における女性の社会的・文化的抑圧を考えるうえで次の研究が参考になる。レジーヌ・ペルヌー『中世を生きぬく女たち』福本秀子、白水社、一九九七年。

(26) 如来蔵思想とエックハルトの魂における神の誕生との関係については次の著作に「解説」として収録される原稿と一部重なるところがある。阿部仲麻呂ほか『ひびきあう日本文化と福音――三者三様のおもい』教友社、二〇二三年三月。

(27) この点については共同討議において足立広明氏、鶴岡賀雄氏からご指摘いただいたことをふまえている。また両氏からは本論で中心的に扱われる「母層」「生み・生まれる」「誕生」が人文・社会学の諸領域で活発に展開される女性論の中にどのように位置づけられるのか、また、キリスト教的な神論において「父」ではなく「母」ということがどのように位置づけられるのかという重要な問いをいただいた。本論は「母層」「生み・生まれる」「誕生」などの根本問題を、いわゆる母性の神話のようなもののなかに情緒的に解消しようとするものではない。むしろ、女性という性があまりにも安易に母性と同一視されることで、女性性であれ、母性であれ、それぞれにふさわしい探求、解明、言論、相互理解の地平が閉ざされ、抑圧、排除されてきたという問題理解から本論は出発している。こうした閉鎖性、抑圧、排除の現実と証言については次の文献が参考になる。オルナ・ドナート『母親になって後悔している』鹿田昌美訳、新潮社、二〇二二年。本論は、人間が生を本質的に経験する、その経験の普遍性において、いわば超越論的に「母層」をとらえ、そこに母性を新たに語りなおす可能性を求めようとしている。実際、いかなる性別の人間であれ、この世に生を享けたものである以上、胎内的生命において、自らの生を受けとり、自らの生を自己自身において感受したことのない者は存在しない。この容易に忘却されてしまう生の始原的感受性における自己経験の普遍的事実(事実以前の事実)において、各人には、自己自身でしかありえない自己と生が到来し、各人はそれ自らの生と自己において感受する。このように、始原的生と自己が各人に到来し、その感受において自らの生と自己を受けとり、また、他者にも同じくそれぞれの生と自己が到来し、かくして、互いに、無差別・無分別的かつ特別・個別的に到来し、感受しあう胎内的生命の普遍的あるいは超越論的深さこそ、われわれがここで「母層」としてなにごとかを語りうる地平をひらくものであると考えている。この点についてはミシェル・アンリの『受肉』『キリストの言葉』（前出、注11、注15）を手がかりさらに問い進めたい。また神論の問題については本論二の最後に触れたような聖書的源泉に立ち返ることによって、むしろ、今日に至るまで神に帰せられてきた「父性」があまりにも一面的であったことが批判的にとらえられると考えている。

(28) この点については次の拙論でも触れている。阿部善彦「吉満義彦と日本のカトリシズムの問題――一九三七年以降の著述活動を中心に（前編）」『キリスト教学』（64）二〇二二年、「同（後編）」『キリスト教学』（65）二〇二三年（原稿提出済み：刊行予定）。

(29) 以下、次に収録されたものから引用する。ページ数は同書による。強調などは省略した。吉満義彦『文学者と哲学者と聖者――吉満義彦コレクション』若松英輔編、文藝春秋社、二〇二一年。

(30) この点については前出注28の拙論にくわえて次も参照。阿部善彦「吉満義彦と日本におけるキリスト教神秘主義研究：東洋的なものと西洋的なものの彼方」『国士舘哲学』（24）、二〇二〇年、一六―五一頁。

(31) また心身のあいだも、とりわけ身（体・肉）を「自己」から遠ざけるようにして、切断・分断してしまったことも考えなければならない。以下に触れる東西宗教霊性交流において問題なるのは、この心身のありようであり、とりわけ「身」における自己と生の回復である。この点についてはすでに言及した門脇佳吉や以下に言及する押田成人などにもとづいてさらに考えたい。

(32) この受肉の神秘である、キリストにおける神性と人性との「実体的な一致」（unio hypostatica）について吉満はそこで次のように述べている。つまり「象徴的典型が見いだされるような、恩寵と自然との内面的結びつき」ゆえに「キリストにおける恩寵の神秘性は単にキリストの神性の強調において、人間性が全く吸収され尽くされ、ないし無とされるという関係でもなく、またあるいはその反対に単に人間性の中にその窮極的理想型として輝き出でるところの神の姿、あるいは人間における神性なるものの表現というがごとき意味をもつものでもなく」、「この世からではなく、神自身より上よりの超自然的な生命者」である三位一体的の神の「第二位が具体的な血肉の人間性自らと一に合体していることを意味するので、人間性はキリストにおいて神自らの可能性として神化されて」いるとする（四二三頁）。

(33) この点で、吉満の霊性は東方キリスト教霊性における「宇宙的神化」にも響きあうものとなっている。それについては拙論（前出注30）で指摘した。「宇宙的神化」については次を参照。谷隆一郎『人間と宇宙的神化――証聖者マクシモスにおける自然・本性のダイナミズムをめぐって』知泉書館、二〇〇九年。

(34)「九月会議」については次を参照。押田成人『押田成人著作選集2――世界の神秘伝承との交わり・九月会議』宮本久雄・石井智恵美編、日本キリスト教団出版局、二〇二〇年。

(35) 聖霊論の不在を現代の根本的な課題として受けとめたものとして次のものがある。イヴ・コンガール『わたしは聖霊を信じる』（1―3）、小高毅訳、サンパウロ、一九九五―一九九六年。また次も参照。門脇佳吉「西田幾多郎の「場所」と聖霊の活き」（上）、『思想』（一〇八五）、一一〇―一三四頁、二〇一四年九月。「同」（下）『同』（一〇八六）、一八三―一九七頁、二〇一四年一〇月。この門脇論文にあるような聖霊論の重要性については、母層、胎内的生命の言葉と生に関連して、黒住真氏からそのほか多くのこととともに教えていただいたものであり、今後の課題として取り組んでゆきたい。

ルイス・デ・レオンにとっての「女性」の諸相

――雅歌読解を中心に――

鶴岡　賀雄

はじめに――本稿の意図

キリスト教と「女性」という大きなテーマについては、無数の題材をめぐってあらゆる視点からの考察がなされてよいだろう。本稿は、十六世紀スペインのアウグスティヌス会修道士でサラマンカ大学の神学教授だったルイス・デ・レオン（Luis de Léon: 1528/27–91）の「女性」観を取りあげる。具体的には、中世以来の伝統を誇るイベリア半島の最高学府の、それも神学部聖書講座の教授でありアウグスティヌス会の管区長にもなった、ある意味で「男性的《マッチョ》」な知の制度の中枢にいたこの人物の多岐にわたる著述活動のなかに、場面を大きく異にするいくつかの「女性」観を見てとりたい。それはあくまで、近世初期のカトリック世界の、傑出した博識と個性をもつ一人の神学者が「女性」に見ようとしてきた、「男性にとっての女性」の理念ないし理想であって、キリスト教と女性という豊饒な問題領域のなかの一事例にすぎないが、そこを一つの視点として、そもそもキリスト教の人間観から見て、人間に男と女という区別、性別があるということがどのように意義付けられ価値づけられうるかを考えたいとの問題関心が本稿の背景にはある。したがって、以下のルイス・デ・レオンの諸著作の検討は、もっぱらこの関心に導かれてなされており、扱われるテクストのバランスのよい解釈を目指すものではないことをあらかじめ一言しておく。

1　ルイス・デ・レオン紹介

ルイス・デ・レオン――「フライ（修道士）・ルイス（・デ・レオン）」と呼ばれることが多いが、本稿ではおもに「ルイス」と記す――は、スペインの人文主義とルネサンスを代表する人物であるとともに、いわゆるスペイン神秘主義の重要人物とされることも定番のようになっている。(1) 彼を神秘家と呼ぶかどうかは「神秘主義」の定義次第だが、スペイン神秘主義のいわばツートップをなすアビラのテレジアと十字架のヨハネ、また「神秘主義」という視座を大きく超え出るイグナチウス・デ・ロヨラの三人に次ぐ位置を与えられることが多い。本邦には知られることのまだ少ないこの人物について、簡単に紹介しておく。

ルイス・デ・レオンは、アラゴンのクエンカ県ベルモンテに、六人兄弟の長男として生まれた。改宗ユダヤ人系だったが、父は司法官で家庭は裕福だった。叔父フランシスコ・デ・レオンはサラマンカ大学教授（教会法）を務めている。幼い頃一家はマドリードに移住。十四歳か十五歳のとき、サラマンカのアウグスティヌス会に入会し、翌年、修道誓願を立てている。これは異例の若さである。続いてサラマンカ大学に入学し、学者の道を歩み始める。当時のカスティリャでは、人文主義の影響下に、聖書の原典（原語）研究が盛んで、新設のアルカラ大学はその拠点だった。ルイスは、同大学でヘブライ語、アラム語を学んでいる。アラビア語の知見は見受けられない。同じくスペイン人文主義を代表する一人アリアス・モンターノは同窓だった。(2) さらに、言語への鋭敏な感性の持ち主だったルイスは、ギリシア、ローマの古典文芸も愛好し、その西語訳を試みる傍ら、自作の詩も多く遺している。(3) 詩人・文人としてのルイスはいわゆる黄金世紀（Siglo de Oro）――政治的、経済的、文化的に大きく開花した十六～十七世紀のスペイン――の宗教文芸を代表する人物である。

多方面に優れた能力を有したルイスは、大学の神学者として生きる道を択んだ。しかし、資質として思弁的スコラ学者であるよりも人文学者・文人学者であり、(4) 聖書を原典で読むことを自身の神学の欠かせぬ姿勢とする彼の歩みは、平穏なものではなかった。大学人としてのキャリアで最大の事件は、雅歌をヘブライ語原典からスペイン語（カスティリャ語）に翻訳し註釈するという若年の仕事が、ヴルガタ訳を絶対視する勢力から異端審問所に告発され――修道会間、学派間の勢力争いが背景にあると推測される――、数年にわたって収監されてしまった一件である。

知られているように、トレント公会議以降、スペインの神学界には反プロテスタント主義に連動した反人文主義の傾向が一挙に強まり、一五五九年のいわゆるバルデス（Valdés）の禁書目録以来、聖書のあらゆる俗語訳を禁書扱いにする。ところが、すでに神学校や大学で教え始めていたルイスは、一五六〇年頃、姪の修道女イサベル・オソリオ（Isabel Osorio）の求めに応じて（との口実のもとに）、ヘブライ語原典に基づくスペイン語（カスティーリャ語）での雅歌注解（全文の翻訳を含む）を著わす。“*Exposición del Cantar de los Cantares*”と題されたこの手稿が「自分が知らない間に」誰かに持ち出されて、その手写本が流通してしまう（当時は手写本と印行書の端境期だった）。写本は人気を博して新大陸にまで渡ったという（初めての刊行は一八世紀末）。この作品が、ヴルガタ訳聖書の価値を減ずるものとして異端審問所に告発されることになるのは、しかし、一五七二年になってのことである。それまでに彼は、サラマンカ大学のトマス・アクィナス講座（『神学大全』を講ずる）教授の地位をドミニコ会と争って獲得し（一五六一年）、さらにドゥランドゥス講座（トマスとは異なる立場をとるドミニコ会神学者ドゥランドゥスの『命題集註解』を講ずる）をやはりドミニコ会と争って獲得（一五六五年）して、サラマンカ大学の人気教授となっていた。(5) ルイスの講義には数百人の聴講者がいたことが記録されている。(6) アウグスティヌス会内部でも、派閥争いを経て評議員となっている。

こうした名声（と反撥）の最中、一五七二年、彼は、ドミニコ会、ヒエロニムス会の神学者たちに上記の廉で告発され、聖書原典研究の同志だったガスパル・デ・グラハル（Gaspar de Grajal）、マルティネス・デ・カンタラピエドラ（Martínez de Cantalapiedra）、アルフォンソ・グディエル（Alfonso Gudiel）とともに異端審問所に召喚され、五月二七日、収監されてしまう。ルイスは不屈の闘志で裁判を戦うが、審問は長期化し――告発者側の意図的な引き延ばしと推測される――、以後、四年半ほどを獄中で過ごすこととなる。ただし「係争中」であるためか、収監中も一定の自由は与えられており、学問研究は継続できた。大学からさまざまな神学書や古典文学の書物を借り出して牢中で読んでいる(7)。そして一五七六年一二月七日、ようやく無罪判決が下る。自由を得た彼は、早くも一二月三〇日にはサラマンカ大学での講義を再開する。その開講一番の言葉は、「昨日の講義では……（Dicebamus hesterna die...）」であったと伝えられている。「昨日の……」というのは、当時の大学では、教授は週日は毎日同じ時間帯で講義をすることになっていたからである。この発言自体は事実ではないようだが、このような伝説が生まれること自体が、彼の謹厳な性格が当時から評判でもあったことを証していよう(8)。

こうして、名誉を回復してサラマンカ大学に復帰し、名実ともに同大学を代表する学者の一人となったルイスは、一五七八年にはいったん倫理学（philosophia moralis）講座に移るが、一五七九年には念願だった聖書講座の教授の地位を獲得する。当時の制度では、正教授（catedrático）は終身制で、自由に代講を立てることもできた。一五八二年には異端審問所に再び告発されるが、このときは収監もされず、八四年には再び無罪を獲得している。このころが、神学者としての彼の円熟期と言え、代表作といえる『キリストの御名』や、『家庭婦人の完徳（*La Perfecta Casada*）』を刊行している。後者については後に見る。

さらに、一五八一年に没したアビラのテレジアの最初の著作集編集の任を引き受け（八五年）、八九年からの刊行にこぎつけている。この作業は、いわゆる神秘神学への彼の関心を決定的にしたと思われる。この仕事についても後に見る。

一五八九年には、ヴルガタ訳聖書の改訂企画に参加。最晩年の名著『ヨブ記註解（*Exposición del Libro de Job*）』を刊行する。(9) 詩編と雅歌とヨブ記、つまりヘブライ語聖書のなかでも「文学的」なテクスト群が、ルイスが最も愛し重視したものであり、それらへのスペイン語による注釈が、彼の神学思想を表明する主著群である。一五九一年には、アウグスティヌス会カスティリヤ管区副総監（Vicario General）、さらに同管区長の名誉も得て（八月一四日）、その一週間後八月二三日、マドリガル・デ・ラス・アルタス・トーレス（Madrigal de las Altas Torres）（アビラ県）にて病没する。書きかけのテレジアの伝記が、未完のまま遺された。

以下では、冒頭に示した本稿の意図にしたがって、ルイス・デ・レオンの三つの著作――『雅歌註解』、『家庭婦人の完徳』、『イエズスのテレジア著作集序文』――を題材に、そこで「女性（的なるもの）」がどのように意義づけられているかを見ていきたい。ルイスの著述活動全体に占める比重の大きさから、雅歌註解の検討に重点が置かれるが、いずれもその紹介と検討は冒頭に記した観点からなされるものであり、彼の著作や思想の正面からの研究とはいささか視点が異なる。

2　雅歌の読み方――「恋愛神学」の中の「女性的なるもの」

（1）四度の雅歌注解

まず、ルイス・デ・レオンの雅歌註解を検討する。上述のように雅歌は、ルイスにとって新約を含む全聖書中で最も深くかかわったテクストであり、異端審問の原因となった処女作以後も、生涯にわたって雅歌註解を都合四度著している。本稿では扱えないが、主著といえる『キリストの御名』を広義の雅歌註解と見る読解も可能である。[10]

最初の註解は、一五六〇年のスペイン語による *"Exposición del Cantar de los Cantares"*（本稿では『西語版註解』と記す）で、三十代の前半のこの作品が引き起こした顛末については前節に見たとおりである。[11] ルイスは裁判中もそれ以後も、この西語版の意義を撤回することはなかった。彼の雅歌読解の基本的視座がこの書に示されていると言ってよい。聖書を原典で直接読むことのできない者に対して、その「字義的」意味を明らかにすることを目的とするこの作品に込められたルイスの「思想」については、しかし論述の都合上後に検討することとし、後年の三度の註解について先に一瞥しておく。

『西語版註解』は字義的意味を専一に扱おうとするものだが、もちろん字義的注解だけで雅歌解釈が済むと考えていたわけではない。じっさい、詩句の霊的意味に説き及ぶ箇所も少なくなく、[12] 全体の末尾では、はっきりと霊的解釈に移行して註解を閉じている。[13] この『西語版』でなされ、深められた原典研究を踏まえつつ、自身の霊的読解を詳述する著作を、彼は後年、三次にわたって著わすことになる。いずれも学者向けに、ラテン語で書かれているが、最終版の「序文」によれば、修道会の上長や友人の強い勧めに従ってのことだとも言う。

まず一五八〇年に *In Cantica Canticorum Salomonis explanatio*（『ソロモンの雅歌註解』）を刊行する。この時ルイスはサラマンカ大学聖書神学講座教授の地位にあった。評価が高かったため、二年後の一五八〇年に同題の『改訂第二版（Secunda Editio, ab ipso authore recognita & purior a mendis quam prima)』を刊行する。両版の内容はほぼ同じなようである。[14]

さらに数年後、晩年と言っていい一五八九年になって、彼は三度目のラテン語版註解を刊行した。これは、先立つ二版とは大きく変わり、*In Canticum Canticorum triplex explanatio*（『雅歌三重註解』）と題されている。タイトルのとおり、雅歌のテクストに三つの意味を分けて解説するという体裁をとっている。すなわち、第二版までは、雅歌の文言の意味は、字義的意味と霊的意味に分けられ、かつ、その霊的意味は、神と個々の「魂」のかかわりとして釈義されていた。雅歌の花嫁を「教会」のアレゴリーとする場合と「（個々の）魂」のそれとする二つの大きな釈義伝統の、もっぱら後者のみが論じられるのである。しかし第三版になると、ルイスは二つのレベルの霊的意味をともに扱う。この「三重註解」がルイスの雅歌注解の最終形態となる。以下、その構成を紹介する。

『雅歌三重註解』は、雅歌自体の伝統的章立てに従って八章に分かたれ、各章のはじめにヴルガタ訳本文が掲げられる。そして各章ごとに、三つの意味の層が「第一註解（Prima Explanatio）」（字義的註解）、「第二註解（Secunda Expl.）」（魂論的註解）、「第三註解（Tercera Expl.）」（教会論的註解）がそれぞれ別々に行われていく、という整然たる形式をとる。第一、第二、第三註解の内容はそれぞれ独立していて、相互に関連させられることはほぼない。

註解の内容を概説すれば、「第一註解」は、『西語版註解』同様、原語に遡った語義の説明を含む雅歌のいわゆる字義が説明される。解釈がヴルガタと異なる場合は、註解本文中で原語を掲げ、七十人訳やアラム語訳にも言及しつつ、自身の読解を提示している。その「字義」とは、ルイスにとって、ソロモンとファラオの娘との婚姻（王上3・1）を題材とする、愛の言葉の交歓からなる一編の劇詩である。これは『西語版註解』以来一貫している。

八章からなる雅歌は、全体が三部に分かたれる。第一部は第一章1節（「その口の唇でわたしに口づけしてください（Osculetur me osculo oris sui）」）から第二章7節まで、第二部は続く第8節（「愛する人の声。／ほら、あの方がやって来ます、山々を跳びはね、／丘を越えて（vox dilecti mei/ ecce iste venit saliens in montibus/ transiens colles）」）から第五章1節まで。第三部が同第2節「私は眠っていますが、私の心は覚めています。私の愛する人の戸を叩く声がする（Ego dormio, et cor meum vigilat,vox dilecti mei pulsantis.）」から末尾までである。各部はいずれも、愛し合うふたりの求めあいと、その成就が歌われていると解される。同じ成り行きの反復のようにも見られるが、ルイスによれば、そこで歌われている愛の「根源（原理的水準）（principium）」が異なるとされる。(15) ふたりの愛は、愛の試練と克服を三度にわたって繰り返すなかで深まり完成されていく、ということであるが、続いて見る第二・第三註解における魂論、教会論の階梯性を予想しての区分と見ることもできよう。

「第二註解」は、神と人間の魂の間で成就する愛の合一の過程を説くものとして雅歌が読み解かれる。西訳者ベルセラ・イラルドは「神秘的（mística）」ないし「霊的（spiritual）」注解と呼んでいる。三つの部は、合一に到る道行きを「歩み始めた者たち（incipientes）」、その歩みに「進歩した者たち（proficientes）」、そして道の歩みを「完遂した者たち（perfecti）」の境地に対応するものとされ、浄化／照明／合一という伝統的階梯論が採用されている。そしてその上でさらに、この三階梯それぞれにおいて、①「（恋人＝花婿＝神からの）呼びかけられ（vocari Deo）」、②それによって魂に生ずる激しい愛の「願い・欲望（desiderium）」、③恋人の不在、等による「試練（probatio）」、④愛の言葉の「突入（illapsus）」（突然得られる恋人との交わり。いわゆる「照明」に相当）、⑤愛の成就である「脱魂（raptus）」ないし「脱自（extasis）」（「合一」）、の五段階が分けられる。まず、神からの「呼びかけられ」によって愛の道程が始まり、神との合一への消し難い「願い」が生じ、そうした態度の堅固さ（constantia）についての「試練」を経て、神の「突入」ないし「照明」が生じ、霊的な「脱魂」ないし「眠り（somnium）」に到る。道程の初心者、進歩者、完成者のそれぞれの境地において、この五段階がこの順序で生ずる、ということになっており、三種の五段階は、その質において向上していくが、愛の行程の次第は三階梯を通じて同一とされるようである[16]。

「第三注解」では、雅歌の花嫁は「教会」となる。ベルセラ・イラルドは「上昇的（anagógico）」ないし「預言的（profético）」注解」と呼ぶ。つまり、創造から終末に到る時間の秩序、救済の経綸が、論の地平となる。ここでもルイスは、三分法を採る。終末に向けて歩む地上の教会の第一段階は、「自然の法」の段階であり、第二段階が「書かれた法」の、第三段階が「恩寵の法」の段階とされる。それぞれの段階で、教会はさまざまな試練を経て向上していく。第一段階は、モーセに律法が与えられるまでの歩みであり、エジプトのファラオによる捕囚を経る。

第二段階は、エジプトの花嫁だった教会が出エジプトを果たし、荒野での試練を経て約束の地に到達するまでの段階である。第三段階では、神の子の受肉がなされて律法が揚棄され、福音が異邦人にまで広まり、ついにはユダヤ人の改宗がなされて、教会と神の婚姻の祝福が待ち望まれるに到る。[17] どのレベルでも、雅歌の愛のドラマは、至純の愛の実現のための試練の反復と深まりをストーリーの基本としている。

「神秘的」と「上昇的」の二層の霊的釈義の実際は、ルイスの博識を展開しつつ、随所に自身の時代的関心も組み込んだ（宗教改革や新大陸への言及もある）豊かなものであり、詳細な検討に値するものと思われる。[18] しかし雅歌注解以外の仕事を含む彼の業績の全体を見たとき、その特長は、ヘブライ原典に基づくという視点からの「字義的」釈義にあるだろう。あるいは本稿ではそこに着目したい。事実、彼自身も終生このことにこだわりつづけた。そしてそこに、あえてルイスの「女性的なもの」を見いだしていこうとするのが本稿の企図である。予め言えば、ルイスは雅歌の字義を、ソロモンによって書かれた「恋愛牧歌詩」として捉えているのであり、原語に密着した読みへのこだわりはこの把握に根ざしている。この把握自体に、ルイスの雅歌論における「女性（的）なるもの」を読み取りたいのである。

（2）『西語版註解』——字義的注解の女性的側面

そうした観点に立つ本稿では、彼の生涯にわたる雅歌読解の基点である『西語版註解』に焦点を合わせる。女性、でも読めるスペイン語にヘブライ語原典から直接翻訳し、その字義的意味を解き明かすことの意義をルイスは、同書の「序文（Prólogo）」で率直に語っている。そこにはルイス自身のキリスト教理解、神学理解、聖書理解の根幹が語られていると言ってもよい。以下ではその論点をほぼ逐語的に追いつつ、この観点から見えてくるものを浮き立たせてみたい。[19]

「序文」では大きく二つの論点が提出されている。二つが合わさって、雅歌の「字義」を原語のヘブライ語に即して読むことの意義が主張されていると思われる。二つの論点とは、(a)「恋愛の神学」ともいうべきもの基本思想と、(b)「文学としての雅歌」という観点の提示である。

(a) 恋愛の神学

「序文」はまず、「愛」とはそもそも何か、から語り始められる。雅歌の根本的主題は神の人への愛、また人の神への愛だからである。そしてそれがソロモンとファラオの娘の相聞歌として語られる所以、つまり神的愛と人間的恋愛との関係という、雅歌解釈の――「婚姻神秘主義」全般の、と言ってもよいのだろう――根本原理が提示される。その語り口は、「女性のために書く」という口実ゆえに、神学の術語を避けた日常のスペイン語による平易なものとなっているが、言われていることの内実は、ルイスのキリスト教理解の核心の開陳ともなっていると思われる。このように始まる。

「神にとって愛以上に本性にかなう(propria)ものはなく、そして愛にとって、愛する者(el que ama)を、愛されている者(el que es amado)のもつさまざまなあり方(condiciones)や生まれつき(ingenio)へと変えていく(volver)こと、これ以上に自然な(natural)ことはありません。このどちらについても、わたしたちは明らかな経験(clara experiencia)をもっています。」(p. 43)

愛は神のもっとも本来的なことであり、そして愛する者のあり方を愛される者のあり方に変じていくことこそが、愛一般の自然本性だ、と言うのである。そしてそれは、われわれがはっきり経験していることだ、と言うのである。

その「わたしたちの経験」について、続いてこう言われる。

「確かに神は〔わたしたちを〕愛しておられます。ひどく盲目でないかぎり誰しもが、とだえることなく自らの手に受けている顕かな恵みによってこのことがわかっているはずです。存在、生、生の秩序、神のご好意による支え、こうしたものを神は、いつでもどこでも、わたしたちから取り去られることがありません。このことを神がなににもましてたいせつにされておられて、そしてこのことこそ、神のあらゆる徳・能力のなかでも、愛に本来固有の性質なのだということ、このことは神の御業において見て取れます。すべてはただこの目的のために整えられているのです。」(ibid.)

麗しい世界の秩序の中で、げんにわれわれがこうして存在し、生かされていること、そのすべてが、神の愛ゆえの恵みである。「神に愛されている者」としてわれわれが存在し生きること自体が、神のあらゆる業の目的なのである。この目的をルイスはこう言い直す。

「その目的とは、神がおもちになっているたくさんの大いなる善を被造物と分かちあうことです。そうすることで、その似姿がすべての被造物のうちに輝き出るようにして、被造物の一つひとつを、それぞれに合ったやり方でご自身へと結びつけて、そしてそうすることで、神ご自身が被造物たちにとって歓びとなるのです。このことこそ、上に述べたように、愛本来の本性にかなったはたらきなのです。」(pp. 43-44)

神の愛の本性は、自身の有する善を愛する対象〔被造物〕に分かち与え、それによって、愛する相手を自らに似させていくことである。それによって、神の善を身に受けた被造物はそれぞれのあり方に応じて神の似姿となって輝き、その善の与え主である神を歓ぶ。そうして神が被造物の歓びとなること、これが神の愛の目的である。キリスト教における神の愛の語り方として、これはとりたてて際立ったものではないかもしれないが、ルイスにとっての雅歌の字義的読解の意義を明確にするために、二つの点を確認しておきたい。

まず、こうした愛の説明に際してルイスは、神の愛と人間の愛の質的相違を想定していない、あるいは強調していない。愛の本性は、本質的には、神の愛と人の愛に共通である。むしろ、人間的愛のあり方――その一つの典型が恋愛――が、神の愛を最もよく実現している、というかのようである。およそ雅歌釈義の神学的可能性は、この神の愛と人の愛、とりわけ恋愛の、愛としての同質性、むしろ、いわば「愛の一義性」に懸かっている、とも思われる。[20]

したがって、神の子の受肉という最も「神的な」愛の業も、この説明の延長線上で理解される。ここで、先の引用でルイスが愛の本性を、「愛する者を、愛されている者のもつさまざまなあり方や生まれつきへと変えていくこと」としていることにあらためて着目したい。愛によって、愛される者が愛する者の性質を受け取るのではなく、それ以前にまず、愛する者が愛される者の性質をもつようになる、愛される者のあり方へと自ら変わる（volverse）と言うのである。この愛の自然本性は、神の愛にも通用する。したがって、神の人への愛ゆえに、神の愛は、人の愛、「人間的」愛の性格をもつことになる。人（の愛）が神（の愛）となるために、まず神の愛が人の愛になる、というのである。

神の御業の最終「目的」は、神の有する諸善を人間と「分かち合うこと（hacer repartimiento）」である。その意味では、人間的愛は、神によって我々に「分かち与え」られた神の愛という善に根拠をもつ。神の子が人となった、という受肉の教義が、人間的愛が神の愛の分与であることの根拠である。しかるにこの教義がふさわしく了解されるためには、その「人間的愛」とはそもそもどのようなものか、すなわち「わたしたちの経験」レベルの愛についての十分な把握が、まずなされなければならない。それが捉えられたうえで、そこから神の愛の内実に迫るのである。なればこそ雅歌の「字義」としての「人間的愛」、男女の恋愛が、それ自体でどのようなものかが解明されなければならない。これが、確認しておきたい特徴の第二の点である。

「人間においてこそ、この神の恵みと愛は際立った仕方で開示されます。神は初めに人間を、神の似像にして似姿として、もう一人の神として（como otro dios）創造されました。その後さらに、ご自身が人間の形とありさま（figura y usanza）となり、その本性からして決定的に自ら人間に変じられたのですが、ただしそのずっと前から、ふるまいとかたらい（trato y conversación）とによって〔そのようにされておられたのでした〕。」（p. 44）

愛する者が愛される者に変じていく（volverse）という愛の自然本性が、神の人間化を必然としたわけだが、ルイスはこのこと、神の人間化は、イエス・キリストの到来以前から、すなわち「旧約」聖書に描かれた出来事においてすでに、（「本性」ではないにせよ）「ふるまいとかたらい」によって、実現していた、とする。旧約の神の「人間的な」性格は、神の「人間化」の予表だということである。

「このことのために、聖霊がなしてくださったご配慮はおどろくべきことです。〔ご自身をわたしどもの流儀（nuestro estilo）に合わせてくださり、わたしどもの話し方（nuestro language）をまねて、わたしどもの生まれつきやあり方（nuestro ingenio y condiciones）のすべてに自ら倣ってくださっています。それで、〔神は〕歓ばれも悲しまれもするのです。怒りを示されも悔いを示されもします。ときには脅しもし、ときにはとても優しく譲ってもくださいます(se vence)。こうしたことほど私ども〔人間〕の本性にかなう性質も情動もないのですが、また変質する(se transforme)ということのない神にとってこれほどにかけはなれたこともないわけです。[21]」すべての目的は、われわれを神から遠ざからないようにするためなのです。〔わたしたしどもへのこのような〕愛情への感謝ゆえに、あるいはかたじけなさ(vergüenza)ゆえに、わたしたちは神が求められることをなすようになるでしょう。このことにこそ、わたしたちの善き生き方と最高の幸せはあるのです。」(p. 44)

旧約の神のふるまいや言葉が「人間的」であるのは、そのよう「ふるまう」ことで神がわれわれ人間の自然本性に親しいものとなり、そうした人間の情動的な本性がいわば掬い取られ、そのまま肯定的な意義を帯びてくる、と説いているようである。

「聖書の物語、預言者たちの説教や祈り、詩編作者の詩歌には、こうしたことの説明や例示に満ちています。知恵〔の書〕の訓えも同様です。そして最終的には、われらの光であり真理でありあらゆる善と望みであるイエスキリストの御生涯と教えがそうなのです。」(p. 44)

そしてこうした神の「人間的」愛のふるまいと言葉を最も鮮やかなかたちで示しているのが、雅歌なのである。

「そうしたなかに、預言者にして王なるソロモンが編んだこの上なく甘美な歌があります。そこでは、牧歌的田園詩(egloga pastoril)というかたちで、聖書のどの文書にもまして、わたしたちへの愛に傷ついた神(dios herido）が示されています。そこには、この〔愛の〕情動が、最も優しく最も柔らかな心をもつ人間たちに生じさせうるような情感なり情熱がこめられています。懇願し、泣き、熱情〔愛ゆえの妬み〕（celos）を欲します。憔悴して立ち去ったかとおもうと、すぐ舞い戻ってきます。希望と恐れ、歓びと悲しみの間で揺れ動き、満ちたりた歌を歌ったかとおもえばひとびとに憤懣を言い立てます。山や樹々を愛の証しとしたかとおもえば、獣たちや泉の流れを苦悩の証人とします。ここでは、ほかの恋人たちの愛の炎も生き生きと描かれています。燃え上がる欲望、止むことのない懸念、〔恋人の〕不在と〔不実への〕恐れが引き起こす痛切な苦悶、さらには、ふたりの間にうごめく嫉妬や猜疑、といったものです。心が発する使者である熱い溜息、あるときには希望、あるときには恐れをまとった、愛を込めた詰りや、甘美に理を連ねた口説きの響きも聞かれます。要するに、熱烈な恋人たち（apasionados amantes）なら経験することのあるこうした感情がすべて、ここでは、神の愛は俗世の愛よりもずっと生き生きした純化されたものなのですから、それだけ鮮烈で繊細なものとなっています。そしてそれが、最上の輝きを発する言葉で、優しく麗しい讃嘆の言葉、かつて聞いたことも書かれたこともなかった美しくも不思議な喩えによって言われているのです。」（pp. 44-46）

長く引用したが、ルイスの雅歌への思いが込められた一節である。彼にとって雅歌の「字義」は、牧人である男女の――「牧人」とは、古代以来の、またルネサンスから近代にかけての伝統でも、都市の豊かで洗練された文化や知識とは別世界の、素朴だけれどもそれゆえに純粋な、したがってまた人間の真実を端的に示している人々、といった含意を伴う――、濃密な恋愛感情が、すなわち、ある意味でまことに「人間的な」感情の動きを、巧みで麗しい詩文によってとらえた、いわゆる「文学・文芸」なのである。ファラオの娘との婚姻という「史実」に基づく――と想定される――にせよ、「預言者王」ソロモンが編んだ「文学作品」である雅歌の字義とは、したがって、婚姻の事実の記録・記述という意味ではなく、あるいみで「フィクション」でもありうる言語作品としての言語水準をいうものとなっている。ルイスにおいては、字義的意味（sensus literalis）と歴史的意味（sensus historicus）は分離して、前者はむしろ「文学的・文芸的意味」に移行している、と言うべきだろう。[22]

ルイスの雅歌註解の特徴は、かくて、雅歌を「文学（literature）」として読む、というところにある。雅歌の字義は、世俗恋愛文学なのであり、その世俗的・人間的愛の情念は、その機微ともども、神の愛がそうした姿をとったものとしてそのままに聖化され、肯定されている、そのように『西語版註解』は読める。この「文学」を、神の愛の人間化という前提を欠いて読む際に生じうる「危険」については、伝統に則って一言されてはいるが、「貴女様の徳と強さ」ゆえに触れないで済ませる、としている。[23] もちろん、ラテン語による『雅歌三重註解』で自身が実践しているように、霊的釈義はなされなければならない。しかしこの書でのルイスは、次のように述べてあくまで「字義」に集中するのである。

「確実なこととして知られているのですが、これらの歌（Cantares）は、ソロモンと、エジプト王の娘であるその花嫁を登場人物にして（en persona）、キリストの受肉と、キリストがその教会に対してつねに抱いておられる深甚な愛を、ほかのいとも秘められた、いとも意義深いさまざまな神秘ともども、聖霊が説明してくれたものです。〔ですが〕この霊的な意味については、私は触れないでおきます。それについては、いとも聖なる、大いに博識な人々による偉大な書物がすでに書かれていますから。かれらは、この書で語っておられる霊ご自身を豊かに受けて、その秘密の大半を理解しておられ、その理解したことを自分の著作のうちに置き入れておられて、そうした書物は霊に満ちた賜物となっています。ですので、この本では〔霊的意味については〕言うことはありません。〔中略〕私はただ文字という外皮を解明するためだけに努めることにします。〔中略〕その仕事は〔霊的意味の解明〕より価値は小さなものですが、これから申しますように、それにはそれの、いくつかの大きな困難があるのです。」(pp. 47-48)

(b)文学としての雅歌

こう言ってルイスは、つづいてこの大きな困難について述べる。それは根本的には、雅歌を「文学(literature)」として読むことにかかわる困難であるように思われるが、以下の三つに整理できるだろう。すなわち、①それがヘブライ語という西欧人にとって難解な言語で書かれていること。②それが「一篇の田園詩・牧歌(una egloga pastoril)」のようで、「田野の人々(gente de aldea)」の純朴で自然な語り口で歌われ、知的理解のために整備された語彙では書かれておらず、したがってその理解には、言葉のいわば自然言語としてのニュアンスを読み取るに必要があること。第三に、③これが恋の情念を歌うものであって、「大きな情熱ないし愛情(grandes pasiones o afectos)を、とくに愛のそれを説明することは難しい」ということ、である。これらの困難の克服こそが、雅歌の「文字(litera)」を読むには必要であり、『西語版註解』そのための企図である。ここには、古代・中世の雅歌解釈の伝統にはおそらく見られない、ルネサンスと人文主義の精神を体した、ある意味で近代の「文学」観に通ずるルイスの雅歌注解の特徴がある。そしてこうしたルイスの言語観に、あえて「女性的」なものを探ろうというのが本稿の意図だった。順次見ていきたい。

①オリジナルな言葉——概念言語世界の外部

雅歌はまずは、ヘブライ語で書かれた「恋を謳う田園詩・牧歌」なのであるから、その読み方、味わい方は、ギリシア・ラテン文学の牧歌——ルイスが愛好していたテオクリトス、ヴェルギリウス、ホラティウス、等——と、字義的読解のレベルでは共通なはずである。雅歌の「言葉の輝き・美（primor）」を、美である限りでは古典文芸と同様の意味で読むことができる、ということである。上記のように、ルイスは若い頃から詩歌を愛好し、古典詩を翻訳し、模作し、自作もしていた。その作品への影響源として、ルネサンスのイタリア詩の韻律を移入して近世スペイン語の詩的彫琢に決定的な仕事をしたガルシラーソ・デ・ラ・ベガの『牧歌』があることもよく知られている[24]。

詩文を味わうには、まずは、原語で読まなければならない。『西語版註解』が、原文を読めない修道女のために、という名目のもとに書かれていることは前述したが、これが実際にそうだったのか、ヘブライ語原典の翻訳・註解を行うための「口実」だったのか、定かではない。その両方だったととってよいと思う。というのも、そもそもヘブライ語が読めないことは大半の男性神学者も同様である。原語が味わえない、という点では「男も女もない。」であれば、ヘブライ語原典で聖書を読むということは、当時の状況では、ラテン語による神学世界で構築されるキリスト教世界とは「別の場面」での語りの地平を拓くことである。「女性のため」という成立事情は、男性の支配するラテン語による学問言語、概念言語の世界とは別の言語地平に立つための、ジェンダー的差異を利用した戦略としての意義を帯びる。西語版註解は、雅歌を読む者すべてを、「男性言語の支配圏」の及ばない地平に引き出す。「無知な女性」の位置に置くと言ってもよいかもしれない。

では、その地平はどのようなものか。

②牧人の言葉――「母語」の水準

ルイスが原語で聖書を読むことにこだわった理由として、彼が資質の上で「言語への愛（philo-logia）」の人であったことは、繰り返し指摘されてよい[25]。しかしその philologia は、近代文献学の原典主義が拠っているような、

「史料」としての原文に遡行する欲求に駆られてのことではない。つねに史料批判を伴う視線で聖書を読む態度は、その濫觴をこの時代に見ることはできるにせよ、ルイスのそれとは異なっている。ルイスの注解で目立つのは、ヴルガタ訳では伝えられていない（ときに誤訳でもある）原語の語彙や文法のニュアンスを、ヘブライ語として正確に読もうとする態度である。ルイスにとって、言葉というものは、とりわけ詩文――「歌の中の歌」たる雅歌は詩文、韻文である――たるものは、使われている一つひとつの言葉や言い回しやその言語の文法をよく味わってこそ、その意味を解することができるものである。さらにそれが「田園詩・牧歌」であり、田野の牧人たちの「粗野な」、つまり知的教養語以前の自然な、純朴な言葉で歌われているのであれば、その言葉がいわば母語としてもつ語感やニュアンスを感じとることが大切となる。詩の言葉は、だから母語として語られ、聞かれたときに最も深く心に響くのであり、あるいは母語が響くような語感のレベルでこそ、詩文は読まれなければならない、ということである。ルイス自身、雅歌の西訳にあたっては、その詩文としての美を伝えるよう努めたとしている(26)。

つまりルイスは、母語（mother tongue）――母の言葉、各人の言語意識の最も深層に、いわば身体に染み込み、その意味では最も真実に思考しうる言葉――のレベルでの言語感覚、詩の言葉を味わい感じる魂の水準で、雅歌を、あるいはより広く聖書を読もうとしている。その言葉の水準は、抽象的概念の記号としての学問言語――スコラ学のラテン語――ではなく、男女にかかわらず自然に身につけている、いわば身体化した言葉のそれであり、そうしたレベルで牧人の素朴な愛の言葉を読むとき、読む人のあり方は、知的な概念で構築される価値観や世界観を修得する以前の、あえて言えばより本来的なあり方になっている、と解することもできるだろう。ルイスの雅歌の読みはそこを狙っている。この母語、すなわち「母」の言葉へのこだわり、価値づけに、ルイスにとっての「女性なるもの」の意義の一つを見ようとするのは、牽強付会な精神分析に過ぎるだろうか。

③恋愛の言葉――情念の「女性」性？

純朴な牧人の言葉で語られる恋の情感を、ルイスは古代の牧歌詩を読むようにして読み解こうとする。(27)『雅歌三重註解』では、歌われている情感を説明するために、ヴェルギリウスやホラティウスの詩文が引かれもする。(28)「序文」にあったように、雅歌はソロモンとファラオの娘――「シュラムの女」として――を登場人物とし、他の女性たちをコロスとする劇詩なのであり、いわば簡潔な台詞だけで書かれているこの「戯曲」の具体的状況を敷衍し、登場人物の心情を解説していく手続きが『西語版註解』の基本的な作業となっている。(29)

この恋の情念（pasiones de amor）を主題とする雅歌の「字義」は、数多の恋愛文芸と同様、それ自体で一つの自立した地平をなしている。この恋愛詩を織り成す言葉やイメージ、そこで展開している恋の情念の動きは、上に「恋愛の神学」として見たように、神的愛の比喩なのだからその人間的側面を脱色して読むべきだというのではない、むしろそうした情念自体が神的愛の内実を含んでいると解されている。神がそのような愛の主体に変じてくださったのだから。かくて、人間的愛の動きを語ること自体が、人と神との愛の真相を、その情念的側面から、その文芸的効果として明かしている、との意義をもつこととなる――。

こうした雅歌の読み方は、では、「女性的」なものと言えようか。知性的思惟が男性的であり情念の語りは女性的だとする見方はステレオタイプな「本質主義」でしかなく、さらに知性を情念より価値的に優位とする考え方がそこに伴うなら、典型的な男性中心主義、「ロゴファロサントリスム」（デリダ）として批判されることとなろう。しかし、恋愛感情自体は男女ともに抱くものだから、恋愛がすなわち女性的であるわけではない（そもそも恋愛は男女の間でこそ成り立つものという把握自体、単純には認めがたいだろう）。異性愛男性の視点を前提として、その視点から恋愛を見る時、男性の恋愛の対象として女性の女性性が強く意識されるがゆえに、恋愛自体が女性的なものとされてしまう、というにすぎない。恋愛の場面でのみ、女性はその存在が（男性に）強く意識される、意義を持つ、というわけである。

その是非は措いて、こうした意味であれば、ルイスにとって恋愛は「女性的な」ものだったとしてもよいだろう。ただし、彼の思想全体の中で、雅歌に歌われている愛の情念は、知性主義的神学に比して劣位にあるものとして位置付けられているわけではない。このことは、彼の生涯を通じての雅歌とのかかわりからして明らかである。げんに、雅歌の真の主人公は、女性なのである。雅歌は、男と女の言葉の交換・交歓を基本形とするが、総じて女のほうが饒舌であり、伝統的解釈では人間ないし教会と同定されるのは女である。人間である読者の視線は、もっぱら女の側に重ねられている。[30] ルイスの註解も、比重は女の側の愛のありように置かれているようである。

ただし、字義の「註解」という「学問的」距離をとって雅歌の女を論ずるルイスの視線は、自身が女の位置に立って男（「霊的」には神）と関わり、愛によって男と結ばれて（「合一して」）いくというよりも、美しい男女の麗しい恋愛ドラマ、その情念を鑑賞し讃美するといったものであるように思われる。「文学」を読み味わう態度としての「鑑賞」である。愛を成就させていく「シュラムの女」の愛情を愛で、その「牧歌的」で至純な愛の境位に憧れている、といった読解であるかにみえる。彼の雅歌註解には女性讃美の気配がただよっているようである。[31]

ルイス・デ・レオンにとっての雅歌は、その文学的効果によって、人間の恋愛をそれ自体で称揚している。そのことによって、世俗的恋愛と聖なる愛と区別が解消されるかのようである。この事態――神の愛と人の愛との融合、あるいはむしろ、その区別以前の地平で「愛」をとらえ、深めていくこと――こそが、いわゆる婚姻神秘主義の根本にある賭けであろう。ルイスをその系譜を織りなす貴重な一人に数えてよいと思う。[32]

3 「完璧な嫁」――「現実の女性」の理想（1）

ルイス・デ・レオンの著作の中で、いささか異質な、しかしたいへん広く読まれた作品として『家庭婦人の完徳（*La Perfecta Casada*）』――直訳すれば『完璧な嫁』[33]――という作品がある。神学的・思想的な意味では価値は大きくないかもしれないが、ルイスにおける「女性」の意義の問題を扱う本稿にとっては、一瞥しておく必要がある。牧歌的理想郷での理想的恋愛とは次元が異なる、現実生活を生きる「女性」観が披瀝されていると読むことができるからである。

一五八三年に刊行されたこの作品は、結婚して間もない縁戚の女性マリア・バレラ・オソリオ（Doña María Varela Osorio）に与える体裁をとっている。新婚の女性に、立派な家庭婦人となるための心得を記したもので、狭義の宗教思想書ではない同書は、カトリック道徳を主調とする近代スペイン社会における「主婦の鑑」像として、今世紀にいたるまで一般書として版を重ねている[34]。

謹厳なアウグスティヌス会士、最高学府サラマンカ大学神学部教授が、世俗の一女性に向けて、では、どのような「家庭婦人」像を説くのか。ルイスはここでも、ヘブライ語聖書学者としての視点を離れない。ヘブライ語聖書世界での「倫理学」の書として意義付けられてきた「箴言」の末尾、第三一章10−31節の、「有能な妻」等と題される「アルファベット詩[35]」の敷衍的注釈、という体裁で、この「家庭婦人の心得」を書くのである。第10節から第31節の各節ごとに一章が充てられ、全二十章をなす。

以下、凡その内容を示すために、ルイスによる各節の西訳の直訳を掲げ、十八世紀の刊本（一七八六年刊）以来、各章の冒頭に付せられてきた「章題」――内容紹介の意義をもつ――を併せて〔 〕内に訳出しておく[36]。聖書学者・倫理神学者としてのルイスが、箴言の言葉を敷衍的に説明するかたちで、自身の――当時の、というべきだろう――「家庭婦人の理想」を開陳する内容だが、原語ヘブライ語に遡って説明するところもあり、随所に彼ならではの価値観が露呈している。とくに興味を惹く論述については、「＊」印を付してごく簡単に紹介しておく。

第一章：「価値ある妻女（mujer de valor）、これを見つけるのは誰か？／その価値は稀にみるもの、きわめて貴重なものだ。」〔女が完全になるには、どれほどのことが必要か。また、嫁（casada）である女が得るべく努めねばならないこと。〕

第二章：「夫の心は妻女を信頼し、妻は夫の儲けをすり減らすようなことはしない。」〔良き女は夫の胸中にどんな信頼を生じさせねばならないか、また、財産の管理がいかに嫁の務めにかかっているか。これは嫁が浪費家でないことに存する。〕

第三章：「〔妻女は〕一生を通じて夫に善きことをもって報い、悪しきことで報いなかった。」〔妻たちは仕事にかんして、互いに愛しあい安んじあうことが求められること。〕

＊冒頭に、女は男の「助け手（ayudator）」たるべく創られたこと、「したがって女の自然的務め、また女を創造された目的は、夫（marido）の助け手となることであって厄災や不幸になるためではない、助け手であって壊し屋（destruidora）になるためではない」（p. 269）、とある。

第四章：「羊毛と亜麻布を探し求め、巧みな手で働いた。」〔農家の妻を完全な妻の手本として聖霊が評価する理由、また、完全な嫁たる者はだれしもが、どんな貴族でも富貴でも、働いて財をなすべきこと。〕

＊労働者、商人、資産生活者、の三つの生き方のうち、労働者（農耕牧畜）が最もよい生き方である。（pp. 274–275）

第五章：「遠くからパンを運んでくる、商人の船のようだった。」〔（家事をする女（mujer casera）であると

はどういうことか、また財産を殖やすべきそのやり方について解明する。〕
第六章：「朝早く起き、作男たちに日当を分け与え、女中たちの仕事を〔定めた〕。」〔嫁たちの早朝の務めが考察される。早起きすることで得られる歓びの美しい描写によって、その務めを推奨する。ベッドから起きるのは、子ども達を喜ばせ、家庭を整えるためであることを注意する。〕
＊朝は日の出とともに起きるのがよい。それは、早くから働くことで家事を整え家族を世話するためだけでなく、自然の生命のリズムに則って生きることである。早起きすることで味わえるカスティリャの田野の美しい夜明けの風景の描写は名高い。（cf. pp. 286–287）
第七章：「好ましい農地を見つけ、購い入れた。そして自分の手の実りで葡萄を植えた。」〔完全な妻は家内を不足なきよう配慮し、夫の稼ぎを保たねばならないだけでなく、財産を増すのでなければならない。〕
第八章：「強さを腰に巻き、その腕を強くした。儲けることを楽しみとなした。その燈火は夜も消えなかった。手を紡ぎ車に置き、指は錘を掴んだ。」〔良い妻女はいかに暇な時を避けねばならないか。また暇から生まれる悪徳や悪しき結果について。〕
第九章：「苦しめられている人にその手を開いた。そして助けを必要としている人にその腕を広げた。」〔完全な妻は、貧しい人々、助けを要する人々に対して憐れみ深く（piadosa）であらねばならない。ただし、誰を家に入れ、歓待すべきかをよく考えて行動するべきである。〕
＊働き者は貪欲になる危険がある。中庸が求められる。施し（limosna）は大切であり、夫が渋っても説得してやらせるべきである。
＊ただし、誰でも家に入れてよいわけではない。人を見分けねばならない。
第十章：「その家庭では雪も恐れることはないだろう。皆が衣服を重ねて着ているからだ。」〔婦人たちが、

お付きの者や下女にたいして取るべき、よき態度および安全な条件について〕

第十一章：「自分のために床を飾り、オランダ布と紫布を衣装とする。」〔完全な妻の仕草や身につけるものは、真面目さが求められ、理に適った相応しさをまもるべきこと。化粧品の使用は醜くする、お洒落や着飾りは非難される。こうしたことの本性自体による理由からだけでなく、聖書の権威や教父の言葉や教示を根拠として論じられる。〕

＊化粧（afeite）が徹底的に非難される。それは自然の姿を偽ることであり、却って生来の美しさを損ない醜くする。ひいては姦淫（adulterio）、娼婦の業（ramería）に通ずる。このことが、教父（キプリアヌス、アンブロシウス、アレクサンドリアのクレメンス、テルトゥリアヌス、が長大に引用される）とパウロを引いて執拗に論じられる。ルイスの性格の一面を窺わせるようでもある。

第十二章：「その夫は、民衆の統治者たちとともに座を占めるとき、城門にて顕彰された」〔良き妻女は、夫の幸せ、栄光、幸運、祝福であるべきである。〕

第十三章「粗布を織り、これを売った。帯布をカナン人に与えた。」〔良き妻の勤勉と心遣いは家計を足りたものにするだけでなく、それを増し増やす。〕

第十四章：「力強さと明るい笑顔（buena gracia）が彼女の衣装で、後の日まで笑うだろう。」〔完全な妻は身なりとふるまいにかんして、節度をわきまえ中庸を守るべきこと〕

第十五章：「その口を開けば知恵にみち、その言葉には敬虔の掟（ley de piedad）があった。」〔女達はおおく喋らず、穏やかで、優しい態度でいることがいかに大切であるか〕

＊「したがって自然は、善良で正直な女を、学問研究や難しい仕事のためにではなく、ただ単純な家事仕事のために作ったのであり、それでその知性を制限し、語る言葉や理性に限度を設けたのである。」（p. 334）「な

ぜならまことに、黙っていられることが女に本来の知恵なのだから」(p. 335)、といったことが、デモクリトスやプルタルコス、オヴィディウス、などを典拠に述べ立てられる。

第十六章:「家のすべての隅々を見て回り、無駄なパンを食べなかった。」〔良き女たちは、街歩きや訪問やぶらつきを好んではならず、引き籠もりをおおいに愛し、ずっと家にいるのに慣れねばならない。〕

第十七章:「その息子たちは立ち上がって彼女を讃えた。夫もまた彼女を褒めた。」〔完全な妻の務めには、夫によく尽くすことがいかに大切か。また、子ども達を自分のために育てるという、母であることが有する任務について。〕

＊夫を立派にし、よい息子たち(hijos)を生み育てるべきである。(娘(hijas)については一言もされない。)自身のよきふるまいで夫を匡し、かりに夫がだめでも子供たちは立派に育てるのが務めである。息子を乳母に任せきりではいけない。

第十八章:「多くの娘たちは富を集めたが、あなたは彼女らすべての上に立っている。」〔完全な妻にはどんな称讃がふさわしいか。また、そうあるためには、多くの完全さによって飾られていることが必要なこと。〕

第十九章:「あでやかさは有害であり、美しさは空虚。神を畏れる女、これこそ称賛に値する。」〔良い女は、自分の精神が落ち着いた整ったものであることを示すために、清潔で穢れないあり方を心がけねばならない。なによりもまず、神への聖なる畏れでもって飾るよう努めねばならない。〕

＊家庭婦人のもつべき美(hermosura)は、内面の心根(ánimo)のそれであり、それが外面(身なり、ふるまい)に輝き出る。身なりやふるまいの美は心根の美の徴である。(p. 352)見てくれのよさ(bien parecer)はむしろ危険である。人々の視線を気にするようになり、夫を不安にする。(p. 353)

第二十章:「その手の実りを彼女に与えよ、そしてその業を城門に顕彰するように」〔完全な妻に対して、来世のみならず、今生においても神が用意される褒賞や褒美について。」

＊今生において与えられる褒賞とは、良妻賢母としての評判である。

古代イスラエルの知恵文学の説く家庭婦人像を、十六世紀スペインのそれに場面を移して、しかし女性観、「主婦」観としては典型的な家父長主義——日本の「封建的」女性道徳を説く「女大学」文献を思わせずにはいない——が陳べられているといってよいのだろう。こうした「家庭婦人（casada）」のあり方を、神学者ルイスは、もっぱら修道女（religiosa, monja）というあり方との対比によって意義づけている。同書の「序文」から典型的な箇所を引いておく。

「ですから貴女は、揺るがない確かな心で、こう納得してください。神の友であることが良い嫁であることなのです。そしてあなたの魂の善さとはあなたの身分（su estado）にかんして完璧であることなのです。そして、その身分をまもって働くこと、それに専心することが、神になによりも嘉される貴女自身の奉献（sacrificio）なのです。

ですから私は、家庭婦人であっても、祈りを欠かせていいなどとはけっして言いませんし、思ったこともありません。ただ、善き修道女と家庭婦人とは違いがあってしかるべきだと言うのです。というのも、修道女は祈ることがその務め（su oficio）のすべてであり、家庭婦人は、祈ることは自身の務めをよりよく果たすための手だてであるべきなのです。修道女は夫を望まず、世を否み、すべてから離脱しました。キリストとつねに、なににも妨げられずに共にいる（conversar）ためです。家庭婦人がキリストとかかわるのは、キリストからのお恵みとご好意によって、息子を生み育て、家内をよく切り盛りし、そして当然の事、夫に仕えるためです。修道女は不断に祈るために生きるのでなければなりません。家庭婦人は、家庭婦人としてあるべき生き方のために祈るのでなければなりません。修道女は神をお喜ばせし、神とともに楽しみます。家庭婦人は、その家庭を神のためによく調えるべく働くことで、神に仕えるのでなければなりません。」(p. 250)

「……なぜなら、よく知られているとおり、妻がその務めに専念すれば、夫は彼女を愛しますし、家族 (la familia) はみな仲が良く (anda en concierto)、子供たちは徳を身に着け、平和が支配し、財産も殖えるものです。」(ibid.)

家庭婦人の生き方は、つねに修道女の生き方との対比によって価値づけられている。前者は後者に「劣る (menor)」ものだが、神を讃える人々が地上に生まれつづけるためには必須であり、そこに存在意義を有する (p. 244)。それぞれにしかるべき生き方、務めがあり、混交——それは自然に反するキメラのような怪物だと言う——させてはならない。「各々その十字架を担うべし」(Mt. 16, 24) と言われている、その意味は、各々が与えられた勤めを完璧に果たすべきという意味である。修道女と家庭婦人には、それぞれの完徳がある (pp. 247–248)。これは彼なりの、女性蔑視ではなく女性讃美の書である。[37]

このことの確認はしかし、当時のキリスト教的道徳観を説いて見せたルイスの女性観を現代の視点からあげつらうためのことではない。もしかしたら平凡にも見える——しかしこうした「家庭内の完徳」を実現する困難さは、修道女の目指す「完徳の道」に比して、その困難さにおいて「劣る」ものかどうか——女性観と対比される、現実の修道女性への讃美を、対比的に浮き立たせるためである。それは、ルイスは晩年になって出会うこととなったアビラのテレジア、およびその弟子の修道女たちへの讃嘆であり、自身の「文学的」雅歌解釈に見てとれる女性讃美とも異なる、現実の偉大な女性たちへの讃嘆である。

4 「聖女テレジア」の偉大――「現実の女性」の理想（2）

一五八二年、アビラのテレジアがこの世を去ると、すでに聖女の評判が高かった彼女の著作の刊行が始まる。翌年、彼女の主著の中では最も「無難」な『完徳の道』が出版されるが、手写本で読まれていた『自叙伝』や『魂の城』についても刊行が求められるようになった。しかしテレジアを「照明派（アルンブラドス）」の異端と見なす勢力も根強くあり、計画は進まなかったが、国王フェリペ二世の妹マリア（神聖ローマ皇帝マクシミリアン二世皇妃マリア・フォン・シュパーニエン）が『自叙伝』に興味をもち、テレジアの後継者の位置にあったアナ・デ・ヘスス（Ana de Jesús, 1545–1621）に出版を勧める。以後王室主体で刊行企画が進み、一五八七年、王室顧問会議が公式著作集の刊行を決定、その編纂実務の任がサラマンカ大学聖書神学講座教授ルイス・デ・レオンに託された。[38] ルイスは、跣足カルメル会の独立にいたるテレジアらの修道会改革運動は、同時代の出来事としてよく知っていたはずだが、運動自体へのかかわりはなく、生前のテレジアとは面識もなかった。しかし、彼はこの編纂事業を積極的に引き受け、アナ・デ・ヘススと協力して、一五八八年、テレジアの最初の著作集の刊行に漕ぎつける。翌年には改訂第二版が出版される。[39]

こうして晩年に生じた、テレジアないし跣足カルメル会の霊性との直接的かかわりの中で、[40] ルイスは三つの小さなテクストを書き残している。そこに、ルイスにとっての「理想的女性像」の表現を見てとりたい、というのが本節の意図である。三つのテクストとは以下である。[41]

まず、著作集刊行に際してルイスは、「アナ・デ・ヘスス女子修道院長さま並びにマドリードの跣足女子カルメル会修道院の修道女であられる修母さま方への献呈書簡」[42]を、著作集の「序文」の意義を込めて著作集冒頭に掲載している（以下『著作集序文』と記す）。そこには、テレジアの、また彼女の創設した跣足カルメル会修道女たちの霊性に直に接して、晩年のルイスが受けた大きな感銘が綴られている。

次に、同著作集刊行によって再燃したテレジアへの批判的見解に論駁した小論「サラマンカ大学聖書神学講座、フライ・ルイス・デ・レオン神父、修士、修道士による弁明」（以下『弁明』と記す）がある。[43] 著作集刊行ほどなく執筆されたと思われる。

さいごに、ルイスはテレジアの伝記の執筆にも着手し、「聖なる修道院長イエズスのテレジアの生涯、逝去、諸徳、奇蹟」と題された草稿が遺されている。[44] これは上記の皇妃マリアの勧めを受けての仕事とされるが、一五九一年のルイスの急逝によって、テレジアが本格的改革運動に乗り出す前までの記述で中断した。資料に基づいた本格的伝記というより、いわゆる聖人伝的なスタイルで書かれており、ルイスがテレジアを現代の聖女と見なしていることがよくうかがわれる。テレジアを雅歌の花嫁に準えるところもある（p. 933）。

これらのテクストをつうじて感じ取れることは、ルイスがテレジアを讃える思いの強さである。その讃辞は、著作集編纂者としての儀礼的な修辞というにとどまらず、「こころがこもっている」ように見える。じっさいルイスは、テレジアを一貫して「聖女（santa）」と呼んで憚らない。[45] ただし、ルイスは彼女をたしかに「女性」として讃えるのだが、その際の「女性」性は、たとえば雅歌の主人公の女性のそれのような、男女の恋愛という関係性の中で意味を発生させる女性性ではない。テレジアはたしかにジェンダーとして女性であり、それゆえの社会的・教会内的な「弱さ」を負っているが、そしてこの点については、続いて見るように、これらのテクストをつうじて幾度も強調されるが、しかし彼女の偉大さ、その「聖人性」は、彼女が身体的および社会的に女性であることとは関係のない水準で見られている。テレジアはルイスにとって聖「女」であるよりも聖「人」なのである。

結論を先に述べた感があるが、少々具体的に見ていこう。ルイスは『著作集序文』を次のような印象的な文で始めている。

「イエズスのテレジア修母さまが地上におられた間は、私は存じ上げず、お会いしたこともありませんでした。しかし天上で生きておられるいまは、ご自身が遺していかれた二つの生きた似像である、修母さまの娘さま方と、書物とによって、ほとんどいつもお会いし、存じ上げています。と申しますのも、私の考えでは、この二つは、修母《マードレ》さま〔テレジア〕の大いなる徳を忠実正確に、例を見ないほどに偉大なかたちで、証ししているのです。なぜなら、修母さまのお顔つきは、これを見ることがあったなら、そのお身体を示すもので、そのお言葉は、それを聞くことがあったなら、その魂のもつすばらしさのなにがしかを私に明かしてくれるものです。前者は誰にでも同じでしたが、後者は、誤って受け取ることもありえます。そうした誤りは、いま述べた二つのもの〔修道女たちと著作〕についてはありません。それを私はいま目の当たりにしているのです。知者が言っているように〔Eccl 11, 30〕、人はその子どもたちによって知られる、のですから。」(p. 903)

テレジアの活動が生んだ、その教えを継いでげんにその霊性を実践し生きている修道女たち(母(Madre)の娘たち(hijas))と、彼女が遺した多くの著述が、まさにテレジアその人であり、だから肉身のテレジアは知らないがテレジアの「魂」はよく知るに至っている、というのである。

そしてまず、テレジアの修道会についてルイスは讃える。その成立と現存は、この時代になされた奇蹟(miraclo)だとルイスは断ずる。この奇蹟は三つの面がある。一つは「一人の女性が、たった一人で」、所属する男女のカルメル会の改革を成し遂げたことである。第二は、その修道会で実践されている「完徳」のすばらしさである。第三は、この改革修道会が短期間で大きく広まったことである。

「自然の秩序で説明されることを超えておこることが奇蹟であるのなら、この〔テレジアのなした〕ことには数多の尋常ならざる新奇なことがありますから、これを一つの奇蹟と呼ぶだけでは足りません。いくつもの奇蹟の集積だからです。一人の女性が（una mujer）、それもたった一人で（y sola）、多くの女性や男性から成る修道会を完成にまで（a perfección）導いたということは、一つの奇蹟です。もう一つの奇跡は、彼女たちと彼らを導いたその完成・完徳の偉大さです。もう一つの、三番目の奇蹟は、これほどの短期間で、ほんの少数から始まったものが、めざましい大きさに成長したことです。」（pp. 904-905）

テレジアの改革運動の成功、拡大は、たしかに「奇蹟的」だったろう。現代の社会史的な観点からの議論であれば、そこにさまざまな社会的経済的精神史的「要因」を見いだして、その成功をなんらか「自然の秩序で説明」しようとするだろう。しかしそれは一つの歴史的事実の「後付け」的な説明であって、ルイスはそれを端的に、神の導きに因る奇蹟と見た。

「一人の女性」がこれを成し遂げたことについても同様である。

「私の判断の及ぶかぎりでは、神がこの現代という時に当たってこのことを望まれたのです。現在は、悪魔が勝ち誇っているように思えます。大量の不信仰者が悪魔に付き従っています。またたくさんの国が異端の信仰に固執しています。また正統信者たちの中にも悪魔の徒党に加わる悪人どもが数多おります。この悪魔を貶め、嘲笑うために、正面から立ち上がったのは、学識を身にまとった立派な男性ではなく、一人の女性なのでした。

質素なすがたで、たった一人で悪魔に決闘を挑み、反抗の戦旗を掲げたのです。それで、悪魔を打ち倒し、踏みつけ、蹴り飛ばさんとする人々が国中に生まれてきたのです。」(p. 905)

こうしてテレジアが目指し実現した「完徳」の生については、ルイスはこれを、「初代教会の聖性の再現(retrato)」とまで称揚している。

「なぜなら、――これが第二の奇蹟なのですが――貴女さまがたが生きておられる生とは、また貴女さまの母が貴女さまがたを導かれた完徳とは、初代教会の聖性の生き写し以外ではありえますまい。往時の歴史としてわたしどもが読んでいるもの、たしかにこれを、いまわたしどもは、貴女さま方の生きざま(su costumbres)において目の当たりにしているのですから。そうした生き方(su vida)は、ものの本やお話の中だけのことで、ほとんど実践されるものではないと思われていました。それを、実行によって(en las obras)、私どもに見せてくれているのです。本で読んで讃嘆してはおりましたが、生身の人間にはほとんど信じられないことです。それを、貴女さまとそのお仲間方がやってのけておられるのを、私どもは見ているのです。貴女さま方は、神以外の一切から離脱しておられ(desasidas)、神なる花婿の御手のみに自らを捧げ、その御方に抱かれておられる。優しく弱い女の肢体に(en miembros de mujeres, tiernos y flacos)、強い男の精神を備えて(con ánimos de varones fertes)おられて、男たち(hombres)がかつて想像したこともなかった最高の、最も高貴な哲学(la más alta y más generosa filosofía)を実践されておられます。そしてそれを実行することで、傑出した人々が想像力をもってしてもほとんど達しえなかったところにまで、その完徳の生と英雄的徳によって到達しておられます。というのも、財産を足蹴にし、放恣を忌み嫌い、名声を軽蔑し、へりくだりと労務を愛しておられるの

ですから。」(p. 906)

彼女たちがげんに実践している、誰も想像しえなかった「最も高貴な哲学」とは、「花婿」たる神にすべてを委ね、この世のあらゆる価値——富、放恣、名声——を捨て去って、神との抱擁の中で、奉仕の生を生きること、と捉えられている。かつて自らが憧れ、詩に歌いもした「隠遁の生」の理想も超えられている、ということだろう。それを、「優しく弱い体」と「雄々しく英雄的精神」をもつ女性たちが実現している、というのである。

ルイスの讃辞は、続いてテレジアのもう一つの作品である彼女の著作にも向かい、これも「もう一つの奇蹟」だと言う。ここには、文人ルイス・デ・レオンの「本音」を読んでよいだろう。

「そして私が言いたい〔テレジアの〕第二の似姿は、これ〔第一の似姿である修道会〕に劣らず歴然たる奇蹟です。それは、彼女の書かれたものであり書物です。そこでは、まったく疑いのないことですが、マードレ・テレジアが比類ないお方であられることを、聖霊が欲せられたのです。なぜなら、論じられていることがらは高度なものですが、その論じ方は精緻で明晰で、才能に恵まれた多くの先人を凌駕しています。さらに、その語り口はよく整えられ、文体は純朴でわかりやすく、言葉遣いは節度をよくまもって品位があり、その飾らない優雅さとでもいうべきもの(elegancia desafeitada)はこの上なく心地よいもので、私としては、われわれの言語で書かれたものでこれに匹敵するものはないのではないかと思っています。ですので、いつも読むたびに、新たな讃嘆の念がうまれ、多くの箇所で、私が聞いているのは人間の才能によるものではないと思われてしまいます。彼女のなかで聖霊が多くの箇所で語っていたのだということ、そしてその手と筆を支配していたということを私は疑いません。晦渋なことがらを照らすべく注がれた光と、読む者の心を言葉で燃え上がらせる熱とが、

このことをはっきり明かしております。」(p. 907)

まったく自己流の文体で大量の著作を遺したテレジアの、文筆家としての評価は難しいが、ここでもルイスは絶賛している。カスティリャ語で書かれたものでこれに匹敵するものはないとまで、自身が立派な近代スペイン語の文体形成者の一人だった文章家ルイス・デ・レオンは評価している。[46]

『著作集序文』はさらに、当時行われていたテレジアへの批判に対する弁護を連ねていく。とりわけ、「啓示(revelaciones)」と彼がよぶ、現代的用語なら「神秘体験」とも言われようさまざまな体験叙述――当時の、また後代の読者の最も関心を惹いてきた主題――について、そのようなことはありうることであって、聖書にも、あるいは大聖人であるドミニコやフランチェスコにも生じたことであることが言われる。こうした論法は、そのことによってテレジアを、過去の聖人と同列に評価することであるが、ルイスはためらうことなくそうしている。[47]

ただしルイスは、テレジアが受けためざましい「啓示」の数々ゆえに彼女を評価しているわけではない。テレジアが著述をつうじてひたすらに説いているのは、結局のところ、「神はその友たち(amigos)にたいして優しく甘美(dulce)な方であること」、それも「どんなに優しく甘美であられるか」、そして、「どのような道を通ってひとびとはそこまでいたるのか」である、とルイスはまとめている。「彼女の著述全体はこのことに向けて書かれている」(p. 913)。

なお、『著作集序文』の末尾では、テレジアといえども、自分が本当に神に愛されているかについて、つねに「不確実(incierto)」な思いを抱いていたことが、テレジア自身の文章を四か所も引用して強調されている(pp. 913-914)。この強調の意図は定かでないが、神の真意のある意味での不透明さはさいごまで残るのであり、そのことは地上における聖人の境地と共存するのだというルイスの人間理解を表明したもの、と読むべきなのかもしれない。

このようにテレジアを、また彼女の建てた修道会を讃えるルイスにとって、テレジアが女性であるということ、彼女の女性性はどのように意義づけられているだろうか。筆者の理解は本節冒頭に記したとおりである。すなわち、テレジアはたしかに女性だったが、彼女を、つまり彼女の仕事——修道会創設と著作——を讃えるルイスとって、彼女の性別はもはや本質的でなくなっている。ドミニコやフランチェスコ、アウグスティヌスやトマスを讃仰するのと同じ視線で、テレジアの仕事に向き合っている。その向き合いのなかで彼は、社会的・教会的秩序内で当然男性のみが就く身分である大学の神学教授、あるいは文人著述家といった、男性としての自己意識を潜在させた主体性のあり方を剝がされて、一人の(敬虔な)キリスト教徒として、「聖女」テレジアに出会っているように思われる。そのテレジア讃美、テレジア擁護の言説も修辞も、あらゆる性別化以前の主体性の水準、魂の次元から出てきているように見える。人間の魂における「性差を超える」次元がそこに露呈している、と考えたい(48)。

おわりに——本稿のまとめ

ルイス・デ・レオンの著作群のなかから、彼の「女性」観を取り出してきた。「はじめに」に記したように、それは十六世紀スペインの神学教授、修道士という一人の男性のもつ女性観であって、当時の一般的女性観を代表するものとは言えないし、まして、当時の女性自身がもっていた女性としての自己意識を映すものではないが、多岐にわたったその内容を簡単に纏めれば以下のようになる。

まず、ヘブライ語原典による雅歌の読解という、彼の生涯にわたる仕事の特質を、雅歌を「恋愛文学作品」として読む、という点に見てとり——これは、雅歌解釈史の中でも、古代中世的読解から近代的読解への一つの転機をなすものと位置付けられるだろう――、その営み自体のうちに、男性のみがアクセスしうる公用学問用語、概念言語たるラテン語によって普遍的理論を構築しようとするのとは異なる、広い意味で「女性的」と呼びうる諸性格を指摘した。ルイスの『西語版雅歌註解』に、古代以来の、また彼自身も行ったラテン語による「神学的」雅歌註解と差異化して独自の意義を与えているのは、この広義かつ多義的な「女性」なるものへの関心であると思われる。

『家庭婦人の完徳（完全な嫁）』に述べられた彼の「家庭婦人」観は、当時の一般的女性観――実態とは遠いにせよ――を反映したものとしてよいのだろうが、そこにルイス個人の女性観の一面をたしかに読み取ることはできる。そこに説かれている「家庭婦人」のあり方は、しかし、牧歌的恋愛文学として雅歌を読むときのルイスの女性（「花嫁」）観とはみごとなまでに異質である。「家庭婦人（嫁）」たる者の完徳が目指される場である「家庭」は、「花婿」と「花嫁」の「恋愛」の成就の結果生まれるものとはまったく語られていない。「ロマンチックラブイデオロギー」とは無縁の、家事・家政を完璧にこなす主体としての女性の姿がここでは称揚されている。家庭の「母」は、立派な息子を育てるべき存在である。これを現代的観点から「批判」する意味はないだろう。神の嫁となる修道女と家庭の嫁となる在俗女性は、キリスト教女性の二つの理想態である。男と女からなる人間社会ないしキリスト教会において、男とは異なる「女性ならでは」のあり方がここでは語られている。それは、いずれにせよ、男／女という性をもつ存在として人間を捉える地平での所論である。

その修道女の理想を体現している、とルイスが見るのがアビラのテレジアだった。しかるに、彼女が創設した修道会と執筆した著作という、彼女の「今に生きる」身体を目の当たりにした彼が讃える「聖女」テレジアは、私見では、いわば性差を超えた存在として見られている。テレジアやその「娘たち」がげんに実現している、と彼が見るのは、男女の区別が制度化された後世の教会秩序以前の、その根本にあるイエスの直弟子たちの「初代教会」の理想であって、そこでは、理念的には「男も女もない」。テレジアの著作群が語る「完徳の生」も、修道女たちに向けて書かれる体裁をとってはいるが、説かれていることの内実は教父や大神学者たちの著述と同じ水準にある、男女にかかわらないキリスト教徒の生の理想である。修道会と著作というテレジアがこの世に遺した身体をルイスは、男女の区別を必須要件とする社会的制度が成立する水準を超えたところに見ている。逆説的に響くが、キリスト教世界の代表的女性（テレジア）を語るとき、ルイスの視線は性差以前の人間のあり方の水準に据えられるようなのである。

「男と女に造られた」とするキリスト教的人間観にとって、性別を有することは人間の本質に属するように見える。たしかに、単純な男女二分法に拠らないにしても、人間の身心にとって性ないし性別の占める領域は、測りがたい広さと深さを有しているだろう。そうした人間たちが築く社会、共同体にあっては、男／女という区別、差異は最も基層的な位置に据えられる。しかしまた、男／女という二分法に当てはまらない人が少なからずいるということ、トランスジェンダーがありうる、げんにあるという近年著しく前景化してきた事実は、「人間である」ということが、「女である」こと、「男である」ことを捨象した抽象的な一般論の次元でではなく、性差性別が形成ないし構築される以前のより根本的な水準で存立していること、そのような水準においてこそ「人間であること」の根本的完成は定位されなければならないということを却って証しているだろう。

雅歌註解文書によってもっぱら形成されてきたいわゆる婚姻神秘主義の伝統——ルイス・デ・レオンもその重要な一翼を担う——は、人間を女性、神を男性の位置に置いて、男女の恋愛ないし婚姻という比喩で神と人（個人の魂であれ共同体としての教会であれ）の交わりのかたちを語ろうとする。恋愛ないし婚姻という「男／女」の相互的関係性にあっては、愛するものどうしの差異が前提され、むしろその差異のあり方が当の関係性の内実を形成する積極的なモメントとなっているだろう。この、人間にとってきわめて重要な（と仮に言っておく）、また射程の大きい問題系を織りなすさまざまな場面、論点を可能な限り動員して、「男／女」という性差を超えた、あるいは性別以前の「人間」と神のかかわりの実相に情念的内実を充当しようとすることが、婚姻神秘主義の企図であり工夫であると概括することができよう。そしてその効果として、人と人のかかわりとしての愛と、神と人のかかわりとしての愛の、同質性ないし連続性が浮かび上がってくること、またそれとともに、地上の人間がもたざるをえない性別の地平、「男／女」の地平を超える愛の位相を考えさせることが、ともに期待されている。本稿は、ルイス・デ・レオンの著作において、この工夫がどのようになされているか、そしてそれが彼のキリスト教的人間観、神－人関係理解全般のなかでどのように位置づけられているかを検討し、以てそこにキリスト教的性別理解、人間理解のひとつの具体相を提示しようとしたものである。

注

（1）「スペイン神秘主義」構築の最初の著作といえる Paul Rousselot, *Les mystiques espagnols*, 1867 以来。

（2）アリアス・モンターノ（Benito Arias Montano; 1527-1598）は、ルイスと同年にエストゥレマドゥーラ地方に生まれ、セビーリャとアルカラで学ぶ。トレント公会議で聖書学者として活躍、アントワープに派遣され『多言語聖書』（1571-1580）の編纂を監修。ヴルガタ訳の権威を貶めた廉で告発もされるが、国王フェリペ二世の信認厚く、エスコリアル宮殿の図書館長を務める。晩年は同修道院に隠棲。ルイスと異なり、諍いを避けて生きた。彼にも雅歌の西訳があり、ルイスは参照している。Cf. Daniel Nahson, *Amor sensual por el Cielo: La Exposición del Cantar de los Cantares de Fray Luis de León*, Iberoamericana, Madrid/ Vervuert, Frankfurt am Main. 2006, Apéndice, p. 293ff.

（3）一六三一年に、大詩人フランシスコ・デ・ケベードがルイスの「詩集」を初めて刊行した。現代の校訂版も概ねこれを基本にしている。収められているのは、自作詩29編、模倣詩（ホラティウス、ペトラルカ、ベンボの文体の模倣）6編、古典詩（ヴェルギリウス『牧歌』、『農耕詩』、ホラティウス『頌歌』、『悲歌』、ピンダロス『頌歌』、エウリピデス、セネカの悲劇、等）の部分訳、78編、及び『詩編』の西訳（23編）、などである。Cf. Fray Luis de León, *Poesía Completa*, Edición de José Manuel Blecua, Gredos, Madrid, 1990.

（4）スコラ学者としての面も十分有している。ルイスの修学状況や講義題目とその概要については、Cf. Salvador Muñoz Iglesias, *Fray Luis de León, Teólogo*, CSIC, Madrid, 1950. サラマンカ大学教授としての諸活動については、以下の詳細な研究がある。Cf. José Barrientos García, *Fray Luis de León y La Universidad de Salamanca*, Ediciones Escurialenses, Madrid, 1996. 十九世紀末（1891-1895）に刊行された全七巻のラテン語著作（講義録）集には、第一巻に詩編講解、第二巻に雅歌註解、第三巻にパウロ書簡等の講解、第四巻以降は受肉、信仰、希望、愛、予定、創造、等についての講義が収められている。一九九二年から第二期著作集が編まれ、第十巻（ローマ書講解）まで刊行されている（Ediciones Escurialenses, Real Monasterio de El Escorial）。スコラ神学者としてのルイスの立場は、概ねトマス・アクィナスに拠るもの見なされている。

（5）当時のサラマンカ大学の「教授人事」は、学生を含む大学構成員の投票に拠って決められた。これらの講座の性格、およびルイスが就任した経緯については、Cf. José Barrientos García, *Fray Luis de León*, *Tratado sobre Ley* (Opera XII), Introducción, pp. 14-39. より詳細には、cf. id., *op. cit.* (in n. 4.)

（6）Salvador Muñoz Iglesias, *op. cit.* 後の十字架のヨハネ、フアン・デ・サン・マティアスがこのころサラマンカ大学の哲学課程に在学している。ルイスの講義に出席した可能性は小さいが、彼の名声や、雅歌註解の仕事は知っていたと思われる。ルイスの雅歌解釈の十字架のヨハネへの影響については、確たる事実は認められないが、「婚姻神秘主義」の基本的理解は共通しており、興味を惹く共通点も少なくない。Cf. P. Angel C. Vega, O.S.A., *Cumbres Místicas : Fray Luis de León y San Juan de la Cruz*, Aguilar, Madrid, 1963 ; Francisco García Lorca, *De Fray Luis a San Juan : La Escondida Senda*, Castalia, Madrid, 1972. 逆に、ルイスの後年の雅歌解釈に十字架のヨハネからの影響を見る研究者もいる。Cf. José María Bercerra Hiraldo, *Obra Mística de Fray Luis de León*

: *Traducción, notas, comentario*, Universidad de Granada, 1986.

（7）告発の不当性を弁じた『詳細弁明書（*Amplia Defensa*）』（一五七三）の他、この「獄中」で、原典に依拠した『ヨブ記註解（*Exposición del Libro de Job*）』、『詩篇二十六注釈（*Comentario sobre Psalmo XXVI*）』、また主著となる『キリストの御名（*De los Nombres de Cristo*）』の執筆に着手している。

（8）審問についての諸資料は、Angel Alcalá, *Proceso Inquisitorial de Fray Luis de León*, Edición paleográfica, anotada y crítica, Junta de Castilla y León, 1991. また、Colin P. Thompson, *The Strife of Tongue : Fray Luis de León and The Golden Age of Spain*, Cambridge University Press, 1988, Chap. 2 : The strife of tongues（pp. 36–85）は、この裁判をめぐるさまざまな人間関係や論争点を詳細に紹介検討している。同書は現代の最も優れたルイス・デ・レオン研究のモノグラフと思われる。

（9）この書については、ジャン・バリュジによる丁寧な読解がある。Cf. Jean Baruzi, *Luis de León : interprète du Livre de Job*, PUF, Paris, 1966.

（10）Cf. Víctor García de la Concha, *Al Aire de Su Vuelo : Estudios sobre santa Teresa, fray Luis de León, san Juan de la Cruz y Calderón de la Barca*, Círculo de Lectores/ Galaxia Gutenberg, Barcelona, 2004, III 2. « Fray Luis de León : *Exposición y Explanatio* del Cantar de los Cantares ». 『キリストの御名』については、拙論「言葉によって神に近づく――ルイス・デ・レオン『キリストの御名』への序章」『東京大学宗教学年報』22（二〇〇五）、一一九頁、で私見を述べた。いわゆる牧歌的環境の中で交わされる対話、またヘブライ語の知識を随所にちりばめて縦横になされる聖書釈義は、ルイスの解する雅歌的世界の雰囲気のなかで展開しているとも言える。とりわけ、「牧者（Pastor）」や「恋人（Amado）」の章では、雅歌解釈自体が重要な論点となっている。中世イベリア半島で生まれたカバラーの一大古典『ゾーハル』を編んだモーゼス・デ・レオンは、ラビ・アキバ以来の伝統を継いで、雅歌には全（ヘブライ語）聖書の精髄が込められているとしたというが、ルイス・デ・レオンにとっても同じ事が言えるかもしれない。

（11）『西語版註解』のテクストは、手写本類まで勘校した本格的校訂版、Fray Luis de León, *Cantar de Cantares de Salomón*, Ed. José Manuel Blecua, Gredos, Madrid, 1994, に拠り、参照箇所の指示に際しては、註解される雅歌

の章節番号を「CCS. 1.1」（雅歌第一章第一節への註解）のように記し、必要な場合は同書の頁を記す。引用中に原語を掲げる際は現代スペイン語の表記に変えた。よく用いられる *Obras Completas Castellanas de Fray Luis de León*, prólogos y notas del Padre Felix García, O.S.A. 4a ed., BAC. Madrid, 1958（以下 BAC 版と略記）所収のテクスト（t. I, pp. 70–218.）も参照した。これは概ね、一八〇五年のルイス・デ・レオン著作集第五巻の本文に拠っており、上記の校訂版とは大小の違いがある。

（12）CCS. 1.15; 3.2; 4.1; 5.3; 5.8; 7.4; 8.2; etc.

（13）Cf. CCS. 8.14 (pp. 278–281).

（14）ラテン語版註解の第一版と第二版には近代の校訂版は存在せず、筆者は未見である。第三版をスペイン語対訳とともに刊行したベルセラ・イラルドの解説に拠る。Cf. Fray Luis de León, *Cantar de los Cantares. Interpretaciones: literal, espiritual, profética.* Testo, Traducción, Introducción, Notas por José María Bercerra Hiraldo. Ed. Escurialensis (Biblioteca « La Ciudad de Dios » 52), 1992, Introducción, p. XII. 以下、『雅歌三重註解』のテクストはこの対訳版（ラテン語原文は一五八九年の刊本のファクシミリ）に拠り、同書をCCTと略記する。

（15）「なぜなら、〔第二章8節〕以下はいわば別の根源から生まれており、そこでは愛についての新たな語りがなされているのである。（Nam quae sequuntur tanquam ex *alio* nata *principio, nova argumenta* amoris continent.)」(CCT, cap. II, 1a explanatio, p. 135.)「私は眠っていましたが心は覚めていました。〔ここからは〕すでに、別の根源による、愛の新たな語りがはじまっている。（Iam ab *alio principio nova* amoris instituit argumenta.)」(CCT, cap. V, 1a explanatio, p. 261)

（16）「かくて神は、かれらに呼びかけ、そしてかれらよってご自身が愛されるのを見てとると、まずかれらを試される。そうして試され試練に耐えぬいた人々を熱く抱きしめられる。そしてかれらの願いと誠実で褒むべき意志への贈り物として、かれら自身の魂の内に歓びとともに突入される。そしてこの突入によって、優しく慈しみのこもった内的な言葉でかれらを教えられるとともに、ある種の尋常ならざる歓喜と歓楽でかれらを満たされるのである。そしてこの突入と教えによって人の精神はいっそう大いなるものとなり、かくて自身の自然本性を超えて挙げられた精神は、身体を脱して神へと全面的に奪い去られるのである。かくして、愛する魂の願い、その試練、内的突入、優しい愛にみちた言葉、さいごに脱魂、あるいはより意味がはっきりするギリシア語のエクスタシス、まさしくこうしたことがらが、上に述べた三段階でそれぞれのあり方で存在し、完遂されるのである。それぞれの、と私が言うのは、これらのうちのあるものは第一段階にいる人々に特有で、あるものは進歩した者たちに、あるいはすでに完成した者たちに属するものだと考えることのないようにである。というのも、これらがあまねくそれぞれの段階で生ずるのであって、より高次の段階ではいっそう鮮烈になり、より光度を増していくのである。だからすべてがそれぞれの段階で生ずるのであって、このことはまさにこの雅歌において隠れなく見て取れる。(Igitur quos vocat Deus, et a quibus se diligi, atque amari videt, eos primo probat, deinde pertentatos atque probatos favore complectitur : eorumque desiderio atque honestae, et probabili voluntati obsequens, illabitur jucunde in ipsorum animos : ipsoque illapsu, eos tum erudit interioribus sermonibus blandis, et salutaribus; tum ingenti quodam gaudio, atque voluptate perfundit. Hoc autem illapsu, et eruditione humana mens major efficitur; itaque supra naturam elata suam ad corpus deficit, et ad Deum tota rapitur. Tot igitur rebus, nimirum vocatione Dei, amantis animi desiderio, eius probatione, illapsu interior, amatorio, et dulci sermone, ac tandem raptu, sive, ut Graeco verbo significantius dicitur ekstasi erorum singulorum, quos diximus, graduum tota ratio constat, atque perficitur. Singulorum dico, ne quis putet ex iis quaedam esse propria eorum qui in primo gradu consistunt : quaedam ad eos qui profecerunt, aut jam perfecti sunt pertinere. Universa namque in singulos gradus cadunt, expressiora illa quidem, et illustriora sunt in altioribus : omnia tamen in singulis inveniuntur, quod ipsum in hoc carmine non obscure perspicitur.)（*op. cit.*, p. 28）

（17）現在はすでに第三段階にあるのであり、旧約の段階／新約の段階／霊の教会を分かつヨアキム主義的三段階説ではない。

（18）釈義の典拠として言及されるのは、クリュソストモス、オリゲネス、テオドレトス、ニュッサのグレゴリオス、ナジアンゾスのグレゴリオス、ディオニュシオス、フィロン、プセロス、ヒエロニムス、グレゴリウス・ロマヌス（マグヌス）、ベルナルドゥス、サン・ヴィクトルのグレゴリウスとリカルドゥスなどだが、ユダヤ教の聖書読解に通じ、ユダヤ教からの改宗者とも見られていたリラのニコラウスが引かれる箇所もある。「ヘブライ人たちの釈義」という言い方も見られ、ルイスがユダヤ教の文献にも通じていたことが窺える。

(19) 雅歌本文の行を追ってなされる原語に即した語句解釈、文脈の説明については、興味深いものが少なくないのだが、本稿では触れる余裕がない。

(20) 拙論「「愛の等しさ」——十字架のヨハネの神人合一論の要諦」(『イスラームの内と外から——鎌田繁先生古稀記念論文集』ナカニシヤ出版、二〇二三年三月刊行予定)では、十字架のヨハネの『霊の讃歌』等における雅歌解釈の枢要点を「愛の一義性」という把握のもとに追究してみた。神学的・哲学的には、一義性というより類比性(analogia amoris)と言うべきなのだろうが、類似と非類似が混在する地上の愛の現実の中で、あえて類似性の面を強調し、延いては類似性の極限としての「同等性」にまで言いつのるところに、「神秘主義」文献の特徴がある。

(21) [ ]内は、ルイスの自筆草稿に書かれていたが、後の修正で削除された。Felix García 編の BAC 版は本文に採用している。

(22) ルイスにとっての「字義」は、古代のいわゆるアレクサンドリア学派(オリゲネス等)の霊的解釈に対抗するアンティオキア学派(モプスエスティアのテオドロス等)の解する字義とは本質的に異なる。Cf. Anne-Marie Pelletier, *Lecture du Cantique des Cantiques: De l'enigme du sense aux figures du lecteur*, Editrice Pontificio Istituto Biblico, Roma, 1989, pp. 317-336.「歴史資料」として聖書を「字義的に」読む近代聖書学の視点とももちろん異なる。

(23) 「こうしたわけで、この本を読むの(lección)は誰にとっても難しく、若者にとって、また、まだ成長が十分でなく徳が十分に堅固でない人すべてにとっては、危険なものです。聖書をつうじて、愛の情念(la pasión del amor)がここ以上に強くまた意味深く表現されているところはないですから。ですので、ヘブライ人の間では、この本は、また他のいくつかの律法書は、四十歳以下であった場合読むことが許されていません。〔ですが〕この危険について論う必要がない〔ことについては〕、貴女様の徳と強さ〔を知っていますので〕安んじております。……」(pp. 46-47)。

(24) ガルシラーソの『牧歌(Egloga)』の言葉遣いと韻律を「宗教的テーマに(a lo divino)」変えて宗教詩集を編ん

だのがファン・ボスカン（Juan Boscan）であり、十字架のヨハネはこのボスカンの詩集を自身の詩作の韻律上の手本とした。

(25)「彼〔ルイス・デ・レオン〕においては文献学《フィロロギア》がすなわち美学《エステティカ》となった。そして美学が、宗教《レリジョン》だった。」（Victor García de la Concha, *op. cit.*, p. 200.）Colin Thompson, *op. cit.* も、ルイスを徹底的な「言葉の人」と見る視点で貫かれている。

(26)『西語版』の雅歌のスペイン語訳は、古雅な語彙を用いて詩文としての雰囲気を汲もうとしているという。Cf. BAC 版、p. 142, n. 1. 最終章第八章では、雅歌末尾の一行「走って、わたしの恋人、／そうしたら 山羊のように、香り高い樹々の繁る山々に駆ける小鹿のように、みえることでしょう。（Corre, Amado mío,/ que parezcas a la cabra montés, y al cervecito sobre los montes de los olores)」を、愛好したリラ形式の韻文に移してもいる。「この歌を少し詩文に工夫してみるなら、こんなふうになるでしょう。*Amado, pasarás los frescos montes/ más presto que el cabrito/ de la cabra montés y que el gamito.*」(p. 278)。

(27)彼が愛好する古代の牧歌詩は、かならずしも恋愛が主題となるわけではない。むしろルイスにとっての田園、牧歌的環境は、恋愛の場面であるよりも、代表作の一つ「隠遁の生（*Vida Retirada*）」に歌われているように、富と権力と名声に翻弄される都市の世俗生活を捨離した、隠遁生活の理想郷のイメージが強い。

(28) Cf. CCT. p. 79, 94, 144, 396, etc. [Vergilius, *Ecloga, Gergica*] ; p. 79, 135, etc. [Horatius, *Oda*].『西語版』では「あのトスカナの大詩人」としてペトラルカが参照されている。Cf. CCS, 5.14.（p. 158）

(29)雅歌を恋愛ドラマ（戯曲）と見る伝統はオリゲネス以来のものとルイスも言っている。Cf. CCT（『三重註解』）p. 101. 近代でも、近代的文献学に拠らないボシュエやクローデルといった人々はそう読もうとしている。

(30)十字架のヨハネの『霊の讃歌』もアビラのテレジアの『雅歌について』も、愛する主体としての主人公の女性に自分自身のあり方を重ねる仕方で雅歌を読解している。旧い拙論「読むことから言うことへ——一六世紀スペインの神秘家たちの雅歌解釈」、鎌田・市川編『聖典と人間』大明堂、一九九八年、二二四–二四五頁、参照。

(31)ちなみに彼の詩集には、ダンテやペトラルカの女性讃美を模したともされる、こんなソネットも収められている（*Soneto III.* Fray Luis de León, *Poesía Completa*, edición de José Manuel Blecua, Gredos, Madrid, 1990, p. 26)。

若年の習作かもしれないが、ローペ・デ・ベーガ編の詩集には収録された。メネンデス・ペラーヨはこのソネットを「カスティーリャ語で書かれた最も美しく繊細なもののひとつ」と評しているという。Cf. Fray Luis de León, *Poesías Completas*, Ed. de Cristóbal Cuevas, Ed. Castalia, Madrid, 2001, p. 377, nota.

ああ　ほら、朝焼けのなか　立ち上がる
わが〈光〉のきみ、ああ　ほら、ゆたかに結われた
麗しい髪、ああ　ほら、金の飾りに纏われた
素肌の胸　また喉もと

ああ　ほら、おおぞらにむけて　けがれない　聖（きよ）らかな女（ひと）は
美しい腕と　まなざしを　いま　さし挙げていく、そのときわたしは
おのれの悪を　鋭くも、ああほら、嘆くこともできたのだった。
ああ　ほら、たとえようもないあのひとが　つまびき　歌う。

こう言いながらわたしは甘い惑わしに運ばれて
いまも目交いにありありと　女人を想う。
へりくだり　あふれる愛で　女人を讃える。

けれどもやがて　われにかえる。　欺かれていた
わが魂は　あやまちだと　たしかにわかる。
心のくびき　いまは溶けて　いつまでも　涙にひたる。

（Agora con la aurora se levanta/ mi Luz; agora coge en rico nudo/ el hermoso cabello ; agora el crudo/ pecho ciñe con oro, y la garganta :// agora, vuelta al cielo, pura y santa/. las manos y ojos bellos alza; y pudo/ dolerse agora de mi mal agudo:/ agora incomparable tañe y canta.// Ansi digo, y del dulce error llevado,/ presente ante mis ojos la imagino,/ y lleno de humildad y amor la adoro.// Mas luego vuelve en sí engañado/ ánimo y, conociendo el desatino,/ la rienda suelta largamente al lloro.)

(32) 現代のフェミニズムの潮流に棹さす Daniel Nahson の研究は、一貫して、神的愛と、性愛を含む恋愛の区別の廃棄をルイスに読もうとしている。Cf. *Amor sensual por el Cielo: La Exposición del Cantar de los Cantares de Fray Luis de León* (*op. cit.*). Ilana Pardes, *The Song of Songs: A Biography*, Princeton U. P., 2019 も、この観点から、雅歌読解史を古代のラビ・アキバから現代アメリカの黒人女性作家（トニ・モリソン『ソロモンの歌』）まで辿っている。ルイス・デ・レオンについては pp. 130-135. フィリス・トリブル（Phyllis Trible, *God and the Rhetoric of Sexuality*, 1978（『神と人間性の修辞学――フェミニズムと聖書解釈』河野信子訳、ヨルダン社、一九八九）やクリステーヴァも扱われている（pp. 163-171）。現代的雅歌読解の主流といえよう。大陸ヨーロッパでの現代的な雅歌読解の例としては、cf. Jean-Louis Chrétien, Catherine Chalier, Ruedi Imbach, Dominique Millet-Gérard, *Le lumineux abîme du Cantique des cantiques*, Parole et Silence, Paris, 2008. 四番目の著者は著名な比較文学者でクローデルの専門家。

(33) スペイン語で既婚女性を言う“casada”の字義は、家（casa）に入った女性、である。以下、敢えて「嫁」と訳すことがある。

(34) この書はルイス・デ・レオンの著作中で最もよく読まれたものかもしれない。今世紀に入っても、一般向け電子書籍としても版を重ねている。Cf. ASIN: B07FMWWRC7; Publisher: E-BOOKARAMA (July 22, 2022)

(35) 近年のフェミニズム的「旧約」研究では、この箇所は箴言中で稀な、「自立する女」が讃えられている箇所解釈されているという（寒野康太氏のご教示による）。

(36) ドミニコ会士ルイス・ガリアナ（Luis Galiana）のものという。ただし、各章の的確な内容提示というよりも、章ごとに精粗のあるルイスの叙述を―― BAC 版で一頁に満たない章から三〇頁に近いものまで、長短の差も著しい――、さらに当時のキリスト教婦人道徳に引き寄せたものとなっている。テクストは、BAC 版全集（*Op. cit.* t.

1, pp. 240-358）に拠る。
（37）ちなみに、修道女でも家庭婦人でもない女性の典型が、「娼婦（ramera）」であり、さらには「魔女（bruja）」だった。黄金世紀スペインの文芸や社会風俗には不可欠の女性像である。フェルディナンド・デ・ロハスの『ラ・セレスティーナ』（一四九九）にはルイスも（もちろん否定的に）言及している。男性にとっての「女性的なるもの」の、この方向の深化は、近代小説の時代まで待たねばならないのだろう。
（38）ルイスにこの仕事が委嘱された理由は詳らかでないが、彼の学者としての権威と、成立まもない跣足カルメル会にはその任を担える人物がいなかったことが背景にあるだろう。
（39）一年ほどの短期間で刊行に漕ぎつけたルイスは、可能な限りの主写本を集め、勘考し、写字生の誤記を修正し、最良のテクストを印行したと自負しているが、主著の一つ『創立史』は含まれず、じっさいは数千の誤記があるなど不備は大きいという。この編集刊行事業については、Cf. Tomás Álvarez, « Fray Luis de León y Santa Teresa de Jesús : el humanista ante la escritora », in Id., *Estudios Teresianos I*, Ed. Monte Carmelo, Burgos, 1995, pp. 483-510 ; Id., « Fray Luis de León revista la Edición principe de las « Obras » de Santa Teresa », *ibid*, pp. 511-526 : Carlos Eire, *The Life of Saint Teresa of Avila : A Biography*, Princeton U. P., 2019, p. 99ff.
（40）この過程でルイスは十字架のヨハネの著作（手写本で跣足カルメル会内で流通していた）も知ったはずだが、面識の有無も含めて、ルイスとヨハネの接点は確認されていない。ただし前述のように、十字架のヨハネの『霊の讃歌』――アナ・デ・ヘススに献呈されている――における雅歌解釈のルイスへの影響を想定する研究者もいる。
（41）三つのテクストは現代フランスのスペイン神秘主義研究者Bernard Seséによる仏訳がある。Fray Luis de León, *Écrits sur Thérèse d'Avila*, Arfuyen, Orbey, 2004.
（42）« Carta-Dedicatoria a las Madres Priora Ana de Jesús y Religiosas Carmelitas Descalzas del Monasterio de Madrid ». テクストは、BAC版全集t. 1, pp. 904-914.
（43）« Apología del P. M. Fr. Luis De León Catedrático de Escritura de la Univesidad de Salamanca » 跣足カルメル会士トマス・デ・ヘススがテレジア派の神秘神学を擁護して著した『祈りの階梯提要（*Compendio de los Grados de Oración*）』（一六一五）に収録され刊行された。テクストは、BAC版全集t. 1, pp. 915-920. 著作集刊行にとも

なうテレジア告発の経緯と次第については、Cf. Carlos Eire, *op. cit.*, pp. 105-111.

（44）« De la Vida, Muerte, Virtudes y Milagros de la santa Madre Teresa de Jesús » テクストはBAC版全集、t. 1, pp. 920-941. 作業用にルイス自身が清書し書き込みをした原稿のファクシミリ版が刊行されている。*De la Vida, Muerte, Virtudes y Milagros de la santa Madre Teresa de Jesús. Libro primero, por el Maestro Fray Luis de León*, Ed. María Jesús Mancho y Juan Miguel Prieto, Universidad de Salamanca, 1991.

（45）テレジアの列福予備調査が開始されるのは一五九一年頃からである（列福は一六一四年）。ただし、生前から聖人との評判は高く、遺体は「聖遺物」として争奪の対象となっていた。Cf. Carlos Eire, *op. cit.*, p. 29ff.

（46）テレジアの文体についてはいろいろな研究があるが、書くべきことへの熱に駆られて、語るようにとめどなく書き連ねながら、つねに同時に、自身の執筆行為や文章についての冷静で鋭敏な反省意識が沁みとおった、魅力的な文体であることはたしかだと思われる。古典的研究として、Cf. Victor García de la Concha, *El arte literario de Santa Teresa*, Ariel, Madrid, 1978.

（47）『弁明』では、テレジアの著作の難解さを難ずる批判に反論するかたちで、難解というなら過去のスコラ学も神秘神学も難解だとして、それぞれの文脈で「聖ボナヴェントゥラ、サン・ヴィクトルのリカルドゥス、ジャン・ジェルソン」、「聖アウグスティヌス、聖ディオニュシオス」、「聖トマス、ドゥンス・スコトゥス、アレクサンデル（・ハレンシス）、ドゥランドゥス、ガンのヘンリクス」、「聖ブリギッタ、聖ゲルトルード、シエナの聖カタリナ」といった人々の文書の難解さと並べている。つまりテレジアを彼女らと同格化している。なお、『弁明』について一言すれば、この短いテクストは、テレジアないしカルメル会的な修道思想への批判者に対する徹底的な反批判を展開するもので、執拗とも見えるその論理的入念さはルイスの粘着質と評される人柄を窺わせる。だが、論の根本にあるのは、「聖人」は現在にも出現しうるのであり、テレジアはまさにその一人だ、というルイスの確信である。

（48）ルイスの讃辞の背景には、さまざまな（広義の）政治的配慮を見てとるべきなのかもしれない。「愛されていることの不確実さ」の強調も、テレジアを「アルンブラード（照明派）」とする批判への防御的記述とも解しうる。しかし、そうした配慮を貫いて彼の真率な思いが現れていると読むことは可能と思う。

霊性の継承

――バトラーのカタリナ(1)への眼差し――

寒野　康太

問題の所在

キリスト教の「霊性」、それは何かという定義に関し、さまざまな見解が生じることだろう。本論では、キリスト教信者がそれぞれの生きている時代の状況に応じて、その信じているところを具現化していくという、経験、ないし、そのあり方を指すものと、大まかな共通項と思える定義から考察を始めることとしたい。たとえば、キリスト教の霊性に関し、シェルドレイクは、霊性という語が用語として、非常に多義的であることは認めつつも、「私たちの根本的な価値、生き方、霊的実践が、神、人間のアイデンティティ、人間形成の背景としての物質界に対する特別な理解を示す、その仕方に関わる(2)」ものである以上、キリスト教においても、霊性に関し、探究を進めるべきであると述べている。シェルドレイクの見方によれば、生き方、霊的実践、社会や自然に関わるキリスト者の態度一般も霊性研究の対象となるということであり、このことは、今までの組織神学、基礎神学の手法と大いに異なるものである。一般的な神学探求の進め方とは、教会権威の言説や権威ある神学者あるいは哲学者たちの著作を分析し、議論するというものであった。こうした中、霊性研究は、従前取り上げられてきた対象とは、異なる経験を持つ人々を取り上げていくことを可能とする。霊性研究が神学の領域を拡大することに寄与するのである。定義をめぐって「霊性」という語にさまざまな困難がつきまとうにしても、神学が「霊性」ということを看過せず、議論を重ねて理解を深化しなくてはならない理由がここにある。

本論において、問題としたいのは、各時代のキリスト者がそれぞれの状況に応じて、信仰を生き、表現するという霊性が継承されるということがありうるのか、つまり、キリスト者の経験というものは、時代を超えてつながるものとして語ることができるのかどうかということである。霊性の継承ということは実は自明ではない。歴史上から切り離れたキリスト教史の人物の関係を、熟慮無くして霊性史上の継承関係でくくってしまうことがままある。歴史家クェンティン・スキナーは、頻繁に「影響」という見方が、思想史の議論上、恣意的に使用されるということに警鐘を鳴らしている。スキナーによれば多くの場合「誤解を招きかねない仕方で、それ以前の作品の影響について語る」[3]ということが行われていて、それは危険なことであるという。そして、「影響」という概念を思想史上の説明として実効あるものにするためには、類似性の真正さと、引用など事実を明示することが何よりも欠かせないと論を進める。[4]直接的な原因ではないのだとしたら、「影響」という語をもちいた説明は、極めて曖昧で、ほとんど神話的な説明と化してしまうというのが、[5]この思想史家の診断である。霊性史上の出来事も一つの思想史上の出来事でありうるわけだから、キリスト教霊性にかんする歴史的議論においてもスキナーの見解は十分通用する議論であると思われる。

しかしながら、このような問題をうまくすり抜けるやり方も現に存在する。それは、霊性の通時的な研究をある制度的伝統の歴史として記述するというやり方である。シェルドレイクも霊性が伝統として存在することを確認するために、創立者の存在、伝統を基礎づけるテキスト、一時期に止まらない固有の実践をその基準として挙げている。[6]このような基準を満たしている時、キリスト教の中にある一つの伝統として、ある現象を霊性の一類型として観察し分析することができるというわけである。これは、確かに、各教会、修道会など、制度組織が確立された諸運動における気質とでもいうべき特徴を探るために有効な基準であることは説明を要しないと思われる。

たとえば、本論考で取り扱うシエナのカタリナについて、このような態度から論じている一例がある。今世紀初頭の教皇であったベネディクト十六世つまりヨゼフ・ラッツィンガーの講話がそれである。[7]彼はカタリナを現代に生きるカトリック教会信者のモデルとして提示しようという目論みのもと、まず、カタリナが生きた時代をヨーロッパの「苦悩の時代[8]」として描き出す。そこで人々に聖性の模範として生き活動した霊的な特徴を、花婿であるキリストとの親しい交わりという点であるとし、それは、「祈り、神の言葉の黙想、秘跡、とりわけ頻繁に心を込めて聖体拝領を行う[9]」ことによって深められ、維持されていったと説明される。こうした実践が「母 mamma[10]」としての道徳的権威を与え、霊的家族を形成していった要因だという。[11]このことは、「現代の教会も多くの女性の母としての霊的な気づかいから多くの恩恵を得ている[12]」ことと直接結び付けられている。この母としての気づかいは、「イエス・キリストを知り、その教会を愛すること[13]」ということであり、それは、そのまま教皇の現代に生きる信者に対する勧告として提示されることとなる。まさに、この講話は、シェルドレイクの基準にそって、ローマ・カトリック教会という組織における固有の実践がどのようにカタリナの歴史的事実から例として取り上げられるかをしめし、それを通じて「教会を愛する」という姿勢をカタリナの人物像から教会という組織に従順な好ましい態度として取り出し描写したものといえるだろう。このようにして、シェルドレイクの見るように霊性のあり方の一つである、制度的伝統の歴史的一貫性が教皇の講話によって確保されたと言うこともできるかもしれない。

しかし、このようなヨゼフ・ラッツィンガーのやり方のみが、霊性研究において継承を論じる態度なのだろうか。ここにも問題が当然存在する。このことをフェミニズム人類学は、宗教学との対話の中で、抉剔して見せている。川橋範子は、『混在するめぐみ』、『ジェンダーで学ぶ宗教学』、『宗教とジェンダーのポリティクス[14]』と論考の中で、歴年考察を深めているが、その中で、直接宗教学とジェンダー理論の「気まずい関係」[15]をみてとっている。ジェンダー・フェミニズム研究の側においては、宗教というものに対して、思想、制度の両面で女性の抑圧に結局のところ加担するものなのではないかという疑いがあって、宗教の主題は当該研究において軽視されてきたという経緯があり、一方、宗教学においては、「ジェンダーの視野からのアプローチを、学問的中立性を欠く、政治的に偏ったもの[16]」として評価してきたという事情がある。[17]

メレディス・マクガイアが著した『宗教社会学』には、次のような記述がある。「（正統を自認する宗教共同体における女性の位置に関し種々論じた上で、）ローマ・カトリック教会では、少なくとも初期教会以来、男性が宗教的な規範、実践、信念を設定し解釈するためのあらゆる重要な職権を独占してきた。歴史的公認宗教の信念、儀礼的表現、規範、組織構造は、女性を従属させるものなのである」[18]。この評価は、川橋が指摘している宗教が女性の抑圧に加担しているのではないかという、ジェンダー・フェミニズム研究における宗教への不信を示す好例といえるだろう。ローマ・カトリック教会は、数ある宗教の中でも、この歴史的公認宗教の最たるものの一つであることは間違いない。だからこそ、マクガイアはこの抑圧の一典型として提示したのである。教皇ベネディクトは、その「信念」を頑ななまでに、シエナのカタリナと結びつけて称揚するのだから、「女性を従属させる」というマクガイアの評価は、そのままラッツィンガーの言説に対する評価でもある。こうしたラッツィンガーの態度こそ、川橋の説明にある「ロマン化」、つまり女性に関する制度内評価として、今までの女性の従属的地位を保持すべく、その中でヒロイックな女性に焦点を当てて、その活動を賛美し、同時に制度保障を企図するという傾向に他ならない[19]。結局のところ、性役割の固定化を志向するものに他ならないということになる。つまり、教皇ベネディクトはヒロイックなカタリナを「母」として強調することによって、「ロマン化」し、教会内の女性の位置を限定しようとしているとみなされるわけである。

キリスト教における女性の霊性、その継承とは、このような「固定化された性役割」の再生産にすぎないのか。このよう評価にとどまらない見方が、興味深いことに、ジェンダー理論から見る宗教現象の理解自体から生じてきている。川橋は、さまざまな宗教の実践の中で、女性が一方で、抑圧の構造の中に取り込まれていながら、同じその宗教構造の中で、女性の主体的なあり方が確保されることもありうるという、女性と宗教の重層的な関わりを論じている。[20]とするならば、このような重層的な関わりが、キリスト教を信じ、生きた女性たちの霊性を論じる際にも、言えるのではないか。[21]このような重層的なあり方を考える際、単に今までの研究の主流であったような、教会組織や修道会、また一定のグループというような制度に関わらない霊性の継承を考慮することも必要だろう。本論においては、このような制度によって規定された伝統ではない霊性の継承がありうるのかどうかを問う。

しかし、このような霊性の継承の可能性は、クェンティン・スキナーの言うように恣意的な「影響」史として捉えられないようにしなくてはならない。つまり、実際にテキストにおける引用、描写などにより、その継承が確認されなくてはならないと言うことである。実際に、そのような間テキスト性が確保されたとき、引用などを通して、時空を離れた継承のあり方を分析することができるだろう。このような例として、ジョゼフィン・バトラーの「*Catherine of Siena*」を取り上げ、その分析を試みたい。

バトラーの「*Catherine of Siena*」執筆をめぐる状況と、フェミニズムの見地からなる研究現状 その一、その二

執筆に至るバトラーの事情

ジョゼフィン・バトラー[22]が『キャサリン　オブ　シエナ』を執筆した時期に留意する必要がある、それは、彼女

の人生において重要な出来事であった、「性病予防法」[23]をめぐる闘いの最中に書かれたものであるということである。この法律廃止運動は一度頓挫する。それは、自由党から、保守党へ当時の政権が変わったからであり、保守党には女性の権利拡張に対する感受性はもとよりなく、それよりも兵士の性病予防に力を注ぐことが社会問題の解決につながると考えており、この法の廃止に動くつもりは毛頭なかったからである。

このような闘いの中で、一八六九年、バトラーは霊的な次元において苦しみを経験した。それは、神が何故、人間の様々な苦しみ、特に無辜のものが苦しんでいることに対して、「沈黙」を保ったままなのかという疑問と、この世はむしろ悪魔が支配する世界なのではないかという疑いによって、自らの魂が暗闇の中にあったということである。このような中で、神に対して叫びをあげ、祈り続けた中で、自分が運動を続ける確信を得たということがあり、また、夫も運動を続けるべきだと確言した時にもそれを霊的な証言として受け止めるという体験した。こうした一連の出来事が、後年出版された回想記のなかに記されている[24]。

この回想記をもとに考えれば、性病予防法廃止運動の最中、シエナのカタリナについて伝記を執筆したということは、バトラーの実存的な問いに何らかの形で応答しようという試みを意味するのではないだろうか。つまり、この間の伝記的事実を伝える資料や執筆時における彼女の思索の軌跡を追う考察などはほとんどないにしても、自らの性病予防法廃止に向けた公共の場での活動と、カタリナという女性の伝記を書いたことに関連があるということである。

このような状況で書かれ、一八七八年に上梓されたバトラーの伝記に関して、どのようにフェミニスト研究が見解を提示しているか、代表的な例を取り上げて概観する。

フェミニズムの見地からなる研究

その一　ラーソンの研究

この『*Catherine of Siena*』は、ほぼB5版で三二〇頁を超える伝記である。二十世紀末に至るまで、バトラーの宗教性について論じられることは稀であったことにまず留意しなくてはならない。それまで、ジョゼフィン・バトラーが悲惨な状況にある女性を解放しようとする運動と、彼女の信仰との関わりは、ある意味でパラドックスとして捉えられてきた。単にフェミニストの側からのみならず、歴史家たちも、バトラーの信仰に関してあまり注意を払ってこなかったと、マザースも見なしている。[25] このバトラーによるシエナのカタリナについて伝記を作成した際の状況、とりわけバトラーの信仰と伝記作成に関する考察はそれほど多くはない。実際B5版ほどの大きさで、三六〇ページ余にわたる非常に詳細な伝記をものした、ジェーン・ジョーダンも、その伝記[26]の中で、バトラーの「*Catherine of Siena*」の執筆状況、著作そのものに関して、わずかに一段落九行余りの分量でしか言及していない。[27] 発表当時、首相経験者であり著名な自由党の政治家グラッドストーン自身がこの伝記を賞賛したというように、[28] バトラーの著作の中で一番世評が高かったことを思えば、このような後世の関心の薄さは非常に対称的といえよう。

このようにバトラーの労作が放擲された状態は、ラーソン[29]の研究における再評価までつづいた。よってこの論文を紹介することから始めたい。この中で、ラーソンは、バトラーとカタリナの生涯はほとんど切り離すことができないほどの関連があることをこの論文随所で主張している。バトラーにとって中世イタリアの聖女を十九世紀英国社会に紹介することは、とりも直さず、自身の政治的決断を含む公共圏への参加という行動と並行することであるというのが、ラーソンの見解である。[30]

こうした動機があるという見解からラーソンはバトラーの著作の分析をおこなっていくのであるが、ラーソンは、バトラーが女性の解放のために運動をおこなっていくさまざまな事績について触れながら、「聖なる生活の模範例[31]」が必要であると考えていたと指摘している。それは、当時の新聞 *The Time* が女性の解放のための性病予防法廃止運動などに対してヒステリカルであると反応し、女性解放運動への嫌悪（mysoginie）を隠さなかった例から明らかなように、社会全体が、福音的なものに目を向け女性に対しての見方を変えていく必要があると考えていたからである。[32]この意味で、バトラーにとって、十四世紀中葉のヨーロッパの暗黒的政治、社会状況を描くことは、一八七〇年代の英国社会を描くこととパラレルなのだとラーソンは見る。[33]そして、このような執筆態度から、どのようにバトラーはカタリナを描いたか、ラーソンは、カタリナが預言者の系譜に連なるものとしてバトラーはまず位置付けようとしていることを指摘する。[34]その預言者としての役割は、当時の社会、教会の不正を糺すよう呼ばれていることを自覚し、[35]それを公共の社会で発言していくことであるということである。この預言者としてのカタリナを明瞭に伝記の中で表現すること、これが、バトラーの「スピリチュアルなフェミニストとしての計画[36]」であったというのが、ラーソンの評価である。

このカタリナの担った預言者としての公的な役割[37]に関わる伝記描写において、バトラーは以下の事績を挙げて説明していることにラーソンは注目する。それは、カタリナが最も貧しい人たちへ奉仕しつつ権力者たちを支配したこと、[38]と同時に、新しい外交術による交渉、つまり男性たちの諸権威を尊敬しつつ、プラグマティックに、ローマへの帰還を促すという巧みな手法による説得が功を奏して、男性によって占められている教会や学問の権威者たちも、カタリナに譲歩せざるをえなかったという事績である。[39]このように、バトラーの見るカタリナは、一般に考えられている権威に従うべきではなく神のみに従っていたという点が具にしるされており、こうした描写は、ヴィクトリア朝当時、福音的真理を忘れていた、教会、国家、社会、医学界の権威にではなく、福音にのみ従うべきだというモデルとして、バトラーが捉えていたことを示すものだ、とラーソンは見ている。[40]

もちろんカタリナの霊性に関してのバトラーの記述をラーソンは無視していない。それは、スピリチュアルなフェミニズムを如実に示すものであり、カタリナが、愛すべくして力強い影響力を持っていたというバトラーの観察を取り上げている。[41]この力強さと愛とが共にカタリナに見られるというのは、内的生活によるものであり、このような内的生活の中で、キリストから教会などを通さずに受けた権威であるという直接性をラーソンは強調し、これがカタリナの公共における活動の正当性の源泉ともなったと考察している。[42]

このような内的生活の中における神と自己との直接的な関わりということを、ラーソンはバトラーが把握したカタリナの霊性の特徴であると見做す。そして、このような特徴は、カタリナを宗教改革の原型として見るというバトラーの見解に基づくものであるということを主張する。もちろん、ラーソンも認めるように、バトラーの描写の中でもカタリナの意識していた改革に関して注意が払われている。それは、宗教改革者たちが目指していたような教理の改革に関してではなく、ジョン・ウィクリフやヤン・フスそして初期のルターのように倫理上の改革に意識を傾注していたという点である。[43]それでもバトラーはカタリナを宗教改革の先駆けとして評価しており、そして、カタリナの魂と生活の中にカトリック特有ともいうべき教理の多くが彼女の関心事から抜け落ちていると観察している。[44]そして、もし二世紀後の宗教改革期にカタリナが生まれていたとしたら、「神の言葉が何の変化も被っていないこと」を喜んだに違いないとバトラーは記しており、これに注目することで、福音主義から見たカタリナ像をうちだしていくというバトラーの執筆目的をラーソンは強調しているのである。[45]

このような立場からみたカタリナの担った使命とはなんだったのか、このことをラーソンは、大きく見て二つあげている。まず、女性も男性と同じく、イエスが担った公の使命に参与する存在だということである。イエスは聖霊降臨の際、国教会が教えているように排他的に男性だけに権威を与えたということはなく、女性もイエス自身の担ってきた職務に迎え入れた。そして自らが天に昇り父なる神の元に登ったとき、この地上に教会を立てるように男性と同じように女性にも聖霊を遣わした。このようにカタリナがイエスの弟子としての女性のあり方を自覚し、使命として人々に示したということに、イエスが与えた使命への参与の自覚が表れているとする。[46] 次に、ラーソンが挙げるのは、バトラーにおける人類の平等という観念が社会的性格をもつということである。つまり、完全に平等であるということは、単に神と人との関係というような霊的な次元のみならず、社会理念の根本であるべきだということである。この意味で、イエスの存在は、当時の人々にとって危険な解放者であった。このような解放の理念は公式の教会においては常に辺境的なものにとどまっており、イエスの社会的平等の教えは、我々すべての法、宗教、慣習、に組み入れられなくてはならない、このようにラーソンはバトラーの見解をまとめている。ラーソンは、バトラーは福音の読解によってこうした一連の確信を抱くに至ったと説明する。[47]

こうした見方を公共の場において発言し、実行していくことがカタリナの使命であったとバトラーは捉えたとラーソンは総括し、次のように述べている「カタリナのジェンダーの曖昧さは、彼女のメッセージにおける神からの明瞭さを確信していた彼女自身によって操作されており、それはミトラ（司教の権威を示す冠）と王冠の元にある男性たちの仮面をはがすために有効な手段であったことを証明した[48]」。これが、バトラーのカタリナ理解の根本にあるというのが、ラーソンの見解である。

その二　シュタイラーの研究

ラーソンの後に続く、レベッカ・シュタイラーの研究[49]は、十九世紀の女性が行う文学活動というところに焦点を当てる。そしてこのバトラーの手になる伝記を「自己の伝記[50]」と評価する。これは、単に女性が近代英国文学上、重要な役割を担ったからこのように観察しているというのではない。シュタイラーは、十九世紀の女性が実践していた文学活動とは、神学的な営為でもあったというのである。男性のものとされていた、学問的な議論による神学ではなく、文学も単に神学的内容を伝えるだけでなく、それを構築する手段でもあり得たこと、そして制度上除外されていた女性たちも、この文学を通して神学的実践をおこなっていたと主張するのである。(51) この主張に基づいてシュタイラーはバトラーの伝記を分析する。

この分析に際して、まずバトラーの伝記が連続して発表されたということに注目する。バトラーはカタリナの伝記に先立って、一八六九年に自分の父である、ジョン・グレイの伝記を上梓している。このジョン・グレイの伝記作成によって、もちろん自分の父への娘としての愛情を表現したかったという事情を、当然シュタイラーは考慮に入れているものの、同時に、自由党の支持者であった父を改革者のロールモデルとして提示すること、また、自分の女性解放のさまざまな取り組みが、この十九世紀の自由主義に基づく社会改革の論理の延長線上にあることを示そうとしている、これがバトラーの狙いの中心であったと主張することに力点が置かれている。(52)

このような改革者の像は、「*Catherine of Siena*」に継承されていくとシュタイラーは、見る。このフェミニズム研究者は、カタリナについての伝記をバトラーの「Bildungsroman」、主人公の成長を物語る教養小説とあえて形容する。(53) そして、それは、単に女性解放のリーダーシップを発揮したという、バトラーとカタリナの共通点を伝記で主張するということだけではなく、次に続く世代にもモデルとなるものを提示するという目論みもあったに違いないと論じている。(54) カトリックの聖人崇敬を「偶像崇拝」として嫌うプロテスタント(55)には、福音に生きた聖なる女性を想起する習慣を失ってしまっていた。これに対し、バトラーは、アヴィラのテレジアの著作や、クウェーカー信者たちの「内なる光」の教説へのシンパシーを表明しつつ、個人の祈りによって神との関係を持つ「平和な穏やかな」女性たちこそが、闇の力に打ち勝つのであるという信念を表明していることにシュタイラーは注目している。(56) このようなバトラーの信念、つまり内的な生活と公共における活動に沿うモデルを提供しているのが、シュタイラーの見るところ、誰あろうシエナのカタリナなのである。

このようなカタリナ像は、バトラーの「apocalyptic feminism」[57]を体現する女性として、伝記の中で描かれる。つまり、世の中の暗黒、特に男性による制度の腐敗の中で、千年王国思想の帰結として女性の解放を含む全面的な社会の平等と正義の恢復を説く預言者というのが、カタリナであり、バトラーもまた、そうした役割を受け継ぐ「霊的継承者[58]」であると仄めかされているとシュタイラーは見るのである。

ここで、二人のフェミニズム研究家によるバトラー評価を比較してみると、預言的なあり方とはどのようなものなのかということについて、シュタイラーとラーソンで、見方の違いが現れてくる。シュタイラーは、ラーソンのバトラー評価を「女性であるにも関わらず」役割を果たしたカタリナ像というところに著作の力点をおいていると評価している。[59]それに反して、シュタイラーは、このような預言的役割こそ、女性特有のものであるとバトラーは考えていたと反論している。[60]また、女性としてのカタリナの働きとは、当時一般的であった女性像とは違うものであるということも、バトラーは注意していたというのがシュタイラーの観察である。修道院に籠って、観想にふけるというような、女性の霊的生活の一般的イメージに沿って記述されていた十九世紀当時抱かれていた一般的なカタリナ像をバトラーは受容せず別の側面を有するものとしてカタリナの性格を描写していると観察している。[61]また、シュタイラーはapocalyptic feminismを担う預言者としての女性について、制度外のアウトサイダーであり、それ自体が「徳・virtue」であると、女性の社会における位置と預言的役割をほとんど同一視する見方を示している。[62]

このような女性像が打ち出されているカタリナの伝記は、バトラーの自己省察を深く反映しているものであるとされる。[63]シュタイラーは、カタリナへの同情のもと、女性特有のあり方として、教会制度、国家社会の批判者、人類を愛するもの、説教者としてのモデルを伝記の中で達成したのだと結論づける。[64]

女性的なものと預言者としてのあり方の相関関係について両者の間に今述べたような若干の違いがあるとはい

え、ラーソンとシュタイラーの両フェミニズム研究がとらえた、バトラーによるカタリナ像には、大きな共通点があることもまた見逃せない。それは、バトラーは、自分の女性解放運動とカタリナの事績に重なるものを見、カタリナの祈り、説教、言論活動が、自分のモデルとしての価値を有しているとみなしていたこと、そして、伝記を作成すること自体が、自分の運動の正当化にもつながっていると考えていたこと、以上の点である。各フェミニズム研究は共通して、公共に関わるカタリナをモデルとして描こうとしたバトラーを析出していると言っていいのではないかと思われる。

このようなフェミニスト研究からのバトラーにおけるシエナのカタリナ像を見た上で、ここで、実際どのように、バトラーがカタリナを描写しているかについてみなくてはならない。かなりの分量にのぼる伝記の中で、特に、カタリナがどのように、自分の役割を認識したかを特に物語っている部分、すなわち、ドミニコ会に属するものとなるというカタリナの決意について描写している部分と、カタリナが公に教皇に発言する場面を特に取り上げてみることとしたい。

バトラーによるカタリナの描写——公共に向けて発言するまでの躊躇、教皇に対する発言

大部に渡るシエナのカタリナの伝記において、バトラーは、まず序章・Introduction でドミニコ会の兄弟たちの証言など、羅・伊・英・仏語で、彼女が参照した当時入手できるものを網羅したと思われる資料群を紹介している。そして、第一章において、十九世紀の英国読者にとっては、およそ馴染みのない背景を紹介するべく、カタリナの生まれたシエナについて当時のイタリアの政治社会状況などが描かれている。しかし、ただ背景が紹介されているというのではない。ここでは、このような社会状況、とりわけ教会の状態に関して、ルターやカルヴァンが実

践したような改革が必要であったわけではないにしても、頽落したものとして位置づけがなされ、すでにローマ司教、教皇庁は聖性と牧会、つまり信者への霊的な善への配慮に関する熱意が低下していたという、バトラーのプロテスタント福音主義に基づく評価が下されている。(65)

しかし、このような頽落の状況にもかかわらず、ただ、敬虔と人々への愛という特徴を持った「欠けることなく次々と現れる預言者たち」(66)が、キリスト教の職務からくる権威を帯びたものたちの、「罪、狂気に満ちた振る舞い、腐敗」(67)を、取り除こうとしていたことが描写されている。こうした矯正の言動が功を奏して、中世の教会にも、「霊的な生活」(68)がなくなることはなかったとしている。中世期腐敗を取り除こうとした預言者たちとして、バトラーは、フランシスコ、ベルナルドゥス、サヴォナローラをあげているが、この預言者たちに連なるものとして、明瞭にシエナのカタリナを位置付けている。つまり、バトラーの伝記には一つの主題がはっきりあって、それは、シエナのカタリナの生涯を「預言者」として捉え提示するということである。

預言者は、血筋によって継承されるものではなく、何らかの呼びかけ、つまり召命の体験を自覚し、それを受け入れることによって始まるものである。バトラーはこのことをカタリナが公的な活動を始める前にあった家族との葛藤などを通して表現している。バトラーは、カタリナの幼い時からの夢を描く、それは、聖ドミニコの創立した会に入るというものだったが(69)、それはとりもなおさず、女性であるにもかかわらず、説教者になるということであったと説明している(70)。ここには、説教者という性格が、まず中世にあって「男性」のものであったということ、ゆえにカタリナが女性であるということは、障害とみられても仕方がないことが示されている。そして、彼女の家族の説得、つまり結婚してもよきキリスト信者として生活できるではないかという見方については、勿論、結婚生活を通してキリスト者として聖なる生活を送る可能性を否定はしないが、カタリナが呼ばれているものは、「人類」を愛するということにあったとバトラーは説明している。(71)

では、人類を愛し、説教者として生きるという、中世の女性にはあり得ないような生き方をどのように実現していくのか、このことをカタリナの嘆きの中からの祈りと、主が、答えた会話によってバトラーは示そうとしている。この箇所は、彼女がわざわざ断っているが、ボランディストの「*Acta Sanctorum*」から直接引用している。[74]

この「主」とカタリナの対話における「主」の議論をまとめると、女性であるということは、主の使命を果たすために何らの障害になるものではないということである。まず、主はカタリナが世から離れた祈りに専心する生活を送るより、主と同時に主の造られた被造物に、より結び付けられた生活をカタリナに望むとし、カタリナの自分の性が、かよわく、望まれた使命への障害であるという抗弁には、このように答える。「私は、私の望むものに私の霊を注ぐ。私にとっては、男も女も、高貴なものも、平民もなく、全て私の前に平等なのだ。［中略］そうだ、私は、か弱く、学もない、しかし、私の恵みとともに勇気と知恵に満ちた女性たちを世に送る。それは、彼らの思い上がりを恥じ入らせるためである」[75]。このように、彼女の助言者、外交渉者としての公の活動を始めるため、小さな独房を出るよう促すのである。

このようなカタリナへの呼びかけ、つまり、中世の女性が公共の場で発言し活動するということに関して、十九世紀当時にあっても中世期に可能だったとは想像し難いと、バトラーは述べている。[76] 中世における女性の位置を説明するために、バトラーは古代ギリシャやローマ社会においては、決して自分の家の外で見られたことがないというのが女性の美徳とされていたことを想起させる。[77] 中世キリスト教社会においても異教社会の風習と同様であり、中世においては、観想修道生活の理想、つまり修道院の囲いの中に入るか、「家庭に留まる」[78] かというように一層女性が公共の場に出ず、閉じこもることが美徳として強調されていったと述べている。

しかし、バトラーは、それが、福音によるキリスト者女性の生きるべき在り方だなどとは全く考えていない。こうした女性のドメスティックなあり方を「conventional traditions」[79] に過ぎないものと位置付ける。パウロの書簡にも、このような習慣を正当化するように見受けられる箇所があるが、バトラーは、これは、パウロが生きた時代の社会に対する賢慮からくる配慮であると見る。よってこうした態度は、バトラーの見るところ、女性の生き方として反キリスト教的だとまでは言わないにしても、最も福音的なものであるということはないのである。このような女性蔑視の慣習から次第に離れていく歴史上の歩みに関し、「キリストの教説の中に宿っている全ての自由の種」[80]は、カタリナのような個人のとる道に漸進的に姿を表してきたものであると、説明している。[81]

このように、カタリナの預言的なあり方とは、何よりも公共の場において、キリスト者の自由によって発言し行動するものであることが明らかにされる。そして、カタリナの「女性であること」とは、神の前の平等において公共の場における参加に何の障害ともならないこと、そしてそのことを中世社会の権威者に示すことがまさにカタリナという女性が選ばれた理由であるということをバトラーは強調している。

では、このような使命を実際どのようにカタリナは果たしたとバトラーは見ているのであろうか。使命の実現を描写していくこと、これが、伝記においてバトラーの目指すものである以上、具体例は枚挙にいとま無いということになるが、本論では、カタリナが行った教皇への働きかけという点を挙げてみていくことにしたい。[82]

カタリナはアヴィニョンにいた教皇グレゴリウス十一世がフィレンツェ共和国を破門した際、祈りのうちに手紙を書いて、教会が持っていた「原初の貧しさと謙遜」[83]に戻り、「地上の財よりも人々の霊的な善をより重視するよう」[84]訴えているが、バトラーはそれに続いて、カタリナが教皇庁のあるアヴィニョンに呼ばれ、共和国と教皇の和平のための仲介に呼ばれた時のことについて、バトラーは第六章を割いている。この中で、共和国側の使者たちが待てども来ないという状況にカタリナが苦慮している時に、教皇はカタリナを慰めたという事態をバトラーは書き記しているが[85]、それは同時にカタリナにとってこの教皇グレゴリウスをよく知る好機ともなったと述べている。[86]

ここで、バトラーは教皇の性格を描写する。教皇自体は、真面目な性格であり、外交的にもまた知的にも優れたところのある人物であるが、同時に、優柔不断な性格が強調される[87]。このありさまをバトラーは、カタリナが愛していた男らしさ（virility）、つまり自己犠牲と忍耐強さにかけていると表現している[88]。そしてこの優柔不断さは、教皇のとるべき政策にも現れているとみている。つまり、フランス人である教皇自身も、ローマに帰還することが教会の正常化につながると考えていたのにも関わらず、フランス人のみならず、教皇庁にいたイタリア人の枢機卿たちもローマ帰還には全く心を動かされず、この状況を見て教皇は自分の考えを実行に移すことを躊躇い続けたのであった[89]。カタリナは、このような状況に対して、ローマへの帰還こそが、教皇制度の「バビロン捕囚」に終止符を打つものであると主張した。当然、教皇庁の人々は、彼女のこうした主張と状況分析、そして悪徳を排斥するのに躍起となっていた態度などを嫌悪していたとバトラーは記している[90]。

このような中で、教皇はカタリナに枢機卿たちに演説するよう求めた。この時のカタリナの態度をバトラーは、まず彼女の先駆けともいうべきスウェーデンの一領主の未亡人であったビルギッタと比較する[91]。彼女も、同じ教皇に、教会の腐敗について糺すよう説得したのであった。ここで、バトラーは二回も、「shameful」[92]という言葉を用いて、教会の聖職者たちに蔓延していた腐敗の状況を批判している。このように腐敗していた高位聖職者たちに対し、ビルギッタもカタリナも演説した際にとったスタイルとは、キリスト教信者の女性としてソフトに語るというような、当時女性に期待されていた話し方ではなく[93]、悪徳によって聖職者の任務を自ら毀損している人々へ、非常に単純な言葉[94]を用いて率直に批判するというものであった。カタリナの演説に関して、全能の神の御名において、教皇の宮廷で犯されている罪について端的に語っている様が描写されている[95]。それに対しての教皇と枢機卿の反応というものは、彼女の演説に「非常に大きな権威[96]」を認めるというもので、「未だかつてこのように話した男はいない[97]」、「これは女性が話しているのではない、聖霊自身が話しているのだ[98]」と彼らが話し合ったことが記されている。

カタリナの教皇庁での振る舞いをはじめとする活動の様々からみられるこうした特徴を、バトラーは、第八章で、「改革者としての性格」としてまとめている。[99] バトラーはカタリナの改革を教理上のものではないことを当然観察し、認めている。[100] しかし、教理に関しても、カタリナの書いたものなどをみて、バトラーは、様々なローマ・カトリック教会特有の教えは、カタリナの生活から離れ落ちて、単純な福音の教えが浸透していたものと見ている。[101]

カタリナから、学ぶべきことは教理上の見解であるとはバトラーは究極的には見ていない。むしろ、いかに人間が罪の闇に陥っているとしても、それにもかかわらず、それぞれが等しく魂の価値と美しさを有しているという彼女の哲学を学び取ることが肝要であるという。[102] そして、バトラーは、「(この一人一人が有している魂の価値のために)彼女は愛し、祈り、耐え忍んだのだ」[103] とカタリナの特徴を語る。最後には、祝福された男性、女性と言われる人たちは、最初非常にわずかなことに忠実であることを学び、それが、次第に大きなことを成し遂げていくことにつながったのであり、我々の日常生活においても、そのように活動することは可能であり、キリストの真実を伝えることができるという。つまり、いかに我々の持っている光が頼りないものに見えたとしても、カタリナの使命と同じものを持っていることを示している。これがバトラーの引き出す我々への教訓であり、これを提示して、読者にとってこの「聖なる生活のレッスン」[104] が有益なものとなるように祈りつつ、伝記を閉じている。

このように描写を見ていくと、カタリナを女性の公における発言というモデルを提供しているということにバトラーが力点をおいているという意図を読み取ることは何も難しいことではない。そのことが、バトラー自身の活動と重なり合っているということを読み取ることも同様に了解可能なことだと思われる。そして、このことをバトラーが「預言」ということを軸に伝記を展開したことも了解されることである。

しかし、ここで、さらに問われるべきことがある。それは、カタリナ自身の状況において、バトラーが読み取ったような状況が果たして存在したのか、また、カタリナ自身、どのようにそれを意識し実践に移していったのか、という点である。先に、クェンティン・スキナーの神話的な「影響」史という批判を挙げたが、バトラーの読み方が恣意的なものに止まるのか、あるいはカタリナに関する歴史的研究からもカタリナの特徴として、バトラーの描くカタリナ像と共通する特徴、生き方が存在するのか、この点を明らかにすることがスキナーの批判に応える作業となるだろう。

カタリナが生きた時代にもちろんバトラーの直面した社会問題や政治的アジェンダは存在していないから、単純にカタリナがフェミニスト霊性を生きた女性なのかどうかを確認しようということが趣旨なのではない。しかし、バトラーが伝記の中で記したカタリナの行動、特に公共社会への参加ということがどれだけ中世社会に生きたカタリナに自覚されていたのかが、明らかでない限り、伝記という文学類型は、単に素材のみを提供する機会でしかなく、シュタイラーの形容を借用すれば、バトラー自身の「bildungsroman」教養小説ということになりおわるのではないか。中世研究によるカタリナ理解を参照することによって、カタリナとの接点が果たして実際に存在するかを確認する必要性がここにあるといえよう。

特に、ラーソンの言っているように、果たしてカタリナは全く文化的影響から独立して預言的な使命を受けたのかどうか、問われなくてはならない[105]。この点もまた、二十一世紀の英語圏のフェミニズム文学研究から見るバトラー分析が座視している問題であり、この点で、フェミニズム研究と中世研究が対話する必要があると言える。この観点から、中世研究の中のカタリナを取り上げることとしたい。

中世研究から見えてくるカタリナにおける「権威」の所在位置
――ソニア・ポルツィのシエナのカタリナ研究とブライアン・フィッツジェラルドの中世における預言の研究

カタリナの「権威」について

このシエナのカタリナがどのように公共において発言する説得力を持つに至ったかを、中世イタリア研究者、ソニア・ポルツィは、具に観察している。(106)この研究を取り上げることで、カタリナの生活した当時、公共の場における女性から発せられる言説がどのように捉えられ、カタリナ自身がいかにそれに対応したか、その関連を見てとることができる。

ポルツィの主眼とするところは、タイトルにも「カタリナにおける権威の探求」とあるように、信徒であり、ア・プリオリには権威など想定すらできない、文字を知らない一女性が、どのように中世期、権威を持つに至ったか、そのためのロジックを彼女の書簡、資料、そして歴史家たちの議論の分析を通して読み解いていこうというものである。

まず、イタリアそして当時の教会の状況をたどり、既に十二世紀、ビンゲンのヒルデガルドが女性として教皇や権力者たちに警告を発していたという事実に注目し、こうした流れが、カタリナの先駆けとしてバトラーも取り上げていた、スウェーデンのビルギッタに継承されたと観察している。(107)ビルギッタがやはり貴族出身で、その点、一般市民の出自であるカタリナとは違いがあるが、それでも、信徒の女性が公の場で発言するという動きをビルギッタは示しており、この流れにカタリナもいるのだということを指摘している。(108)そしてこのことには、二つの要因があるという。一つは、中世において観想生活だけではなく、信徒が中心となって担っている活動の生活も評価の対象となっていったこと、そして信徒の女性が次第次第に発言を増していき、ついには教会の内部でも発言するようになったということである。このことをポルツィは、アンドレ・ヴォーシェを引用しながら説明している(109)。

この発言の拡大、特に女性の神秘家が発言を拡大していくのに寄与したのは、彼女たちの弟子、ないし賛同者でもあり、同時に秘蹟において告白をきき、霊的指導を行う司祭たちであった。カタリナの場合、これは、バトラーも記述しているところであるが、家族・famigliaを形成して、ドミニコ会の兄弟、司祭たちがそれに加わっていた。ポルツィはその中で、カタリナが単に霊的指導を受ける立場というのを「転倒」(110)させていったということに注意を促している。例えば、カタリナの著作である『対話 *Dialogo*』の著述においては、カタリナは筆記と流布に弟子たちの集いを必要としており、そのことはカタリナが「文盲 illetterée」であったということを意味しているということを挙げている(111)。この「illetterée」ということは中世の用法として多義的であったということをポルツィは解説する。つまりこの話が、ただラテン語に通暁していないということを指すだけである可能性もあり、全く文字を読むことができないという状況を指している可能性もあるということである。

ポルツィは、それまでの歴史家たちのカタリナのリテラシーに関する議論を総括して、カタリナはラテン語のみならず、俗語の文献もかろうじて文字が読める程度のものであったこと、したがって、読書には困難を極め、彼女の宗教的知識は、もっぱら、教会の礼拝における文言、説教、講話などの口承によるものであったという見解が、現在の研究者たちの見解の大勢を占めていると述べている。カタリナは、こうした識字能力の状態であったため、協働者たちを必要としたわけだが、口述筆記の作業を通じてかえって彼らに権威をもつこととなり、この権威を行使して、自分の言説を公の場に表明していくことが可能となったというのが、ポルツィの観察なのである(112)。そしてこの協働者たちというのが、全てではないにしても、多くがドミニコ会の修道司祭であったと指摘している。

ポルツィは、アンドレ・ヴォーシェの観察を採用しているが、その観察によれば、中世当時、文字のある聖職者たちが、堕落によって期待されていた聖職者としての任を果たさず、この裏切りに対して、文字のない女性たちが、預言的役割を担うものとして「置き換わった suppléance」というのである。[113] そしてこの「置換」は決して教会位階、ヒエラルキアを否定するものではないが、その改革を要求していたと説明している。[114] そして、このような預言の任務は、十四世紀には、それまでの世の終わりをヴィジョンによって解釈していくような形式から、人々の振る舞いに関し、その倫理性を問うという、神の怒りを軸にした倫理的指弾に預言の形式が変化していったことを観察している。[115]

こうした流れの中に、カタリナもいるということになる。このような預言の形式の中で、カタリナは単に、自分が神的に選ばれたということを権威の源としているのではなく、聖書の引用などによって自分のレトリックに説得力を持たせようとしているという。それは、例えば、教皇が当時の政治的状況を読み取り、そこで福音的に行動するように招くための識別の描写であったり、助言を与える際、聖書の登場人物達を「exampla」[116] として用いる時にそうした引用が現れてくるのであるが、しかし、ポルツィはここで、聖書の引用の仕方が、直接的なものではなく、聖書の一語のみを用いて、内容を暗示するものであることに留意している。[117] このように、聖書のエコーを伝えるレトリックを多用することは、聖書とカタリナの権威を同時に聖職者たちに感じさせるのに有効ではなかったかと、ポルツィは考えるのである。[118]

預言において、こうした権威を持って遂行された事柄とは、聖書が伝える初歩的な真理を聖職者たちが忘却し去って、聞くことができなくなっていることを指摘し、その初歩的真理を思い起こさせるということであり、これが、かえって illetterée である女性に預言的役割が神の選びとして与えられた理由なのであるという。[119] こういう役割を担ったカタリナの歩みに関して、ポルツィは、ドミニコ会の兄弟たちの介在[120]を指摘している。それは、一方で、司祭としてカタリナの正統性を保証することで、文字のない女性における神の選びを証しする役割を担い、もう一方では、弟子としてカタリナに与えられた賜物を享受しつつ賛美し証するという役割でもあるという。[121] このようにように男性修道者たちが、カタリナに対し、保証と賛美を交差させながら関与する姿勢と、同じようなことがカタリナのテキスト自体にもいえるとポルツィは考えている。つまり、カタリナのテキストの説得力が、聖書の権威と、自分自身に与えられた選びからくる権威の交差する中で生まれているのと同時に、カタリナの属していたドミニコ会の説教の形、つまり聖書の人物を exemplum として用いるということが、彼女のテキストを構成するものとなっているというのである。[122]

このように、カタリナが自らの使命の自覚と聖書の権威を結びつけ、その権威を彼女の弟子でもある男性聖職者たちに保証させることで、説得力を獲得していったということ、これが、ポルツィの論じているところである。しかし、ここでは、預言ということがアンドレ・ヴォーシェとソニア・ポルツィの観察の結果として用いられている形容にとどまっていると見ることも可能である。果たして、中世、カタリナの生きた時代、預言的あり方ということを自覚することが可能だったのだろうか、それとも預言という性格をカタリナに当てはめることは、近代的な文献学と歴史学による解釈としての形容ということになるのか、ということが一つ疑問として残る。また、ドミニコ会の男性聖職者の介在ということがポルツィの結論の中で出てくるが、では、ドミニコ会のあり方として、このようなカタリナを受け入れる素地があったのか、それとも、カタリナに従った弟子であったドミニコ会の兄弟たち (fratres praedicatores) というのは、単に特異な存在に過ぎなかったのかではないか、ということも問われなくてはならないだろう。この点に関して、ブライアン・フィッツジェラルドの研究を参照することとしたい。

ドミニコ会の「預言」的性格に関する研究

フィッツジェラルドは、その著[123]において、どのように、中世十二、十三世紀の西欧の知的階層が、預言、神の意思を伝えるということについて、関心を共有し議論を重ねていたかをモノグラフィーとして描写している。その議論の蓄積に関して、カタリナの属していたドミニコ会・説教者会も大きな役割を担っている。

先ず、著者は、ドミニコ会創立以前にすでに、預言と説教の関連が意識されていた状況を示している。その中で、賜物を与えられた例外としてではあったが、ビンゲンのヒルデガルドのように、女性もまた、預言の恵みをうけることがあったことに注意を払っており、また、次第次第に司教のみならず、司祭もまた　説教の役務「officium praedicationis」を叙階の時に任務として課されているという認識が広まりつつあったことを、ノルベルトゥスの例をあげて示している。[124]また、ワルドー派にあっては説教の任務が信徒にもあたえられていたことも述べながら、説教というものは司教のみが排他的に有する権能ではないということが徐々に主張されていく有様と、説教と預言が密接に関連していると考えられていた状況は、ある意味で不可分な関係であったと分析している。[125]このなかで、説教者兄弟会・ドミニコ会はその名が示す通り、説教を自分たちのアイデンティティの中心にすえ、その説教がもはや司教の管理下にはないことも自覚していたことに注目している。[126]そうしたなかで、ドミニコ会はその説教の「権威」を擁護するという挑戦を引き受け、[127]そのために大学での討議などに力をそそぎ、預言のあり方に関しても様々な議論を構築していった様を述べている。

本論においては、この預言の権威のあり方に関して、トマス・アクィナスがこの議論に貢献し、また、ドミニコ会の戦略としてトマスの教説が、ドミニコ会における説教者の養成課程に組み込まれて普及していったということ[128]に留意しておきたい。フィッツジェラルドは、神学大全の議論をまとめつつ、預言の特徴としては、先ず第一に、理解すること、知識（scientia）にかかる特別な恵み（gratia gratis data）であり、二番目に教会の建徳のために、それを語ること（locutio）、そして最後に奇跡によって確証されることをあげている。[129]このような観点から、フィッツジェラルドは、トマスは預言をヴィジョンや奇跡的に未来の事象を予測するという事からできるだけ切り離そうとし、「倫理的な導き手」として教会の通常の構造に組み入れていこうとしていたと観察している[130]。こうしたなかで、トマスは女性も何か啓示をうけること、それを私的にのべつたえ得ることを認めている。しかし、女性がそれを公に説教するということは想定していないということをも観察している。

また、トマスが預言の要素に語ることをあげていることに関し、フィッツジェラルドは、トマスが、預言というものにかんし、啓示に解釈をあたえ、それを共同体に説明し、実行させる動機と導きを与える、「社会的な召命」[131]と考えていたこと、そのため、預言と説教と弁論術は密接に関わっていると考えていたと解説している。また、預言の手段として、説教などとならび、伝記という文学類型にかんしてトマスが考察していることは本論と密接な関わりがある。フィッツジェラルドの説明によると、トマスの理解の中では、聖人伝というものは、預言の知的性格の中でも位置の低いものではあるが、預言の一種として取り上げられており、聖人伝そのものは神の霊感よって成立するというものではなく、人間の知性の働きによる知解がしめされるという性格のものであるという[132]。

このようにドミニコ会の説教自体が、ある意味で位階の内部に在りつつ、同時に司教の管轄から自由であることを志向するものとして自覚されていたこと、また、その自由の源泉として、説教が、預言的なものであり、社会、市民にあてて語られるものであるということ、こうした点が、ドミニコ会の説教の性格についての議論の中で重要な観点であったとフィッツジェラルドは見ている。この預言的あり方は、第一義的には、中世の三分された権威[133]の中にあるところの studium という領域の中で追求されていったわけであるが、その学問の場で、ただアカデミックに預言に関し研究するというにとどまらない。実際に、教会権威とは違うところからくる預言というものが市民社会の場で発現するということ、これを意識することが、ドミニコ会の説教の本質を浮き彫りにする一つの要素なのである。だからこそ、トマスも預言の「社会的性格」を注意深く記しているわけである。ドミニコ会の説教認識において、社会性の自覚が重要な要素であったということが、カタリナの使命が説教者会の家族に受け入れられ、兄弟たちが、カタリナの「家族」に加わり、ドミニコ会内部の改革運動に大きな影響を及ぼした理由であろう。つまり、カタリナの預言の使命は、ドミニコ会にとっても、存立に必須の要素とも言うべき固有の性格を表すものだったのである。

トマス・アクィナスは明瞭には女性の公の預言的任務を認めるには至らなかったかもしれないが、カタリナの言説は、単にドミニコ会の言説に倣っているというだけではなく、彼女のあり方は、そのまま、ドミニコ会の本質を示す、預言と説教との関わりを表す一つの exemplum となった。このように周りのドミニコ会士たちはカタリナを見たのではないか。こうした事態を感得していたからこそ、兄弟たちは、トマスの見解を踏まえ、かつ一部トマスの見解を乗り越えつつ、カタリナのテキスト作成、そしてそれを通じての公の場における高位聖職者たちへの説得という行為に積極的に参画していったのである。

このようにポルツィとフィッツジェラルドの研究を見ていくと、カタリナが自らの預言的役割をよく認識していたということと、ドミニコ会の兄弟たちが自分たちの目指す預言的あり方のモデルを女性であるカタリナに見てとっていたことが明瞭に理解できる。この根本的な双方の了解は、ただバトラーの伝記やフェミニズム研究をたどっても得ることができない点であると言える。バトラーがどのようにカタリナを継承したといえるかということを考察するさい、カタリナの預言的あり方の自覚を考慮することは、重要な要素である。中世研究のもたらすこうした知見をふまえつつ、霊性の継承という点でどのようにカタリナとバトラーの相関関係をみるか、まとめることとする。

預言的霊性の継承とフェミニズム

フェミニズム研究のバトラー読解には、なお欠けているところがあったと言えないだろうか。それは、まず、フェミニズムも、そして、バトラー自身もシエナのカタリナそのものを狭く捉えているという点にあると思われる。つまり、カタリナのインスピレーション、活動の動機をあまりにも、個人的な内省からくると考えている点である。それは、とりもなおさずドミニコ会自体が預言を必要とし、それを受け入れる組織であり、カタリナもまたそれを自覚的に活用したという中世ドミニコ会内部のダイナミズムを見落としているのではないかということである。

カタリナ自身がカトリックの特異な点を自分の信仰の内容から少しづつ振り落とし、純粋な福音の教説を受け入れていくようになったというバトラーの見解は、はたして、教皇ベネディクトが強調するカトリック固有の実践にカタリナが実存をかけて参加していたことをどれだけ考慮していたか、不分明であるといわざるを得ないだろう。この点で、バトラーのカタリナ解釈は一方的であると非難されても止むを得ない面がある。ただし、アンドレ・ヴォーシェを引きつつ、ポルツィも認めているように、カタリナが改革を目指していたことは明らかであり、この点バトラーが改革者たちの先駆けに位置づけようとしたことに関して、故なしとしない。この点は、中世研究も、バトラー自身の見方も、またフェミニストたちの見方も一致するところである。[134]

しかしながら、中世のカタリナを研究することは、彼女の信仰の実践を確かめ、バトラーとカタリナの違いを知るためだけに有益だというのではない。むしろ、バトラーとカタリナとの共通点をより一層認めることためにも必要なのである。その共通点とは、「動機」という点にある。カタリナの活動の動機は、中世の大きな流れ、つまり教会位階を含む公共の場へ発言を進めていこうとする信徒の女性の参画という状況に根ざしていた。ここに、バトラーとの大きな共通点がある。バトラーもまた、公共に関与し、発言する女性というあり方を実際に必要としており、そのことをカタリナに見出し預言者という姿で表現したのである。

預言ということはバトラーにとってただ伝記の中でカタリナを描写するために幾つかのパッセージで触れられた

というものではない。預言というあり方はバトラーの人生に深く浸透していた。[135] そのことは、伝記を上梓してから二〇年近く経ってのち、雑誌 *Wings* に載せた、「Prophets and Prophetesses」という記事からも確認することができる。この記事の中でバトラーは、今も男性、女性の預言者を必要としていること、これを説くことが決して新しく生まれた教説だなどと批判されないように、聖パウロは女性も預言の任務に呼ばれていることを注意深く記しているということを述べている。[136] まさに彼女の生き方が、――これを霊性といわなくて何というのだろうか――、預言ということに基礎をおいているということは、この事によって明らかである。カタリナとバトラーのつながりは「預言」というキリスト教霊性の中の態度によって特徴付けられていると言ってよいだろう。

バトラーがカタリナに見出したもの、それをいみじくもフェミニズム研究は、預言的な在り方と名指しした。そのことが、ヴィクトリア朝の英国夫人の文学的想像にすぎないものではなく、実際にカタリナ自身の自覚と照応するものであったということ、これがカタリナとバトラーの共通項であるということが中世研究を参照することで明らかになった。

では、この動機にもとづいてどのような行動がとられたかを探究するに際しても、中世研究とフェミニズム研究との関わりが示唆するものがある。ここで、ヴィクトリア朝婦人の文学的営為が、神学的な行為でもあったというシュタイラーの観察を想起したい。このような行為をカタリナは、自分自身で行うことができなかった。しかし、彼女の周りの聖職者、とりわけドミニコ会の兄弟たちを筆記の依頼と管理を通じて、自分の意見を周知せしめ、公共の場においてカタリナ自身の権威を示すことに成功した。このように、預言的なあり方と、筆記という行為との関わりに関しても、中世研究とフェミニズム研究と双方の知見が交差する点は多い。

このように見ていくと、カタリナとバトラーの間には、スキナーが注意をうながしている「影響」という関係を、神話的な説明になってしまうとの懸念で放棄することなく、認めることができるのではないか。バトラーの文学的営為とは、一見カタリナのヒロイックな側面を強調する「ロマン化」として片付けられてしまうかもしれない。しかし、バトラーが実際カタリナ描写において強調しているところは、彼女の有していた特別な賜物ではなく、その単純さという点であり、それはカタリナの振る舞いがどのように福音の真理と関わるのかということを明らかにすることに関連している。このように見ると、伝記を書くということは、ロマン化の危険は当然あるものの、神学的営為として、カタリナの像を預言的あり方として取り出していく作業だったのではないだろうか。つまり発見的手法なもの（heuristic）としての営為でなかったかということである。ここで、トマスが聖人伝を書くという行為が、一つの預言的行為たりうるという指摘をしていたことを想起したい。バトラーにおいてカタリナの預言的姿を見出し、それを書くという行為、それは十九世紀英国社会にとって一つの預言的行為だったのだろう。このようにしてみると、公共に関わるという預言的役割の動機をともに志向していたのみならず、手法においても預言的あり方としての共通項を見出すことが可能である。

すでに、ポルツィの研究には、フェミニズム的見地からなる分析があった。それは、カタリナという女性が公共に認められる権威を獲得するに至った経緯を探究するという目的に顕著に現れている。ここで、川橋範子が、女性が一方で、宗教制度のもたらす抑圧の構造の中に取り込まれつつ、しかし他方、同じ構造の中で、女性の主体的なあり方が確保されることもありうるという、女性と宗教の重層的な関わりを論じていることを想起したい。この「宗教と女性の重層的な関わり」という知見をもって、ポルツィとフィッツジェラルドの研究の関わりをみるとき、一層、カタリナの預言の位置というものが了解されるのではないか。

ドミニコ会の兄弟たちは、「預言という性格を持つ説教」が位階権威の外からなされるものであるという直観を明瞭に表現したいと願っていた。そうした努力の一つにトマスなどによる預言にかんする討議の積み重ねがあった。そこに、カタリナが、この預言的姿勢を体現する表現を自らの生をもってドミニコ会に提供したわけである。

しかし、一方で、ドミニコ会の知的基盤であるトマスの教説の中には、女性が公共の場で預言するということを想定していなかったという事情がある。しかし、ここにもカタリナの預言的あり方が適用されたのであり、トマスなど兄弟たちの直感をより一層社会において表現するためにも、カタリナという exemplum が欠かせないということをドミニコ会兄弟たちが自覚し、この点において同じ兄弟であるトマスの議論を越えたという事態が生じた訳である。

このようにみると、川橋のいう「女性と宗教の重層的関係」は、ただ女性の側にのみ適合するものではなく、宗教制度にも重層的な効果をもたらすものと言えるのではないだろうか。女性の主体的関わりによって、すくなくとも制度の一部に改変があったということが言えるからである。ここにも、預言と制度の関わりに関し重要な点がある。預言の活動には、公の場で制度内の問題を指弾するという側面がある。その限りにおいて預言者は制度の外にたつ。しかしながら、単に制度を指弾するため外にたつということに留まるものではなく、その制度の内に留まりつつ、ある制度内の問題を解決するという、変革を促すための行為でもあるということである。バトラーもカタリナも女性として、このように制度の外にたちつつ、しかし同時に、制度に関わるものとして預言の行為を行ったものといえよう。こうしてみると、「重層的な関わり」というものは観察の枠組みとして有効なものであると言え、このようにフェミニズム研究はその知見をもって、本論の場合は中世研究ということになるが、人文学諸研究に寄与する可能性が今後も大いにあるということになろう。

もちろん、バトラーは現在の中世研究が明らかにしたようなカタリナの中世における位置づけ、また、ドミニコ会にあった種々の議論に通暁していた訳ではないから、バトラーがそれらの知見をふまえて自分の意見を確立したと考えることは当然できない。しかしながら、女性が公の場において、発言し、社会制度の変革をうながす可能性を探るという点において、バトラーにも、カタリナにも自覚があったということは疑うことができない。同時に、公共の場における言動の基盤にあったものが、信仰の直観にもとづくものであり、両者とも、キリスト教霊性を活動の基礎に置くという点において共通していることも見逃すことはできない。この信仰の直観をもって社会に関わり、なんらかのメッセージを伝え、女性が公に社会の変革をうながす可能性を両者とも自覚していたこと、これが両者に共通する「預言的霊性」である。このように、両者に「影響」関係を確認しうることは、中世霊性研究とフェミニズム霊性文学研究の接点が実際にあることを物語っている。

最初に掲げた問いに答えたい。キリスト教の霊性というものは、ある教会、修道会などの制度の気質の連続性を保障するものにとどまらない別の気質を志向する継承の形をもっている。そのひとつに、社会や教会制度に抑圧されながらも、同時にそれらに関与しながら、変革をうながす預言的な霊性のあり方があり、バトラーはカタリナからそれを継承しつつ自らのものとしていったということが観察される。「*Cathrine of Siena*」は、十九世紀英国女性の理想が投影されたものにすぎないという訳ではなく、シエナのカタリナにおける預言的な霊性を、バトラーが咀嚼しつつ取り出し、結晶化した結果、生まれた作品なのである。

注

（1）本論において分析を試みるものは次のバトラーの著作である。Josephine Elizabeth Grey BUTLER, *Cathrine of Siena: A Biography.* (London: Dyer Brothers, 1885), 4th edition. なお最初の出版は一八七八年。本論は研究会「東方・ギリシャ教父と女性――その歴史的実態と東西キリスト教世界における解釈史」二〇二二年一月二九日発表から、大幅に稿を改めたものである。コメントを賜った研究会メンバー諸氏に深甚の謝意を表する。

（2）P・シェルドレイク『キリスト教霊性の歴史』木寺廉太訳（教文館、二〇一〇年）、一七頁参照。

（3）Q・スキナー『思想史とはなにか――意味とコンテクスト』半澤孝麿、加藤節編訳（岩波書店、一九九〇年）、七八頁。

（4）スキナーは、こうした影響という概念について、「より以前のaという作者の「影響」に訴えることによってbという作者に現れたある教義の説明が助けられるための必要条件」とは何かと論じ、aとbの真正な類似性、a以外からその教義を見出せなかっただろうこと、事実問題としてbが独自に表明したのではなく、類似性が無作為ではなかったと明らかであること、これら三つの条件を挙げている。Ibid., p. 79.

（5）いくつかの事例を挙げて、「これらの説明のほとんどは純粋に神話的である。（Idem）」と評している。このような恣意的な影響関係の「神話的」記述の要因は何かということもスキナーは論じており、統一性を求めようとする傾向（cf. ibid., p. 73）や、所与の作品の意味を観察者自ら馴染みの分類基準に当て嵌め誤って記述してしまうという偏狭性（parochialism）の傾向（cf. ibid., p. 77）から説明しようとしている。

（6）Cf. P・シェルドレイク『キリスト教霊性の歴史』、二三―二六頁。シェルドレイクは伝統に関する霊性研究上の見解に変遷があったことを注意深く記しているし、現代に起こったさまざまな潮流、その中にはフェミニズムの霊性に関する言及もあることに留意する必要がある。しかし、本論では現代のフェミニズム・キリスト教霊性を直接取り扱うものではない。

（7）教皇ベネディクト十六世『女性の神秘家・教会博士』ペトロ文庫、カトリック中央協議会司教協議会秘書室研究企画訳（カトリック中央協議会出版部、二〇一一年）。

（8）Ibid., p. 102.

（9）Ibid., p. 106.

（10）Idem

（11）Idem

（12）Ibid., p. 107.

（13）Ibid., p. 108. 同様に一〇九頁でもキリストとその教会を愛することをカタリナに倣うこととして奨めている。

(14) 川橋範子『宗教とジェンダーのポリティクス――フェミニスト人類学のまなざし』川橋範子・小松加代子共編著（昭和堂、二〇一六年）、川橋範子『ジェンダーで学ぶ宗教学』川橋範子・田中雅一共編（世界思想社、二〇〇七年）、川橋範子『混在するめぐみ――ポストコロニアル時代の宗教とフェミニズム』黒木雅子・川橋範子共著（人文書院、二〇〇四年）。

(15) 川橋範子『宗教とジェンダーのポリティクス』二六頁。

(16) Ibid., p. 5.

(17) こうした観察は、既に、二〇〇四年刊の『混在するめぐみ』の中でも論じられている。Cf. 川橋範子・黒木雅子共著『混在するめぐみ』一五頁。

(18) M・B・マクガイア『宗教社会学――宗教と社会のダイナミックス』山中弘、伊藤雅之、岡本亮輔共訳（明石書店、二〇〇八年）二〇〇頁。

(19) ロマン化に関し、川橋範子は次のように述べている。「宗教史の中での行為主体としての女性のあり方は、時にロマン化されてきた。つまり、例外的にヒロイックな女性のみ焦点を当てそのイメージを増幅させることによって、抑圧された犠牲者としての女性像を覆そうとしてきたのである。しかし、このようなやり方で女性の主体を実体化することは、不毛なアプローチでしかない」。川橋範子『宗教とジェンダーのポリティクス』七頁。

(20) この論点が、様々な事例を通して、いかに単に宗教を男性中心主義の制度として単に排除するのではなく、しかし、宗教現象の中にある女性の抑圧、差別の批判的分析が必要かという主張として、序章「宗教研究とジェンダー研究の交差点」において論じられている。この章は、様々な知見に富むゆえ、本論では全てを扱いきれないが、ここに示唆を受けている。Cf. Ibid., pp. 2-21.

(21) ここで、宗教学的探究と神学的探究との区分について、一言付記しておきたい。確かに、両研究は、宗教的現象を客観的に理解しようとする立場と、自ら「信じるもの」として、その信ずるところを、理解しようとする態度（*Fides quaerens intellectum*）と、出発点に大きな違いがあるということは言うまでもない。よって、この違いが当該研究とどのように関わっているかということは看過することのできない問いである。しかしながら、本論で、我々は、ある信仰を正当化するとか、ある基準によって宗教的現象を評価しようという目算は全くないということを明らかにしておきたい。ここでは、キリスト教の知見がどのように、バトラーとカタリナの関わりを理解することに寄与するかという了解可能性のみが問われているのであり、このことは、宗教学的解明においても、同じようにある事象の了解可能性を探る時に、その属している宗教的、教理的知見を解明の鍵として用いることは容易に想像されることを想起する必要がある。これをふまえると、神学的解明も宗教学的解明も、霊性の探究において、了解可能性を探る際、極めて近似した立場に立つといって良いのではないかと考える。

(22) キャサリン・バトラーの生涯に関して、以下のことを想起しておきたい。一八二八年、ノーザンバランド州のリベラルで豊かな家庭で生まれた。バトラーの父ジョン・グレイは、公有地地所管理官・農学者であり、その職の傍ら、自由主義推進のために公共の事業、諸問題解決に関わった。敬虔な妻とともに、よい家庭を築き、子どもたちに自分の社会観をよく語っていた。ジョゼフィンは後にオックスフォード出身の教育者ジョージ・バトラーと結婚したが、ジョージは、リベラルを自負し、男女平等の観念を支持していた。二人はジョージの校長としての赴任に伴い、リバプールに引っ越したが、同地では、貧しい女性たちは子どもを養うためにしばしば売春をせざるをえなかった。このような女性たちの惨状を具に見て彼女は、積極的に女性の権利向上のために、夫の助力も得つつ、様々な運動を開始する。いくつか挙げれば、同地の女性救貧院での連帯行動や、特に一八六七年には女性の家庭教師や教師の地位向上、ならびに女性高等教育促進のための北イングランド協議会（North of England Council for Promoting the Higher Education of Women）の結成、二度にわたる性病予防法の廃止運動（一八六九―一八七四と一八八〇―一八八五）、ヨーロッパにまたがる女性、特に幼女の人身売買廃止同盟(International Abolitionist Federation）の設立（一八八六）などがある。このように女性の地位向上の運動を高齢になって引退するまで続けた。これらの事績に関しては、バトラーに関する伝記、J. Jordan, *Josephine Butler,* (London: John Murray Publishers Ltd. 2001）を参照のこと。

　このような多岐にわたる彼女の全ての事績を取り扱うことは、本論の目指すところでは当然ない。しかしながら、彼女の取り組んだ諸運動から見てバトラーは、女性の悲惨な状況を目の当たりにして、できるだけそれを改善しようとし男女の平等を目指そうとする、最初期のヴィクトリア朝フェミニストの一典型であることは確認しておきたい。

このような中で、バトラーの信仰に関して以下の事情を踏まえておく必要がある。つまり、父は自由主義を信奉しつつも、母と共に家庭の中で祈りの重要性を強調する人物であり、いわゆる特定の信条や教会的習慣を強調するものではなくても、敬虔な家庭であったということ、少女の時、牧師や教会制度に関し、疑いが生じており、爾来国教会制度に関しては常に懐疑的であり、しかし同時に福音への信仰をもちつづけ、夫も同様の傾向があったこと、夫の助力は彼女の運動において大きな支えとなったこと、こうした信仰にまつわるバトラーの特徴である。

これらを総合して勘案すると、バトラーのキリスト教信仰の有無に関して、疑う必要はない。ただし、その信仰は、単純な国教会への帰依ではなかったということを考慮しておく必要がある。つまり、制度に関しては非常に懐疑的でありつつ、彼女の読む「福音」、イエスのメッセージに対する忠実さを生涯追求したというのが彼女の信仰の態度なのである。宗教的なものに対し距離を置こうというフェミニズムの一般的態度とは違う、強い「信仰」の側面がバトラーにあるということが確認される。こうした信仰の態度に関しては、以下の論文を参照のこと。H. Mathers, “The Evangelical Spirituality of a Victorian Feminist: Josephine Butler, 1828-1906”, *The journal of ecclesiastical history*, vol. 52, n. 2. (2001): 282-312.

しかしながら、制度として国教会に対する嫌悪の情はあっても、信仰は個人的な敬虔であればよいというのが、彼女の信仰の姿勢ということではなかったことは注目に値する。彼女は、様々なプロテスタント教会の礼拝に参加する姿勢を持っていた。彼女の信仰は、聖書に基づく回心に重きを置くものであったと評価するものもいる。つまり、福音に合致する教会であれば広く受け入れようというのが彼女の態度だったと考えられる。このような自由な態度を、Rebecca Styler は、「esoteric christianity」という用語で特徴づけようとしているが、この評価には疑念が残る。確かに、シュタイラーのいうように、バトラーには、「神の母性」というような十九世紀のヨーロッパキリスト教世界においては、異様な観念を有していたことは、事実であり、単にキリスト教の伝統を受容し、賛美することに、彼女の信仰の基礎があったわけではない。しかしながら、バトラーはあくまで、自分の信仰を聖書理解に基づくものとして、イエスの贖いに基礎を置くという、プロテスタントの根本的な信仰理解を捨て去ることは決してなかった。これらのことを考慮すると、Helen Mathers による「evangelical spirituality」との位置付けがよりふさわしいものと認められよう。レベッカ・シュタイラーの「エゾテリズム」という評価にかんしては以下の論文を参照のこと。R. Styler, "Josephine Butler, Esoteric Christianity and the Biblical Motherhood of God", *Journal of Religion and Literature*, vol. 49, n. 2, (2018): 93–122.

(23) 性病予防法 Contagious Diseases Acts、伝染病予防法などとも訳される。まず英国においては当時、売買春は合法だったことに留意する必要がある。その中で、軍隊における梅毒の蔓延を防止することを意図して1864年に性病予防法が制定された。この法律は、男性に関しては、検査に対しての抵抗感を理由に、検査を受ける事態は想定していなかった一方で、軍港などがあった指定都市では、どの女性に対しても強制的に性病検査を受けさせることを規定していた。売春婦だと疑われる場合は通報可能であり、当局は被疑者を自由に検査することができた。感染の場合は、病院に三か月間まで留置することができた。もともと売春婦ではなかったのに、このような処分を受けたせいで、性産業に入ることを余儀なくされた女性の事例も数多く存在した。この間の事情にかんしては、J. Jordan, *Josephine Butler*, pp. 106–126, chapter 7 "The Contagious Diseases Acts – 'This work of darkness'" を参照のこと。

　売買春行為に対するこうした取り扱いは、男性は罪を問われることなしに買春できるのに、女性の方は罰せられるということを意味する。そのことに憤激したバトラーは、同法を廃止するためのキャンペーンを主導した。同法は一八八六年に廃止された。のち、バトラーは当時イギリスの植民地であったインドでも同様に施行されていた法律の廃止運動を展開した。インドでは、現地の女性たちが英軍兵士たちによって買春されていたという事情がある。この間の事情にかんしては、J. Jordan, *Josephine Butler*, pp. 236–249, chapter 14 "India – 'Slavery under the British Flag'"を参照のこと。

(24) J. Butler, *An Autobiographical Memoir*, (Bristol, London: J. W. Arrowsmith, 1909), pp. 91–93.

(25) H. Mathers, "The Evangelical Spirituality of a Victorian Feminist: Josephine Butler, 1828–1906", p. 283.

(26) J. Jordan, *Josephine Butler*, pp. 188–189.

(27) 以下の一文は、バトラー自身の事績に関する伝記的情報は多くても、この著の作成事情に関して如何に情報が乏しいかをよく物語っている。「Cethrine of Siena [...] a book so characteristically well researched that it is difficult to imagine how she found time to write it.」Ibid., p. 189.

(28) バトラーの「*Catharine of Siena*」の第三版（一八九四年刊行）においては、序文の前に（ページの記載なし）、グラッドストーンがジョゼフィンの夫バトラーに宛てた同書を賞賛する手紙の一部が載せられている。本論の読解においては、この版は用いなかった。
(29) J. L. Larson, "Josephine Butler's Catherine of Siena: Writing Autobiography as Feminist Spiritual Practice", *Christianity and Literature*, vol. 48, n. 4, (1999): 445–471.
(30) とりわけ、Ibid., pp. 447–448を参照のこと。
(31) Ibid., p. 449: the lesson of a holy life.
(32) Ibid., p. 454.
(33) Cf. Ibid., p. 456.
(34) Cf. Idem
(35) Cf. Ibid., p. 459.
(36) Ibid., p. 461: public agenda of the biography as a feminist spiritual project. ここでラーソンはスピリチュアルということを特に定義していないが、キリスト教の信仰に基づく精神的態度というように受け取って問題ないものと思われる。本論考では、この語にかんしてとりたてて議論することはしない。
(37) Idem: religious social cause.
(38) Cf. Ibid., p. 465.
(39) Cf. Ibid., p. 469.
(40) Cf. Ibid., p. 468.
(41) Cf. Ibid., p. 459.
(42) Cf. Ibid., p. 465.
(43) Cf. Ibid., p. 459.
(44) Cf. Idem
(45) Cf. Ibid., p. 457.

(46) Cf. Ibid., p. 458.
(47) Cf. Ibid., p. 464.
(48) Ibid., p. 469: Catherine's gender ambiguity, as operated by the woman herself in full conviction of the divine clarity of her message, proves an efficacious means of unmasking the man under mitres and crowns […].
(49) R. Styler, "Josephine Butler's Serial Auto/biography: Writing the Changing Self through the Lives of Others", in *Writing Lives Together: Romantic and Victorian Auto/biography*, ed. Felicity James, Julian North (London: Routeledge, 2018).
(50) Ibid., p. 39. タイトルそのものが、この主張を裏付けているし、また、四一頁に同様の言及がある。
(51) この実践をシュタイラーはLiterary theologyと呼び、特に論文"The contexts of Woman's Literary Theology in the Nineteenth Century"で論じている。この論文は以下に所載。R. Styler, *Literary Theology by Woman Writers of the Nineteenth Century*, (London: Routeldge, 2016), pp. 3–18.
(52) R. Styler, *Josephine Butler's Serial Auto/biography* […], pp. 43–45.
(53) Cf. Ibid., p. 46.　また五〇頁でも同語を繰り返している。
(54) Cf. Ibid., p. 47.
(55) Cf. Idem
(56) Cf. Idem　また、このように様々な教派の霊性の言説の採用をシュタイラーは同頁で「独立していて折衷的な読解（independent and eclectic reading）」と評している。
(57) Ibid., p. 48. また五〇頁でも同語を繰り返している。
(58) Idem: spiritual descendent.
(59) Ibid., p. 40: the female prophet-leader who is powerful not in spite of her sex (as Larson's reading tends to suggest) but *because* of it. イタリックはシュタイラー自身による。
(60) Cf. Idem また、四九頁でも、バトラーの伝記自体を要約する形で、女性ゆえに預言の職務が委ねられたのだという認識を強調している。

（61）Cf. Ibid., p. 49.

（62）Idem:〔…〕, a woman's outsider status is itself a virtue, and source of counter-hegemonic power. これは、シュタイラーがバトラーの伝記における神とカタリナとの会話の要約の後に出てくる評価である。

（63）Ibid., p. 50:〔…〕a deeply self-reflexive shaping of the life〔…〕. また、同頁で「the self-referencial purposes」とも、「self-construction」とも、バトラーの伝記作成を評価づけている。

（64）Ibid., p. 49: Butler constructs a role model〔…〕who is the best philanthropist, preacher, politician and critic of the Church〔…〕.

（65）J. Butler, *Catherine of Siena*, p. 13.

（66）Idem: there was never wanting a succession of prophets〔…〕.

（67）Idem: the corruptions, follies, and crimes committed in the name and by the authority of the professed ministers of Christ's religion〔…〕.

（68）Ibid., p. 14: the spiritual life was not extinct.

（69）Ibid., p. 33: the desire to enter into the third Order of St Dominic continually increased.

（70）Ibid., p. 34:（ドミニコ会の兄弟たちの生活をさして）What life, she thought, could be so blessed as this?〔…〕But she was a woman!〔…〕Still she longed to become a *preacher*〔…〕.

（71）Cf. Ibid., p. 42. ここで、バトラーは人類・humanityをイタリック体で強調している。

（72）Cf. Ibid., p. 65. ここではイエスと思われるが、しかしイエスのことか、神のことか判然としない。ただし、それはあまりカタリナの預言者の使命の自覚に大きな違いを生まないと思われる。

（73）人文主義者かつイエズス会士であったJean Bolland（1596–1665）は、同会士Rosweyde（1569–1629）の事業を受け継ぎ、聖人の事績を記した文書を文献批判の作業を通して編集し、一六四三年に、Acta sanctorumをアントウェルペンで出版した。このような聖人伝の文献批評とその成果の出版を目的として、聖人伝の文献批評の研究者たちの集まりである、La Société des bollandistesが一六〇七年に結成され、現在も活動している。ここで、バトラーが引用している、Acta sanctorumは一九二五年に刊行が終了したが、その後も、La Société des bollandistes は、ラテン語、ギリシャ語、中近東の諸語による聖人伝の本文批評のシリーズ *Bibliotheca hagiographica* と学術誌 *Analecta bollandiana* を刊行し続けている。以下の書評を参照のこと。F. Trémolières, "Robert Godding, Bernard Joassart, Xavier Lequeux, François De Vriendt, Joseph van der Straeten, Bollandistes. Saints et légendes. Quatre siècles de recherche", *Revue de l'histoire des religions*, n. 2 (2009): 280–281.

（74）J. Butler, *Catherine of Siena*, p. 65. ここでは、バトラーは次のように出典を明示している。The words, (given as translated from the "Acta Sanctorum" of the Bollandists), were as follows [...].

（75）Ibid., p. 66: I pour out the favor of my spirit on whom I will. With me there is neither male or female, neither plebeian nor noble, but all are equal before me... Yes, I will send to them *women*, unlearned, and by nature fragile, but filled by my grace with courage and power, for confusion of their forwardness. ここにおけるイタリックはバトラー自身による。

（76）Cf. Ibid., p. 72.

（77）Cf. Idem

（78）Idem: keepers at home.

（79）Ibid., p. 73.

（80）Ibid., pp. 72–73: the germs of all true freedom which dwelt in the doctrine and teaching of Christ [...].

（81）Cf. Ibid., p. 73.

（82）Chapter VI（pp. 162–192）に多く依拠することとなる。それは、この章でバトラーはシエナのカタリナがアヴィニョンの教皇庁でどのようにふるまったかを描写しているからである。

（83）Ibid., p. 155: her（ここでは教会のこと）primitive state of poverty and humility.

（84）Idem: regard of spiritual rather than temporal things.

（85）Cf. Ibid., p. 164.

（86）Cf. Ibid., pp. 166–167.

(87) Cf. Ibid., p. 168.
(88) Idem ; he（ここでは教皇グレゴリウスのこと）had but little of that in him which Catherine so much admired in the noblest of her countrymen, the virility, the power of self-sacrifice and endurance［…］.
(89) Cf. Ibid., pp. 170–171.
(90) Cf. Ibid., p. 171.
(91) Cf. Idem
(92) Idem
(93) Cf. Idem: Christian ladies had any heart to speak softly, or to prophesy smooth things［…］.
(94) Idem great plainness of speech.
(95) Cf. Ibid., p. 172.
(96) Ibid., p. 173: so great an authority.
(97) Idem: Never man spoke like this woman.
(98) Idem: It is not a woman that speaks, but the Holy Spirit himself.
(99) Ibid., p. 239: Chapter VIII, section Her Character as a Reformer.
(100) Idem: But Catherine never raised a protest, it may be said, against false doctrine.
(101) Cf. Idid., pp. 240–241.
(102) Cf. Ibid., p. 242.
(103) Idem: She loved, she prayed, she endured.
(104) Ibid., p. 338: the lesson of a holy life.
(105) Cf. J. Larson, op. cit., p. 465. ここで、ラーソンはカタリナが主からのみ権威を受け、当時の権威ある者たちからの妨害などに留意し、主からの権威のみがカタリナの生きていた文化、社会の中で唯一カタリナが有していたものであると見ている。
(106) S. Porzi, "Fondement de la persuasion et quête d'autorité chez Catherine de Sienne", *Cahier d'étude italiennes*,

2005, n. 2 : 63-88.

（107）Ibid., p. 67.

（108）Idem

（109）Idem. André Vauchez は、中世の信徒の役割が次第に拡大されていったこと、その中には女性の役割の拡大もあったということを歴年の考察の中で明らかにしている。この主張に Porzi もカタリナに関する研究から同意しているということである。

（110）これは、カタリナが自らの手紙や霊的助言を書き送る際、秘書や筆記編集をつとめる司祭たちをコントロールしていたという Porzi の観察による。この観察はたとえば、Ibid., p. 75 : l'autorité dont Catherine jouit auprès de ses secrétaires et disciples［...］. Ibid., p. 77 :［...］la rédaction du Dialogo, la position des secrétaires, assis, écrivant sous la dictée d'une femme, souligne l'autorité dont Catherine jouit aupres de ses disciples, mais rappelle aussi son statut d'illettrée. によく現れている。

（111）Ibid., p. 77.

（112）Ibid., p. 80.

（113）Ibid., p. 79. ここで、Porzi は Vauchez を引用している。そして、fonction de suppléance、「置換の役割」という用語を採用している。

（114）Ibid., p. 80.

（115）Ibid., pp. 83-84.

（116）Ibid., p. 86.

（117）Idem. Porzi はこのような引用を un simple écho, une réminiscence biblique と表現しており、また、Alvaro Grion の「riecheggiamenti」という形容を紹介している。

（118）Ibid., p. 87.

（119）Idem :［...］afin que la vérité élémentaire, qui n'est plus entendre par les clercs, s'exprime par la bouche d'une simple femme［...］.

(120) Idem: les intermédiaires masculins.
(121) Idem
(122) Ibid., p. 88.
(123) B. FitzGerald, *Inspiration and Authority in the Middle Ages: Prophets and Their Critics from Scholasticism to Humanism*, Oxford Historical Monographs (Oxford, New York: Oxford University Press, 2017).
(124) Cf. Ibid., p. 97.
(125) Idem
(126) Ibid., p. 98: The Dominicans were new in placing preaching – free from episcopal control – at the heart of the order's identity [...].
(127) Cf. Ibid., p. 99.
(128) Cf. Ibid., p. 110.
(129) Cf. Ibid., p. 111.
(130) Cf. Ibid., p. 128.
(131) Ibid., p. 130: social vocation.
(132) Cf. Ibid., p. 125.
(133) 中世研究の中で第二次世界大戦後、しだいに学問研究をになう大学が *Studium* として、教会の権威である *Sacerdotium* と王の支配という *Regnum* この二つの権威と共に中世世界を担っていたとの議論がすすめられている。この点にかんして、トマスも自覚していたようである。トマスの Studium 理解に関しては、Y. Congar, "Pour une histoire sémantique du terme 'magisterium'" および、"Bref historique des formes du 'magisterium' et de ses relations avec les docteurs", in *Église et papauté. Regard historiques*, coll. Cogitatio Fidei (Paris: Cerf, 1994), pp. 283-298 および、pp. 299-315, pp. 303-308 を参照のこと。また、同様の理解に関してフィッツジェラルドも言及している。B. FitzGerald, *Inspiration and Authority* [...], p. 4.
(134) この点で、ヨゼフ・ラッツィンガーが故意にか、無意識にか、講話の中で、一切「改革」、「預言」という用語をカタリナにあてて用いていないということは留意されるべきだろう。

(135) この *Wings* 誌に掲載された記事の要約が、バトラーの死後編纂された回想記の中に掲載されている。J. Butler, *An Autobiographical Memoir* (Bristol, London: J. W. Arrowsmith, 1909), pp. 235-236.

(136) Ibid., p. 236.

「正典」としての雅歌
――諸解釈の交差する場――

寒野　康太

はじめに――予備的考察

カトリック教会と正典性

本論では、カトリック基礎神学の立場から出発して、雅歌を例として取り上げた場合に見られる聖書解釈の多様性を考察する。この考察から、正典としての聖書に関し何らかの知見を得ることを試みたい。

信仰の基準ないし源泉として、それが複数であってもよいが、ある一定の書が取り上げられて、読み続けられ、注釈を加えられながら、そうした一連の行為によって信仰共同体の形成されていく。これが、正典についての理解ということならば、正典という概念は、様々な変型した様態を含みつつ、多くの宗教に見ることができる。そして、キリスト教においては、聖書と教会権威の関係という観点から、教派の違いが浮き彫りにされる争点として、かまびすしいと言えるまでに論じられてきた事柄でもある。しかしながら一方では、聖書の解釈には大きな幅があり、それに関して、正典という基準がどのように解釈を規制したり、誘導したりするかは、明らかではない。基準としての正典が解釈に及ぼす影響に関しては、様々な神学の主題に隠れて明瞭に議論されてこなかったように思われる。

本論で特に取り上げる「謎解きの知恵文学――旧約聖書・「雅歌」に学ぶ」[1]そして、「聖書を考える」[2]は、プロテスタントの潮流[3]から生じた著作と言っていいだろう。それをカトリック基礎神学の立場から論じるということはどういうことなのか、つまり、聖書を正典として有するカトリックが他の教会の聖書解釈を取り扱うことの意味を、まず予備的に考察することとしたい。東方諸教会における正典としての聖書理解については、今後の課題とする。このように大きな視野の欠落が一つあることを予め認識しつつ、西方諸教会における正典理解の枠組みの中で「雅歌」に取り組んだ小友聡をはじめとする聖書学者たちとポール・リクールの研究に接することになる。

最初に取り扱われるべき問題は、ローマ・カトリック教会がどのように正典というものを捉えているかということである。当然、聖書と呼ばれる文書群はキリスト者の信仰の基礎を成すものであるという認識は、他の諸教会とともに共通している。しかし相違点として、まず、その正典に含まれる諸文書の数に差異があるということが挙げられる。しかし、雅歌はカトリックにおいても、プロテスタント諸教会においても正典に含まれているので、正典に含まれる文書の数に関して、特に論じることはしない。しかし、問題はそれだけにとどまらない。正典が排他的に信仰の源泉として捉えられるのかどうかという問いである。カトリック教会においては、信仰の源泉として、Sacra Traditio 聖伝があげられる。例えば、近代カトリシズムを決定的に方向づけたトリエント公会議の文書によれば、受け止め方によっては、信仰の源泉が二つあるというように読み取ることができる。トリエント公会議において司教たちは、Sacra Traditio は、聖書に含まれていない使徒たちの伝承が、教会共同体の礼拝や教父たちの書き残したものなどを通じて、総体として保持されているものであると主張した[4]。そして、教会位階、特に近代になってから教導権と呼び習わされるようになったローマの使徒座が聖書と聖伝に関して解釈の任を担うものとされている。[5] このようにみていくと、共同体に伝わった伝承の一部が、聖書としてまとめられ、その同じ伝承の一部を結局は担う教導権が解釈するというのだから、誇張された捉え方をとる立場にあっては、あたかも、聖書は教導権の管理下にある文書というような、当時としても他のカトリック神学者たちから偏頗な見方と見られた見解さえ散見されたのであった。[6]

実際、こうした傾向は第二バチカン公会議まで続いていたが、第二バチカン公会議において改められつつある現況にある。もちろん、第二バチカン公会議は、聖伝という概念を放棄しはしなかったものの、一層、「神のことば」として聖書との一体性を強調し、また、教導権との関係に関しても、「教導職は神のことばの上にあるのではなく、これに奉仕するもの」[7] であることを明らかにしている。重大な相違点を乗り越えたとは当然ながら言えないにしても、このような聖書理解の進展は、カトリック側からのエキュメニカルな応答の姿勢であると見ることができよう。

プロテスタント諸派にはさまざまな見解があり、統一したものをここで提示することはできない。そうした中で、福音主義神学の立場から近藤勝彦が著した『キリスト教教義学・上』では、教会共同体の伝承が、ある時期、聖書に先立ってあるという状況を考慮すること自体は問題視されていない。このことは、注目に値する。[8] しかし、このようなニュアンスの中でも、基本的に、福音主義の諸神学においては、ある個人ないし団体が、この伝承を今もいわば排他的に担っていると主張し、また、それに基づいて聖書の解釈をコントロールしようとすることは決して受け入れられない事態だろうと思われる。こうしてみると、聖書が教会共同体の信仰の土台であるという認識があることは、ローマ・カトリック教会と福音主義諸教会において共通するものであることは確認できるとしても、聖書と伝承、伝統との関わり、そして、教会共同体における解釈の最終審級としての教導権の存在という点に関して、両者が大いに異なるものであることは否みようがない。

しかし、この否定し難い差異が、具体的に「雅歌」という文書の解釈において、どのように、現時点において作用するのだろうか。これはまた別に考慮を要する問題である。まず、一般的にいって、現在、教導権はどのように聖書解釈と接しているかということが取り上げられなくてはならないだろう。たとえば、一九〇六年、教皇庁聖書委員会は明瞭にモーセが旧約聖書の最初の五書を記述しなかったという説を排しているという事例をあげることができる。[9] このように近代カトリシズムにおいて、明確に歴史批評は危険なものと見做されていたことは周知の事実である。こうした傾向は、公的にはピウス十二世が一九四三年に回勅「Divino affrante Spiritu」を発布するまで続いたのであった。この回勅によってカトリック教会の教導権は正式に歴史批評、文学類型による聖書文書の分析を認めることとなった。[10] この流れは第二バチカン公会議によって促進され今に至っている。現在の教皇庁聖書委員会の報告『教会の中の聖書解釈』によれば、カトリック教会が原則として受け入れない聖書解釈は一つだけであり、それは、根本主義、ファンダメンタリズムによる解釈である。[11] それ以外の解釈は、もちろん色々な批評や指摘はあるにしても、基本的に排除されていない。[12]

次に、具体的な問題として、カトリック教会の教導権がさまざまな解釈がある中で、どのような時に、特定の解釈に関し介入し、ある方向性を強要するのかという点が挙げられよう。教導権が解釈に介入する事態というのは、実は、それほど多くはない。そして、そのような事態とは、基本的に教義に関することである。では雅歌が教義を考える上で引用され問題となった事態が神学史上あったのかということであるが、霊性史上、雅歌はさまざまな著作家に取り上げられてきたものの、歴史上、雅歌の解釈をめぐって教義的問題が生じ、教導権が介入したという事例は管見の限り見当たらない。つまり、教導権が行いうる解釈介入の権利に関して、カトリックとプロテスタントとの間でこの点で明確な対立があるとしても、事実上（*de facto*）の問題としてテキストとしての雅歌がそのような問題の俎上に上がったことはなかったということも、同時に認められなくてはならないということが了解できる。

このようにして見ていくと、雅歌の解釈に関して、以下のことが言えないだろうか。つまり、誰が解釈をコントロールするのかということが常に問題になるということを考慮したとしても、解釈の諸原理に関して、現在ローマ・カトリック教会がとっている立場から見て、ある特定の解釈とア・プリオリに対立していると見る必要はないし、事実の問題として雅歌の解釈が教導権との関連で問題となったことはなく、よって解釈という場において「事実上の自由」がカトリック教会内で思索するものに存在しているということである。このことは、カトリックとプロテスタントとの間に深刻な相違があるとしても、実際に様々な雅歌に対する解釈を見ていくにあたっては、カトリック教導権に右顧左弁することなしにエキュメニカルに取り上げ議論していくことが、可能であるということを意味する。このことを前提としながら、まず、小友聡がどのように雅歌に接し、解釈していくかを見ていく。

教会の中で、聖書学の立場から、雅歌を解釈するという挑戦

小友聡の解釈の動機

小友聡は、日本基督教団の正教師・教職者として牧会の任にあたっておられ、かつ旧約学を東京神学大学で講じておられる研究者でもあり、この両方の側面が、雅歌の研究にも色濃く反映されている。まず、本論においては、小友聡の意図するところを確認し、そしてその意図がどのように解釈に反映されているか、解釈そのものに関する議論、また他のさまざまな解釈に関する議論をたどる。

ここで明らかにしておきたいことは、我々は、小友聡の聖書学上の業績に関して、異議を唱えるという資格もなければ、意図もないということである。それは、様々な語句の関連に関して、それが有意義であるかどうかなど、聖書学の釈義の妥当性を判断することは本論のなしうることではないということを意味する。しかし、こうした釈

義の手続をどのように各聖書学者が説明するかという点、そして、釈義の後に得られる聖書学上の知見が、正典としての聖書とその解釈という関係にどういう影響を及ぼすかという点は神学的認識論ないし基礎神学の領域といえる。雅歌を対象になされる様々な解釈の立ち位置の分析を試みることで、神学的認識論の作業として正典のあり方に関し、何らかの知見が得られると考えられる。それは、聖書学内部の問題に答えることではないが、一つの正当な神学的考察があって、取り上げるに値する。

『謎解きの知恵文学――旧約聖書・「雅歌」に学ぶ』における著者の意図は何度も繰り返し言及されている。意図を明らかにするため、まず、旧約聖書学における現代の主流的立場が説明される。主流の立場とは、「雅歌という書は宗教的文書ではなく、単なる世俗的恋愛歌集にすぎない[13]」という見方である。そして「さらには古代のポルノグラフィー[14]」として捉えるむきもあるということを著者は指摘し、こうして宗教性が剥ぎ取られ[15]、教会の書として読まれなくなり、「教会の説教壇から奪い去られてしまった[16]」と見ている。この状態から、「雅歌を礼拝で朗読し、雅歌を説き明かす[17]」、つまり説教のテキストとして「雅歌を取り返し[18]」ていくこと、これが小友聡の意図するところである。このことは見誤りようがない[19]。

ではこのような目的を達成するために、雅歌をどのような文書として提示するのか。注意しておきたいことは、小友聡は、聖書学から離れて雅歌を読むことでこうした状況を救おうという意図を決して有してはいないということである。むしろ逆である。本文と一体である『付論』の中で、小友は、自らの立場を、次のように明らかにしている。「われわれの関心は、雅歌をその最終形態において読むことである。しかし、本論文はあくまで歴史的批判的な聖書学の方法を用い、旧約文書として雅歌をどう解釈すべきかについて探求する[20]」。かくして歴史批評的な聖書学の方法を用いることがここで明瞭にされている。ここから、小友は聖書学者として、『謎解きの知恵文学』において、二段階の考察を踏まえて提示しようとする。まず、予備的作業として、雅歌を読み解こうとしてきた様々な読解が総覧された上で、評価が下される。次いで、聖書学上、小友聡の提唱する旧約の知恵文学伝統から雅歌を読み解くことが可能であるという自身の釈義が繰り広げられる。

先行している諸解釈の総覧においては、まず、「花嫁が教会で、キリストが花婿であるという」[21]、古代、中世、近代を通じての伝統であった解釈の代表例として、クレルヴォーのベルナールが挙げられ、「歴史的遺産」[22]として保持されるべきであるという評価がなされる。そのほかにも、現代のバルトとゴルヴィツァーによる神学者たちの雅歌読解[23]、現代のユダヤ哲学からの解釈[24]が、評価できる点と、そうでない点が交々示されながら紹介される。評価される点は、様々であり、ここで要約する事は困難である。しかし方法論としては、これらの解釈が、小友聡の目指すものとは呼応しないことが言明される。というのも、企図するところは、歴史批評による釈義作業を通じて解釈を遂行するということだからであり、こうした諸解釈がとるようなある解釈からの「再解釈」[25]を目指すものではないからである。よって小友聡自身の読解においては、先行するこれらの解釈群に直接依拠することはないということになる。

間テキスト性の対照的な評価の違い・トリブルとラコック

では、どのような立場に立って解釈を試みるのか。方法論を明らかにするために、二つの解釈が取り上げられる。それは、間テキスト性に基づく解釈であり、その例として、フィリス・トリブルとアンドレ・ラコックが取り上げられている。興味深いことに、この二人の評価は対照的なものを含んでいる。フィリス・トリブルの解釈に関して小友聡は、彼女とっている方法は、修辞的な釈義であり、間テキスト性にもとづく解釈と言っていいと評価している。トリブルは、バルトと同じように創世記との関連を論じている。しかし、彼女の解釈は、バルトとは違い神学的な議論によってではなく、徹頭徹尾、聖書の修辞による創世記と雅歌の関連性の中で、釈義が遂行されている。ここでは、その修辞に関する様々な議論は省かざるを得ないが、創世記の二章と三章が雅歌との関連で、「解釈学的な鍵(26)」とされていることに注意しておきたい。

創世記においては、明らかに「創造の園への復帰を全く提示していない(27)」とトリブルはみる。しかし、創世記と共に、「エロスのもう一つの園(28)」である雅歌は修辞における「拡張、省略、逆転を通して(29)」、「雅歌はつまずいたラブ・ストーリーを取り戻す(30)」ものであるとされる。このことを確認するため、「うたの全体的な形式と内容(31)」が修辞的に検討されている。創世記との対比において、男女の関係のみならず、人以外の被造物との関わりにおいても、雅歌は「取り戻された(32)」状況を示す「愛の交響楽(33)」となり、この「取り戻された愛が死に対してさえひるまずに立ち向か(34)」い、「原初の混沌の水さえもエロスを滅ぼすことはできないと主張する(35)」テキストとなる。このように雅歌は、「エロスの完成(36)」を歌う文書であるとトリブルは修辞の分析によって考える。この解釈を小友聡は自分の解釈方法とは違うものの、見事であり、旧約聖書の文脈の中で、雅歌をきちんと位置付けている(37)と高く評価している。

では、もう一方の聖書学者アンドレ・ラコックの解釈に関してはどのように評価しているのだろうか(38)。同じように間テキスト性を用いて解釈するラコックに対し小友は、解釈上の方針そのものに関して異議をとなえている訳ではないようである。それは、「雅歌のテキストに密着している(39)」という評価にも現れている。ここでは、二つの例、すなわち雅歌の2章16－17節において、預言書の表現のパロディー化によって神とイスラエルの関係と男女の関係が重ね合わされつつ、「脱倫理化、脱神聖化(40)」されていると見ている例、そして、雅歌の1章5－6節、4章4節において、エルサレム中心主義や審判預言へのひっくり返し、批判が表現されているという例が取り上げられている(41)。このようにテキストに密着した読み方そのものには異を唱えることはしない。ただし、提示された読みに、小友聡は、「なるほどと思(42)」い、「舌鋒の鋭さに魅了され(43)」はするものの、しかし、「雅歌にはイスラエルの伝統的な知見とは、ずいぶん印象が異なる部分は見られますが、だからと言って、それがイスラエルの伝統を木端みじんにする破壊性を示しているとは思えないのです」[44]という。このように、雅歌がイスラエルの伝統の転覆を図っているというラコックの解釈について、受け入れない意向が明示されているのである。

つまり、ここから見えることは、小友聡の読解の方向性は、雅歌がイスラエルの伝統に根ざすものであるということを示すことにあるということである。しかし、一方で、ラコックの解釈に評価を与えているように、方法論としては、間テキスト性に基づく読解を採用する。この二つの要件を満たす解釈こそが、知恵文学理解を土台とした間テキスト性による解釈なのである。

小友聡の提唱する解釈——知恵文学理解を土台とした間テキスト性による解釈

歴史批評に基づく聖書学の方法に忠実でありつつ、旧約文書としての雅歌を読むにあたって、イスラエルにおける知恵の伝統という基礎が、解釈の鍵となるのではないか。これが、小友聡の雅歌読解にあたっての一貫した姿勢である。このためにまず旧約文書における知恵の伝統とは何かということを、明らかにしている。まず、箴言の冒頭に格言・マーシャール、風刺、寓話、たとえであるメリツァー、知恵ある言葉・ディプレー・ハカーミームとともに、謎、暗示的な言葉を意味するヒードータームがあることから、単なる言葉遊びや駄洒落ではなく、謎という多義性を含んだレトリックが知恵文学の中に重要な位置を占めていると強調する。そして、士師記14章のサムソンの宴会における謎かけの解釈と通じて、葡萄園と婚宴の場と謎解きという場面が、そのまま雅歌5章と関連づけられる。

このように、小友聡の知恵文学探求によって、謎ときということが一つの手法としてあることが確認されるとともに、知恵文学の典型例である箴言からは、擬人化という手法もまた、雅歌との間テキスト的解釈における重要な要素として取り上げられている。箴言においては、知恵は魅力ある女性として擬人化され、それを求めることは「ふところに抱け(45)」というように、「エロティック(46)」に表現される。一方で、雅歌は「知恵的格言を、恋人を探し求めるラブロマンスとして表現し直している(47)」と、小友は観察している。

また、小友聡は、旧約聖書文学上の慣習、規約とでもいうべきもの中に、ソロモンが知恵そのものを体現している人物であるということを強調している(48)。よって、ヘブライ語の「知恵」という語が、たとえ一度も現れてこないとしても、ソロモンの名を冠した雅歌において、「知恵文学に繋がる可能性を見逃しては(49)」ならないのである。この立脚点から出発し、文学手法である謎解きと、知恵の擬人化において他の知恵文学と雅歌との間に関連があるのではないかということを、同書全体を通じて、様々な修辞の比較によって示そうとする。しかし、それはただ雅歌を知恵文学という文学類型に位置付けるということだけが目的なのではない。そうではなく、テキスト上雅歌が何を謎として示し、その謎が、他のテキストとの関わりの中でどのように解かれていくのかを示すことが重要なのである。これを明らかにするため、小友聡は間テキスト性に基づく読みとして、ホセア書との関連を上げながら、解釈する。

ホセア書における楽園的表現は、雅歌とも通じるものだが、ここで繰り広げられている修辞的技法によって、「愛し合う関係がシニフィアンで、神と民の関係がシニフィエ(50)」だということが了解可能となる。雅歌においては、シュラムの女、また、アミナディブの車という、6章の12節から7章の1節における聖書に一度だけ出てくる言葉を、サムエル記と列王記との類似語の関連から、神の民、高貴な民アミナディブが車に乗せられ、主の元に帰還するという図式として読み解くことができると主張している(51)。

このようにして、雅歌は、謎を解くことに人々を誘い、その修辞技法を通じて、神とその民であるイスラエルとの関わり、契約を想起させる文学表現となる。このように、間テキスト性による読解から、「旧約聖書という文脈で雅歌を理解[52]しようとする時、結論として、雅歌は、「神とイスラエルの契約を情熱的に描く旧約知恵文学[53]」であるということになり、この理解を受け取るときに、そこから、「新約的再解釈[54]」によって「神の国の婚宴[55]」というリアリティーが浮かび上がってくる。かくして、教会の講壇に雅歌を再び取り戻すことができる。これが、小友聡の提唱する解釈の道筋であるといえよう。

「文学類型としての知恵文学」に関する聖書学上の討議状況

本論においては、これらの聖書学的業績に関し、聖書学の見地から何らかの意見を加えるということはできないと既に述べた。しかしながら、知恵文学をイスラエルにおける一貫した知恵の伝統の中に位置付けている小友聡の見解に関して、現在の聖書学上、新しい別の見解が生じてきているので、そのことを瞥見し、若干質問を呈することで、門外ながら、僅かに責を負うこととしたい。それにあたっては、フランスの旧約学者ソフィー・ラモンが、近年英語圏における様々な見解を聖書研究内の知恵文学に関する定期報告 *Bulletin de littérature sapientielle et autres écrits*[56] の中で示していることに基づくこととする。

ソフィー・ラモンはいくつかの知恵文学に関する最近の研究にふれながら、生活の座に関して、果たして、預言的な伝統や祭司的伝統とは別の筆記者群である知識者層を想定するような、十九世紀以来の古典的な考えを保持しうるのか、もはやそれは限界にきているのではないのかという意見を紹介している。[57]同時に、複数の学者たちによって、知恵文学という手法としてある程度統一された伝統というものを果たして想定できるのかどうか、また、知恵文学という文学類型による corpus を想定できるほど確定された伝統、乃至それを担う人々の通時的一貫性というべきものは、もはや想定することはできないのではないかという、根本的な疑問が呈されている。

ソフィー・ラモンが紹介しているような、近年の聖書学の知恵文学に対する見方の変動が、一体どのように小友の見解に影響を及ぼすのだろうか。もちろん、こうした見解の細部を仔細に検討した上で、小友聡の雅歌解釈と照応し検討しなければ、いかなる判断も下すことはできない。ここでは、瞥見したときに生じる疑問点のみを挙げることとする。

生活の座そのものに関して近年疑いが生じているということに関して言えば、小友は雅歌が発生したところの「生活の座」について論じることなく、ただ、雅歌が知恵文学の伝統に根ざすというとのみ主張しているので、この点に関しては、議論すべき点は見当たらないようである。しかし、小友聡の論から伺うことのできる、一貫した伝統を持ち、他の文学類型から明瞭に区分可能なヘブライ知恵文学という見解に対しては、近年生じている種々の問いかけがあるということになるので、小友の解釈と比較され考察を深めていく必要があるように思われる。

ここで、小友が知恵文学の類型として、雅歌と対比して取り上げられている箴言の女性像を一瞥することとしたい。小友聡も「擬人化という手法[58]」について取り上げている、「『知恵』が女性として人格化して表現されて[59]」いるという点である。つまり、『箴言』の中で、人々を勧誘している、求められるべき対象としての知恵と女性像とは寓喩の関係によって密接に結び付けられているという点が、箴言と雅歌の共通点として挙げられているのだが、では、箴言全体の中で、女性はどのように取り扱われているのだろうか。

小友聡自身、観察しているように、基本的に箴言が想定している女性の在り方とは、一つの対比によって枠組みが与えられているようである。それは、「家庭にある賢い妻」と、「家の外にいる、騒々しい女、あるいは遊女[60]」というものである。このようにしてみると、「婚姻関係[61]」と小友も言及しているように、女性と家制度が不可分に結び付けられていることが、知恵文学としての箴言が意図する女性の在り方と言えるだろう。神とその民イスラエルとの契約を強調するためだけではなく、家そのものが制度として、知恵文学、少なくとも箴言の擁護すべき対象となっているのではないかと思われる。こうした在り方が文学類型としての知恵文学における女性の位置づけであると見た場合、やはり、知恵文学の文学手法としての謎解きを雅歌に読み取る前に、知恵文学の中の女性像と、雅歌の中に見られる女性の在り方に関して留意する必要があると思われる。最終形態である、現在の雅歌のテキストの中に、どのような家制度の称揚を見出すことができるのだろうか。疑問とせざるを得ないところである。

こうしてみると、それは、知恵文学の中にも、もしかしたら女性と家制度との相関関係を評価するにあたって、一方では、箴言のある箇所にあるように制度の称揚を目指すような流れがあり、またもう一方では、そのようなものから離れた思潮があったということなのだろうか。ここに、もしかしたら、ソフィー・ラモンが総括しているように知恵文学をあまり均質な一枚岩のような類型としてではなく、様々な思潮を包含し変容形態がある「様式、モード」[62]として捉える必要があるという主張と関わりがあるのかもしれない。

また、小友聡自身の観察する「愛の秘儀」[63]性に関しても、箴言と雅歌において検討すべきことがある。小友自身、箴言の「男がおとめに向かう道」[64]が愛の謎めいている性格をよく表現しているものとして取り上げている。では、この箇所において、その謎めいている「愛」の行動の主体は誰か。男である。また女性として擬人化された知恵が誘う相手は、誰か、男性である。このようにしてみると、知恵文学の中の「箴言」における知恵を探求するという行動の主体は男性であり、愛する主体も男性であることは明瞭である。実際箴言においては、主体的に活動する女性は、わずかに31章に自立した経済活動を営む妻としての女性像が描かれるだけであり、大多数は、求められる対象としてのみ描写されている。

一方、雅歌においてはどうだろうか。今は、雅歌自体の著者が男性か、女性かということはおくとしても、少なくとも、テキストの中で、「夜ごと、ふしどに恋い慕う人を求めても求めても見つかりません」[65]、「恋しい人の言葉を追ってわたしの魂は出て行きます。求めても、あの人は見つかりません。呼び求めても、答えてくれません」[66]と歌う主体、つまり歌の中における「愛」する主体は女性に他ならないということに留意すべきだろう[67]。男性である若者から求められるべき対象としての女性も描かれてはいるが、それは雅歌の基調をなす表現ではない。ここから、単にレトリックとして知恵という存在に回収されることのない女性の自立を雅歌における文学的描写に見出すことができるのではないだろうか。これは、箴言にはない特徴ということができよう。

このように、愛の秘儀性に箴言も雅歌も興味関心を抱いているとしても、愛する主体に歴然とした違いがある。箴言においては、行動の主体は常に男性であり、秘儀の対象としての女性像も究極的には知恵という非自然人的存在に回収されていく。これに対し雅歌においては、行動の主体としてテキストで中心として扱われているのは、基本的に自然人である女性であり、少なくともテキストの中では、愛の秘儀が知恵に回収されていくという事態は生じていない。ここからみると、類型としての知恵文学の中には、また、愛する主体という点で対立する軸があるということになるのかもしれない。

ここで、留意しておきたいことは、雅歌では「いずれの性においても固定した考え方はありません[68]」と小友自身、フィリス・トリブルの解釈を「フェミニスト的な解釈」と一定の留保をつけつつも、認めているということである。トリブルは、「旧約聖書の文脈の中できちんと雅歌を位置付け[69]」ていると小友は評価し、最終形態のテキストの分析において箴言と雅歌のテキストにおける男女観の相違が存在していることを小友自身も認めているということになる。ということは、そのまま、知恵文学における二文書たるべき箴言と雅歌における男女観に相違があることを認めるということになるのではないだろうか。このことを認めることは、必ずしもフェミニズムの影響による偏った読解という評価にはならないように思われる。このように箴言と雅歌との間に男女観の違いが認められた場合、箴言、雅歌双方が属する文学類型としての知恵文学における人間観は一貫したものとして示しうるのか、また、類型としての知恵文学における家制度に対する眼差しに関する考察にどのような影響を及ぼすか、今後の研究の進展が期待されるところである。

小友聡の読解の延長線上にある一つの解釈・正典的解釈

しかし、『謎解きの知恵文学――旧約聖書・「雅歌」に学ぶ』においては、単に文学類型についての分析課題として、雅歌を知恵文学の中に位置付けるということだけが、意図されているということではないようである。というのも、「聖書学的には読み込みでは[70]」あっても、新約聖書の婚宴の喩えや花婿であるキリストとの関連で、雅歌を読むこと、また、そこから発展する寓喩的、神秘的解釈を了解可能なものであるということが同書において主張されているからである。

こうした論の進め方に関し留意する必要がある。小友聡の読解には、大きな企図が、単に自分の提唱する釈義を超えてあるのではないだろうか。つまり、実際に存在する聖書解釈の一技法、つまり、歴史批評に立脚しながら、そこから、一歩進めて、旧約、新約両聖書の一体性を重んじ、教会の伝統的解釈にも位置を与えようとする目論見が、念頭にあるのではないかということである。こうした流れを明示している解釈が、正典的解釈である。小友の解釈の企図とは、歴史批評的な手法と、正典的解釈を橋渡しすることと考えることができるのではないか。

正典的解釈に関して、非常に精密な分析が近年紹介された。煩を厭わず正典的解釈について見ることによって、小友聡の解釈の「解釈学的ベクトルの延長[71]」とは、正典的解釈へ接続するものだと理解することが可能となる。

正典的解釈の手法に関する解明――田中光の論文

田中光は、「新しいダビデと新しいモーセの待望――イザヤ書の正典的解釈[72]」という大部にわたる精緻な論文において、イザヤ書に関する包括的理解をめざして、正典的解釈を用いてイザヤ書の各部を分断して読むのではなく、総合しつつ読むことで、ダビデ的待望とモーセ的待望という二つの待望のあり方がイザヤ書の終末論として共存が可能であるという解釈を提出した。そして、イザヤ書を正典的解釈によって読解するまえに、第一章においてこの正典的解釈とは一体何か、そして、その適用に関して、創始者である、ブルヴァール・チャイルズの思索を追いつつ解明した。本論においては、この第一章をみることで、正典的解釈とは何かを探ることとしたい。

チャイルズの研究は歴史批評によって始まった。しかし、一九七〇年代主流であった「聖書神学運動[73]」に対して、批判的立場を取るようになった。その運動とは、聖書批評を受け入れつつ、信仰告白に方向付けられた神学を回復する可能性を探るもので、そのために「啓示としての歴史[74]」という考えを提唱したものであった。これに対して、チャイルズは「聖書」とくにその最終形態が「十全な啓示の歴史を証言している」という、「教会の伝統的な信仰を壊してしまう[75]」と考えざるを得なくなったという。これが、彼を正典的解釈という道を取らせた動機である。ここから、聖書を研究するとは一体どういうことなのかを再考するというチャイルズ自身の聖書神学というべき思索が進展していく。

では、チャイルズはカノン・正典をどのようなものとして見るのか。そして、その理解からくる聖書解釈とはどういったものなのかを田中光の解説によってたどることとする。まず、チャイルズは、正典、カノンに関する一般的な理解が、「文書的に不変で、公に認められ、共同体が承認・採用するもの[77]」という見方にとどまる限り、それは、「ユダヤ教、キリスト教両方の歴史的現状に全く即していない[78]」と批判する。チャイルズの主張するところによれば、後に正典としての聖書となるべきテキスト群が書かれ、編集されていた時に、すでに宗教的共同体の書物として受け取られていたというのであり、つまり、カノン形成途上においても、規範性が認められると主張しているる訳である。チャイルズのこうした見解は、カノンの形成途上において、聖書記者たちに「カノン意識」があったというドイツの聖書学者セリグマンの指摘と重なるものであると田中光は見ている。最終決定された書物の集積ということだけに正典の性格を見るのではなく、最終文書の形成に至る働きに注目するということになる。そのプロセスは以下のように理解される。

カノン概念の本質を文書形成のプロセスにまで広げて考え、しかもそのプロセスが共同の神学的営みとして理解されうるとすれば、そうして完成した最終形態のテクストは、人々の多様な知見を雑多なままに寄せ集めたものとしてではなく、むしろその多様な知見を神学的に関連・調和させた権威ある書物として、そして更に神の現臨に与ることができるようにと後の世代に委ねられたものとして理解することが可能となる。(79)

起源として仮定された、いわば原テキストに価値を見出そうという今までの研究姿勢に対し、最終形態のテキストこそが、多様な知見を神学的に総合した権威ある書であるという理解が、ここに成立することになる。そして、この理解が、間テキスト性（Intertextuality）に基づく解釈をチャイルズが正典的解釈を支えるものとして積極的に肯定する神学的理由となるのである。

同じように間テキスト性による読解と目されるものの内にポストモダン批評がある。田中光は、この批評と正典的解釈の違いに関し、ポストモダンの文学批評は、歴史的性格をその読解から脱落させていると批判し、正典的読解は、それと違い、以下のような特徴をもつものとしている。まず、第一にテクストの歴史性を重要視する。このことに関し、田中光は預言書を例としてあげながら説明している。預言文学というものはイスラエルの生、制度、役職という環境から切り離されては意味をなさない。預言そのものは、元来の預言の射程を超えて拡張されうるとしても、預言の元来の歴史性は保たれなければならないということになる。一方、ポストモダン解釈は、歴史性を重要視しない。次に、第二の違いとして、間テキスト性に基づく読解を実践する際、編集者の意図を重視するかどうかという違いがある。正典的解釈において、テキスト編集にこうした意図を読み取ることが必要なのは、相異なる伝承の総合を試みながら、テキスト同士のネットワークを作ろうとしている場合であるとされる。このように、正典的解釈の任務は、編集者における意図的なテキストの関連性を探すということが挙げられるが、ポストモダン解釈にはそれはないということである。第三に正典的解釈が特に考慮しなくてはならない点は、後の世代の読者による拡張的解釈を許すような編集的書き加え、ないし、偶発的な関連という事態もありうるということである。この点から、旧約聖書形成段階の後期から既に現れていたミドラッシュ、口頭伝承の助けを解釈として重視していくということにもなる(80)。ポストモダン解釈にはそのような傾向は見られない。こうした違いがポストモダンの解釈と正典的解釈の間にはあるということが示される。

聖書にある間テキスト性は、後の世代が「カノンを解釈するための枠組みが、後の世代の読者のために様々な形で提示されている(81)」事態を指すものだという。この枠組みによって読むことから、「単に著者・編集者の意図に限定されないより大きな神学的枠組みを引き出していくこと(82)」が可能となるという。これらの点を意識することが、カノンについて考えることでもあるというのがチャイルズの見解であると田中光は総括している。ここでは、後の世代も規範的メッセージを「引き出す(83)」という解釈学的任務を負っているという積極的側面が強調されていることに留意しておきたい。

このようにチャイルズはカノンの意味を「複合的(84)」なものとして深く掘り下げて提示した。そして、このような観点がいかに聖書学において忘却されてきていたかを明らかにし、批判する。とくに「聖書学における「カノン」の複合的意味の矮小化の傾向②——伝統的解釈の黙殺(85)」と題する節においては、正典的解釈が重要視する傾向が明らかにされ、同時に、それまでの聖書学がそれを忘却してきたとのチャイルズの見解がよく示されている。

この節において、神学校における聖書理解に対する19世紀に確立された批評的聖書学が及ぼした甚大な影響が語られ、「旧約聖書の「まともな」解釈は、ヴェルハウゼンによって初めて始められたと本気で信じ込んでいる有様[86]」をチャイルズが嘆いている様子が描写されている。このように聖書の批評的研究は伝統的解釈を無意味なものとみなしていることは明らかであるという。このことは何を意味するかというと、批評的研究は「聖書が教会に与えられたカノンであるという理解[87]」を無視しているという事態である。このように、「単なるテクストの説明ではなく神的リアリティーに与るものへ[88]」という解釈が必要であると論をすすめ、それゆえ、カノンという語が、「『聖書の範囲としてのカノン』という理解を超えて、共同体による『聖書の規範的・神学的解釈』ということ[89]」が要請されると主張し、この要請に対し、信仰の基準・regula fidei という古代教会からの用語を再検討することによってカノンの性格を明らかにしようとする。ここで様々な教父学からの解釈の検討をとおして、その中でフィンの解釈がもっともチャイルズの目指す聖書の規範性を尊重した信仰の基準の理解を示していると田中光は論じている。田中によれば、フィンの見るところ「信仰の基準とは、教会が聖書と様々な形で「取り組む（engagement）」[90]時に、そこから常に形を変えて現れてくるキリストについての「生きた声[91]」であり、チャイルズはこのフィンの見方をとっていることが了解できるという。

この生きた声は、教理定式のようなものではなく、しかし、解釈の「枠組みとして聖書の中に刻印[92]」されており、各世代が「聖書と取り組む[93]」とき、新たに、しかし不変の教えとして表れてくると、チャイルズは考えているという。このように、カノンについて論じることは、「聖書を神学的に解釈するための枠組みについて考える[94]」ことでもあるということになる。その神学的になされた解釈とは、まず、編集史解釈を尊重しつつ、テクストの最終形態を重んじる「字義的解釈[95]」から始まり、ついで、旧約と新約をキリスト教に与えられた聖書として一体に読み、互いを合体させたり、混合しない「内容的一致[96]」を探し求める解釈[97]に接続する。そして最後に、教会の伝統的解釈であるフィギュラル解釈[98]（これはアレゴリカルな解釈と予型論にもとづく解釈両方を指す）を尊重しながら「神学的リアリティーからテクストに向かう[99]」解釈へと至る。このように三つの解釈が、ばらばらにではなく、一つの営みとして複層的解釈[100]をなすものであるという。

この観点から、田中は正典解釈がどのような態度をその他の解釈にとるかについても、特に、歴史批評、物語批評、ポストモダン解釈と区分することでチャイルズの批判を整理している。まずチャイルズは歴史批評解釈との連続を意識し続けていたことを田中光は注意深く記したうえで[101]、しかし、歴史批評においては「文書化されたカノンには真の宗教としての価値は認められない[102]」という前提があり、このようなカノンの意義の否定という点で、歴史批評と正典的解釈は、袂を分つことになるという。物語批評に関しては、「物語の中にのみ神的リアリティーを閉じ込める[103]」ことになり、聖書の証言するリアリティーを捉えきれていないと見ていると、田中はチャイルズの立場を説明する。最後に、ポストモダンの解釈に関して、「テクストの客観的な意味を否定し、むしろテクストの意味はテクストと読者、そして読者が置かれている文脈の三者の間で形成される[104]」という見方であると、ブルッゲマンを引用する形で規定される。そして、ポストモダンと目される立場から、正典的解釈が、聖書の解釈があらかじめ一定のものに狭められてしまうという指摘があることに対して、次のように反論する。つまり、解釈における「聖書を通じて働かれる聖霊の力[105]」こそ、人間の想像力よりも解釈において重要な要素なのであり、また、信仰の基準によって聖書を読むに際して、基準は枠組みにとどまるのであって、ポストモダン解釈の代表であるブルッゲマンの言うような「画一的解釈[106]」にはならないという主張である。

このように、田中光は、チャイルズの解釈がどのような動機で出発し、様々な解釈との対話の中で、単なる反発ではなく、受容と批判を積み重ねつつ、現在一つの大きな聖書解釈の流れを形成しているかということを、その批判や様々な修正に関する提案の動向も追いながら、論じている。そして、カノン的解釈がイザヤ書の読解に適用されたときに生じる新しい見方を、続く各章において釈義を通じて示していく。かくして、正典的解釈の内実が明らかにされ、また適用されていくのを、読者は『新しいダビデと新しいモーセの待望――イザヤ書の正典的解釈』において目の当たりにするのである。

小友聡による雅歌読解と正典的解釈の関係

このような正典的理解が、小友聡の提示する、「知恵の本質から雅歌を読み取ること[107]」とどうつながるのだろうか。これは、小友聡自身の論と、今まで見てきた正典的解釈の手続に関する議論とを照応させたとき、明らかになる。

知恵文学の手法が、雅歌にあるということは、この謎ときという手法によって必然的に多義性を含んでおり、この「解釈学的ベクトルの延長線上にキリスト教的な寓意的な解釈[108]」があるということになる。それは、「雅歌から直接にキリストを読み取る[109]」ことが可能だというのではなく、まず、雅歌を「神とイスラエルの契約を情熱的に描く旧約知恵文学[110]」として捉えるということであり、そこから、「新約的な再解釈[111]」によってキリスト教的な寓意的解釈が可能になるという理解である。これこそ、まさに、正典的解釈が強調する複合的解釈の方法論的叙述に他ならない。まず、正典的解釈において正当に認められた字義的解釈において知恵文学との関連を示し、そこから、旧約における神とイスラエルの契約と、新約におけるキリストと神の国、またその先取りとしての教会共同体との関わりという類比が、「内容的一致」として示され、ついで、伝統的な寓意的解釈がフィギュラルな解釈として連続した形で提示されているということになる。

正典的解釈による雅歌評価に対するアンドレ・ラコックからの問いかけ

このように、小友聡の目指す「聖書学的な議論でもって[112]」、「旧約聖書のコンテキストから解釈[113]」することから、雅歌の寓意的解釈まで連続的に辿りうるということを正典的解釈は示しているとみることが可能であることは了解できる。しかしここで、一つ重要な指摘があることに留意したい。それは、小友聡も取り上げ検討を加えている、アンドレ・ラコックの解釈である。ラコックは、『聖書を考える』において自らの解釈を始める前に、この正典的解釈による雅歌読解を紹介し、自らの見解を表明しており、[114] これを取り上げることとしたい。

知恵が、人格化され、男たちを家に誘う女性として表象されていることと関連させて、「雅歌が象徴的で、アレゴリー的でさえある言語で、知恵とその対象者との間の「愛」を描いた書物であると結論」[115] づける解釈が古くからあり、今まで見てきた正典的解釈の立役者であるチャイルズもその流れに位置しているとラコックは見ている。そして、チャイルズ自身を引用しつつ、正典的解釈が、雅歌を「結婚制度の中での」[116] 男女の愛に関する知恵の黙想だと見做しているので、「雅歌それ自体が愛を称揚している」[117] という主張は、「正典的な文脈」[118] を考慮していないものとして退けているとラコックは記し、「人間の愛は知恵文学のどこにおいても、それ自体では賞賛されていない」[119] というチャイルズの見解を引用している。

ラコックは、チャイルズの考える正典的解釈による雅歌読解に賛成しない。小友聡も観察しているように様々な間テキスト性による語義解釈とともに、歴史批評的観点から分析して、雅歌の生活の座をエジプト文学に措定する。また、この雅歌の著者が誰なのかという本質的な問題を提起し、「著者が女性である」[120] という命題を提起する。

雅歌が「結婚制度」と「知恵」の称揚であるという正典的解釈による見解に対して、繰り広げられたラコックの見解が、どれだけ妥当な批判となりうるかを判断するすべを我々は有していないことはここで繰り返しておきたい。これは、初めに述べたように聖書学の中で、これからも続く議論である。しかしながら、ラコックの議論は、のちに見るリクールのラコックに関する見解に反するかもしれないが、ラコックはただ歴史批評の観点から、「テクストの起源」[121] のみを論じているのではないということに留意しなくてはならないだろう。つまり、正典的解釈の重要視する、現在のテキストそのものの読解から、正典的解釈とは反対に婚姻制度という規律から離れた愛が歌われていること、[122]そして、著者が誰であるかに関わらず「雅歌においては、若い女性が語っている」[123]という端的な観察から議論をしているという事態である。つまり、最終形態であるテキストの分析から、「主体としての女性が雅歌において観察される」という見解が出てくるとラコックは述べているのである。

では一方、同じく最終形態であるテキストを重視する正典的解釈においては、「主体としての女性」についてどうかというと、こうしたラコックの観察は無視されているとしかいえない。結婚制度を擁護するための雅歌という、ほとんど逆の解釈と言っても良い解釈がチャイルズによって施されているのである。この状況は注目せざるを得ない。実際、最終形態である雅歌のテキスト本文に、「愛を支配しようと財宝などを差し出す人があればその人は必ず蔑まれる」[124]と、愛の自立が明瞭に謳われている。こうした最終形態であるテキストに対して、チャイルズが主張する、人間の愛は賞賛されていないという読解が生じるというのは、矛盾とは言わないにしても、捻転していると見られよう。

これは、田中光が引用するブルッゲマンの指摘によるところの正典的解釈による「画一的解釈」が雅歌の読解において起きてしまった状況を指し示しているのではないだろうか。つまり、正典的解釈も避けようとしているのに、信仰の基準というものが「定式的」なものとして予め解釈のうちに潜み込み、誘導した結果とみることができないかということである。定式とは、ここでは、男女の婚姻ということである。ここで、近藤勝彦の『キリスト教教義学』において聖書の権威に関して述べていることを想起したい。「聖書の権威は、それを聞くものを自由にし、聖書の権威が与える自由によって、聖書の解釈は遂行される」[125]。まさに、正典的解釈にとって、ラコックが示唆する問題を受け止め直すことは、聖書の権威が与える自由による解釈の深化につながるものではないだろうか。こうしてみると、正典的解釈が下した様々な他の種類の解釈に対する判断にも拘わらず、もう一度、現代の解釈も含め、様々な解釈がどの様に関わり合うかということを再考するように、雅歌はテキストとして促しているといえる。このことを示唆する論考が、ラコックに応えようとするポール・リクールの雅歌解釈ではないかと考える。

ポール・リクールの雅歌解釈

ポール・リクールの文体は概して晦渋なものであるが、この雅歌の解釈もその例に違わない。しかしながら、その難解さをリクールが実践する思索の特質のみに帰してしまうことは、正当さを欠くものといえよう。なぜなら、リクール自身いみじくも、雅歌について「解釈の歴史の中では、溢れるほど豊かで厄介な運命を持ったテキストは他にはほとんどない」[126]ということをよく知っており、この「咲き乱れるような」[127]テキスト解釈の歴史を、受容史として整理しつつ、受容の歴史が差し出す問題の解決を目指して自分の解釈を提示しようという、非常に緻密な議論を進めていくという事情があるからである。

この問題の所在を明らかにするにあたって、まず、(リクール自身は「エロス的解釈」と述べているが)自然主義的解釈[128]を受け入れ一定の価値を与えつつ、アレゴリカルな解釈のもたらす困難さを率直に指摘している。しかしながら、アレゴリカルな解釈にある正当性を認めないというのでもない。ここに隘路がある。つまり、ラコックのとる自然主義によってアレゴリカルな解釈を駆逐するのでもなく、自然主義的解釈を放逐してただアレゴリカルな手法をとるのでもなく、自然主義的解釈も、アレゴリカルな解釈の目指すところもそれぞれ位置を占めうるような解釈の方法を提示しようということである。このようにして雅歌の解釈を提示しようとするということがリクールの論の目指すところである。

このような読解をすすめるにあたって、まずリクールはポール・ボーシャンの解釈[129]を踏まえつつ、詩としての雅歌の性格を強調する。[130] このことによって、例えば「荒れ野から上ってくる人はだれでしょう」という問いが、話の筋における登場人物の確定という要請から自由な表現となり、ポール・ボーシャンのいうように男女の関係における「起源の登場」という修辞的表現として受け止めることが可能になるとする。[131] 詩としての雅歌はテキストの中で、レトリック上の戦略として、男女の身体をメタファーで表現している。この言葉遊び[132]によって、性的なものは「指示物として保留[133]」されるが、言葉遊び自体が喜びの「自律的な源[134]」となり、ある種の解放が起きるとリクールは見る。こうした読解はラコックの読解と一定程度共存可能なものであると説明される。リクールはラコックの脱神学的な解釈を認めながら、同時に、そうした脱神学化された男女の結びつき、結婚が、それ自体一つのメタファーとして機能しないだろうかと問う。この問いこそリクールの論の中核をなすものである。議論を進めるにあたって、まずリクールは、アレゴリカルな解釈に関し、その困難さを解釈的手法の問題として指摘する。ついで、アレゴリカルな解釈がもたらす正当なものをみとめながら、「アレゴリーにさらに広い視野を与える[135]」ような読解を探す。こうして論を展開させていくのである。

まず、なぜアレゴリーによる解釈が困難をもたらすのか、これを方法論の問題として論じるにあたって、三つリクールは欠陥をあげている。一つには比較されるもの、つまり、聖書内の文書、語彙などの選択が恣意的になされているということ。[136] 二つ目には、愛するものの組み合わせが、「イスラエルと神」か、あるいは「教会とイエス」か、そのどちらかが先験的な理論として執拗に適用が試みられるという解釈の狭さがあるということ、[137] そして三つ目はこの雅歌と比較されるべきテキストなどが教会教導権から恣意的に課されているというものである。[138] ここで、簡単にではあるが、三番目にリクールが欠陥としてあげているものに関して一言しておきたい。それは、教導権という言葉本来の意味、つまりローマの司教がローマ・カトリック教会内で有している権威という意味だとすると、その意味でローマ司教が、その権威によって雅歌の解釈に関して一定の解釈を強要したということは、大きな歴史的事実としてはなかったということである。よって、ここでいう教会の教導権は厳密に教皇による教導権というような狭い見方をするべきではなく、むしろ、カトリック・プロテスタントをふくめ、教会の諸権威があまり自然主義的解釈を受け入れてこなかったというように解されなくてはならないだろう。

以上が方法論から見たアレゴリー解釈の欠陥である。[139] しかし、さらに再考すべきことは、アレゴリーという概念そのものも、考慮されなくてはならないということである。ここで、リクールは受容の歴史を振り返りつつ、アレゴリーによる解釈が盛んであったのは、とりわけ「修道院的状況」[140] においてプラトン主義化された霊性にアレゴリーが雅歌の解釈として採用されていったということに、注目している。この結果、結婚の性質から、エロス的側面が抜去されるという事態が生じ、非性化[141] が生じるというようにみる。修道的生活はこの非性化を主張するのにふさわしい特権的な場を享受していたが、その後の受容の歴史は、それを大きく変えた。宗教改革は、非性的な場、修道生活を特権的に見ることを廃止し、それぞれの人がそれぞれの状況で福音を生きるように招いた。この歴史はさらに進展し、いまやエロス的な関係を婚姻制度から区別してみる準備ができており、[142] リクールはそれこそが雅歌の恋人たちに当てはまる状況なのだと、ラコックに賛同しつつ述べている。つまり受容史の振り返りから見る時、アレゴリー的読解とは、修道生活という一時期の特有な生活の座から生じたと理解され、現在の読者は、そうした「非性化」とは違う受容を可能とする場にすでに身をおいているということになる。

では、このままリクールは雅歌をアレゴリカルにみることをそのままやめてしまうことになるのかというと、それは必ずしもそうしたことにはならない。リクールは雅歌の詩としての側面にもう一度注意を促す。そのため、教父たちがまずこの雅歌を「再利用」[143] した例を取り上げている。再利用とは雅歌が婚姻の歌という文学類型として発話された状況ではないところで、テキストが新たに発話されるという状況である。こうした事態を考慮するため、教父たちが雅歌を洗礼という婚姻とは全く違う、キリスト教共同体に加わる際の儀式を説明する講話に際して、この雅歌が引用されているという事例をあげている。[144] 婚姻の歌と、洗礼の儀式には、ギャップがある、しかし、この格差はパウロの書簡によってうめられる。そして、教父たちの講話の中で、キリストの死と復活に結ばれるというサクラメントないし儀式が、動作そのものとしては何も語らない無声である状態が、雅歌の言葉によって、理解可能となるという状況が生じていると観察している。このように聖書の祝婚歌が生まれるに至った状況と、洗礼という儀式を通じてキリストとその共同体に一人の信者が加わるという状況の間にアナロジカルな関係が生じると説明する。[145]

これは、実は詩のメタファーが目指す一つの文学的効果によるのではないかとリクールは見ているのである。つまり、メタファーがしるしとして他のヴァリエーションの文学表現に再適用されうるものであることを観察しているのであり、このようなレトリックとしての不確定性はそのまま、重層的確定性につながっていくのである。[146]

このように、単にアレゴリーではない意味の転移[147]を雅歌のテキストが果たしているという事態を見届けるため、リクールは間テキスト性による読解を試みる。[148] そしてこの試みの結果、男女の婚姻における結びつきが、非エロス的な愛の象徴へと移転している様をみる。[149]

リクールは、この転移を可能にするのは、間テキスト性が、交差的読解を可能ならしめているからではないかと論じるのである。つまり、自然主義的読解や、アレゴリー的読解の意図するところを汲み取りつつ、新しい読解によってそれぞれに位置を得させようとするリクールの企図は、この間テキスト性による交差的解釈という読解の提唱によって果たされるということになる。ここで、リクールが読解を試みているのは、とくに、雅歌と創世記第二章の創世神話における男性がはじめて女性に出会うという場面との交差である。ただここで、異なる文学的ジャンルをどうやって比較できるのかという問いが当然でてくるだろう。この問いに関してリクールは確たる説明を与えていないと言わざるを得ない。しかし、推測するに、このような比較を可能にするのは、本文中、正典的読解とも記しているように、まさしく交差させるテキスト群が、正典内にあるからという根本的な事態によるのではないかと思われる。[150] そして、異質な言語フィールドを結合させるのがメタファー・隠喩であるように、交差する読解が、互いテキストから受け取る意味の増加があるのではないかと論じている。このことを指してリクールは交差的メタファーと呼ぶ。[151]

この読解を創世記の男女の出会いという場面と雅歌の場面とを交差させることで実践するのであるが、創世記の神話は、読解によって真の発話行為が男によってなされるには、女の登場がなくてはならなかったことが示される。さらに雅歌の読解はそれに加えて、この発話行為には男女の平等というものが必要であるということを、女性の主導権を描くことによってつけくわえるのである。[152] また、創世記の神話も、雅歌も、悪とその犠牲の歴史を語っている。その歴史にも拘らず、被造物の無垢はある意味で不滅であり、神話はそのことを誕生という物語によってしめそうとし、雅歌は、その不滅さが日常生活の中で再び見出されるということを、男女の愛を祝うことで示そうとする。[153]

交差的読解は神話と雅歌にだけではなく、また預言書と雅歌においても行われる。この読解によって、預言においては神とその民の間の愛が、婚姻的な愛として見るようにと人々を招くが、[154] 雅歌のエロス的な愛は、被造物への神の愛「のようなもの」[155] としてみられるという。この「のようなもの」という見方をとることこそ、交差的メタファーである。この交差的メタファーは全ての交差的読解の「原理」ともいえ、また、この交差によって、聖書に見られるさまざまな愛の諸相が、聖書解釈の中に位置づけられるのではないかとリクールは考える。つまり、「愛の異なる領域を、それぞれその象徴と共に考察することに招く」[156] ということが交差的メタファーの解釈学的任務であり、それは、ポール・ボーシャンの提示する「小羊の婚宴」との出会いという間テキスト性による読解がもたらす交差にまで至る道であることを示唆してリクールは考察を閉じる。

多様な解釈の交差する場としてある正典性——結論として

このように、リクールの解釈によって、知恵文学の伝統から雅歌を解釈して、寓意的解釈までの連続性を確保しようとするあり方とはまたちがう、自然主義的解釈から寓意的解釈にいたる道筋が示されたと言っていいのではないかと思われる。これは、小友のいう思弁的な「再解釈」のように一見受け取られかねない。しかしながら、リクールの交差的解釈は、まず哲学的であろうというのではないことに留意したい。つまり、リクールの議論は、雅歌の文学類型の考察から出発し、テキスト内の文学的修辞に関する問題に関して彼は注目し、議論しているということである。つまり、「詩」という文学類型そのものが、さまざまな他の文学類型に引用され、再適用されることを文学的効果として、あらかじめ内包しているものであることに注目し、このような文学類型として雅歌も他の文学類型への交差が可能なのではないかということがリクールの論旨である。その上で、神学的解釈へとリクールは踏み込み、交差的読解が、「聖書文書の間を移動するための自由」(157)であると規定する。こうして、今まで両立しないものであるかのようにみえてきた、現在主流の、いいかえれば自然主義的、エロス的、ひいてはポストモダン的解釈と、寓意的解釈との「交差」が可能であるということが、ここで示されたということになる。

単にテキストを公定のものとして指定するということだけが正典というものの性格なのではなく、様々な解釈を惹き起こすと同時に、交差の場として働くのではないか。このことが、リクール雅歌についての議論から導き出されるのではないかと思われる。しかしこうした観察は、一概に正典的解釈の否定につながるというものではない。なぜならば、正典的解釈そのものも、「複層的」であるということを主張しており、また、リクール自身も「重層的」確定性ということを述べていることに留意すべきだからである。ここから、理解しうることは、結局両者とも、さまざまな解釈がまずは並立しつつしかし、互いに影響を与える可能があるということを、この「複層性」、「重層性」という用語の採用によって認めているということなのである。では、解釈の問題として、自然主義的な解釈が「複層的」であるべき正典的解釈にどういった影響を及ぼしうるか、また、そのことは正典としての聖書理解にどのような影響を及ぼすのか。いくつかの点を指摘することとしたい。

まず、聖書理解そのものにかかわる「聖と俗」という区分に関わる理解に何らかの深化がありうるのではないかということである。ここで、小友聡の最初の意図を想起したい。それは、聖書を教会の講壇に取り戻すために、神学的に受け入れ可能な解釈が聖書学の解釈の延長線上にありうるということを示すということであった。ここで、交差の可能性に目を向けるとき、単純な、しかしそれだけに一層根本的な問いが浮上する。それは、「雅歌が人間の愛をうたう詩である」という自然主義的解釈に立った場合、なぜそのことを聖書内のテキストについての読みとして、聖書について説教する場で語ることはできないのか、ということである。これに対する答えというものは、小友聡の議論の随所に出てくる表現を借りれば、自然主義的解釈はこの雅歌というテキストにおける「宗教性を剥ぎ取る」ものであり、このようにテキストとして雅歌は世俗化されてしまい教会には相応しくないものとなったということなのだろう。

ここまでの小友聡の議論の展開において、聖書が神の聖性に属するものであり、そのあり方に相応しく解釈されなくてはならないという見解が土台となっていることを理解すること自体に困難は何もない。そして、注意しておきたいのは、小友聡はなにも、自然主義的解釈を排除しようと言っているのではなく、そのような読み方がテキストとしての雅歌読解にありうることを何回も明言しているということである。しかしながら同時に、多様な聖書解釈群の中に、小友聡は明瞭に聖なるものに属する解釈群と、俗なる解釈群とが相対立するものであるように線を引いていることも、論旨として明白である。これは、まさに、田中光の説明によるチャイルズの解釈がポストモダン解釈に対するものとして位置付けられているのと軌を一にしているとみてよいだろう。ここで線を引かれて分別されている「世俗的」あるいは人間主義的なあり方が、確かに正典的解釈においては受け入れ難いということは、ひとまず首肯しうるように思われる。しかし、ここで、もう一度、聖書の性格にかんして、また、「神の聖性」に関する議論と照応させながら考察するとき、また、違った了解の可能性があるのではないかと考えられる。

神の聖性と聖書の関わりを探るために、ここで、とりあげるのは、第二バチカン公会議における聖書理解である。もちろん、聖書解釈に対する公会議の拘束性や権威なるものをこの結論で主張するものではない。ただ、一つのありうべき、また、反論可能な神学的理解の一つとしてのみ意義を有するものとして扱う。当公会議文書において、聖書とはどのようなものであるか、また、その聖書理解からどのように聖書解釈のあり方が導き出されるかということが述べられているが、その中で、今まで聖書を論じるに際し、カトリック神学の中で必ずしも頻用されてこなかったある概念が導入されている。これが、一つの示唆を与えるものではないかと考える。それは、「神の知恵のへりくだり」[158]である。これはヨハネス・クリュソストモスを引用して、教父の伝統につながる考えであることを示唆しつつ、「神の言葉は、人間の言語で表現されて人間のことばと同じようなものにされた」[159]ことを意味する。そして、そのへりくだりは、「永遠なる父のみことばが人間の弱さをまとった肉を受け取って人間と同じようなものにされた」[160]こと、つまり受肉の神秘と、信仰の類比の関係にあることが述べられている。

この見解は、必ずしも信仰を前提としない様々な聖書解釈を、教会共同体が、全て無条件にとは言えないにしても、受け入れることが可能であるということを如実に示している。つまり、へりくだりという概念を導入することによって、公会議は、「人間のことばと同じようなもの」[161]とされた聖書を「人間の方式」[162]に依拠しつつ読むことは、神学的にも一定程度、了解されるという解釈学的説明を試みているのである。このようにしてみたとき、雅歌というテキストは、人間の愛を語る言語によって語られ、その言語は、神学的真理を全て言い尽くす可能性は考えられなくても、「神の真理と聖性をまったく損なうこと」[163]なく、神の使信を理解するに益となるという可能性を見て取ることができる。

このように聖書の性格を語ることは、神の聖性を蔑ろにする冒瀆なのであろうか。この点につき、近藤勝彦の『キリスト教教義学』の神論は光を投げかけている。近藤勝彦は、神の本質を論じるにあたって、「神はその本質と意志において聖なる方、そして自由な方」[164]であること、また、神の名の聖性は神の意志と不可分であると[165]いうことを強調している。神の聖性とは、神と被造物との区別の原理であると同時に、聖化を通して遂行される、神的な接合と普遍的統合の原理であるとされる。[166]この普遍的統合の原理は、神の自由によって遂行されるものである。つまり、「神の自由は、他の一切からの超越であると共に、境界線を踏破し、被造物との関係を造り出し、被造物を御自身との関係の中で自由にする」[167]。聖書における「へりくだり」とは、テキストを世俗化するというのではなく、読者との関係を造り、その中で当事者を自由にしていく「聖化」でもあるのではないかということである。この場合、自然主義的解釈と信仰に基づく解釈は接合し得る可能性を否定できないのではないか。

もちろん、愛には様々な諸相があり、被造物と神との間には、「超越」による隔たりがあるのだから、雅歌の語る人間の愛が、そのまま「神の愛」であるということは考えられないだろう。そのことは　リクールも、「ようなもの」という表現を重視することで、単純に恋愛抒情詩と神についての理解を結びつけるような理解を進めていくものではないことを明示している。しかし同時に「キリスト教教義学」の説くように、この神の自由は、「境界線を超越」して、被造物を選び、それと関わるという仕方によって表現されるものであるということも、見逃してはならないことなのである。

神が受肉のへりくだりを、神の自由によって人々の聖化への道としてとったように、神の超越を知らしめるために、聖書は「へりくだり」によって「人間の言語」を自らの意志を共有するための手段とした。ここに、人間のコミュニケーションにはつきものの、理解されない、あるいは誤解が生じるというリスクを神が「自由に」受け入れたということと、また、同時に人間の想像する「聖と俗」という「境界線」をこえていくことで、神と被造物の関わりを示そうとする神の統合的働きが感得されるのではないだろうか。こうして見るとき、雅歌を「自然主義」的に理解することが、必ずしも反神学的な解釈ではなく、福音主義神学を通じて理解し得る読解の一つであるといえるのである。

正典的解釈とその他の解釈は今後も聖書解釈において併存し続けていくことと思われる。しかし、本論で論じてきたように、解釈同士が単に競合するというだけではなく、交差し影響し合う可能性もあるのである。つまり、正典的解釈自体が、聖書と「取り組む」と述べているように、正典的解釈自身に投げかけられる他の手法からくる正当な問いがあるのではないかと言うことである。雅歌解釈においては、今のべた、神の聖性の一部である自由からくる、「へりくだり」とそこから了解される人間の仕方で語る書物としての聖書という捉え方が、「聖と俗」という分断された解釈区分とどのように関わるかという神学的な問いがまず挙げられる。

また、聖書全体の読解においても、「取り組む」べき問いが正典的解釈に与えられている。それは、現代に至るまで問いとして浮上してこなかったが、今日重要なものとして雅歌読解から生まれているものである。それは、「聖書において女性が主体として語りかつ振る舞うということを考慮することで、今までの聖書理解、ひいては神学的人間論、神学理解そのものに、如何なる変容がもたらされ、新しい知見を得ることになるのか」という問いである。まず、このことは、フィリス・トリブルの読解における「喜びの中で」「取り戻された」人間の両性のあり方ということを聖書神学の中で取り上げ直すことになるだろう。それは、最終形態のテキストである、旧約正典において、終末論とは、単に、メシアの到来を告知することにとどまらず、新しい創造として、男女の神の像としての恢復、その結果としての男女の関わりの正常化という神学的人間論が含まれているのではないか、ということに関し考察を深めるよう招かれていることを意味している。このことを考慮した際、神学的人間論の一つとして、知恵文学が、どのような男女観を有しているかということは比較検討されていくべき問題なのではないかと思われる。

また、新たに浮上した雅歌解釈における受容史上の問いかけがある。それは、雅歌解釈が指し示す、主体としての女性ということと、霊性史に現れる雅歌を解釈してきた女性たちとの関わりはどのようなものかということである。このことは、本論文集で、縦横に論じられている点である。もちろん、これは聖書学における釈義そのものに影響を与えるものではないが、しかし、解釈の伝統の中で、雅歌がキリスト教を生きる女性たちにとって主体的に振る舞うための契機となっていたことは、今まで神学的思索の中で十分に考慮されてこなかった問題である。この観点から雅歌の解釈を実践してきた女性神秘家たちを見直していくことは喫緊の課題として残されている。

このように現代において正典として雅歌を読むことに関し、ここで論じることのできなかった他の問題群と併せて、様々な問いが提起されていることは明らかなことであろう。そこから生じる新しい見解全てが教会共同体に受け入れられるとは限らない。しかし、現代に生じた見解の全てに関して、神を忘却したポストモダンの解釈として放擲する必要もないだろう。むしろ、正典というものを、こうした信仰を前提としないようなテキストの読みさえ、問いとして受け止め、様々な解釈に向き合うよう促す場として見ることが必要なのではないだろうか。共同体が聖という区分に属するものとは思われない解釈からの見解を、問いとして受け止め格闘するときこそ、正典的解釈の探し求める、常に形を変えて現れてくるキリストについての「生きた声」と出会う機会となるであろう。

正典とは多様な解釈が交差する場であるということ、これが雅歌の読解解釈の多様さから見てとることのできる知見なのではないかというのが、ひとまず本論の結論である。しかしながら、キリスト教にとっての聖書とは、単に解釈の多様性を調整する必要のある文書というだけではなく、実際に共同体において読まれ、説き明かされ、祝われなくてはならないものである。この正典である聖書が機能すべき具体的な場である、教会の礼拝において、雅歌がテキストとして真剣に取り上げられてこなかったという事実は、あまりにも長い間無視されてきた。その中にあって、この問題を率直に取り上げ、向き合った小友聡の労作は、今後も重要なものとして参照されていくに違いない。

付論　ポール・ボーシャンの雅歌読解

ポール・ボーシャンは、イエズス会の司祭であり、第二バチカン公会議以降フランスにおける旧約学研究の中心人物の一人であった。リクールはラコックの釈義と対話するにあたって、主としてボーシャンの雅歌読解[168]に依拠している。よって、どのようにボーシャンがどのように雅歌に関し釈義を遂行し、結論を得たか、その概観を知っておく必要がある。Florent Urfels がボーシャンの雅歌解釈の道筋をおいつつ、その特質を論じているので、その論文[169]の概要を紹介することで責の一端を担うものとしたい。

雅歌が自然主義、つまり一見して相聞歌のように見えることに固執する態度、あるいは歴史批評によって中近東における恋愛の詩との相関関係のみを重視するという態度について、Florent Urfels は怠惰な釈義姿勢であると自身の評価を述べている。そしてこの態度をボーシャンは取っていないとして、愛の歌のうちに「神が隠されている」という可能性を探る、つまり、解釈の試みを敢えて引き受けるという姿勢で雅歌を読む、このようにボーシャンの解釈姿勢を観察している。

ボーシャンは P. Tourney の先行研究に依拠しながら、雅歌を序曲と終曲の合間に10の歌の場面を想定している。この想定に関し、特に留意しておきたいのは、文学類型について、ボーシャンは物語でもなく、劇としてでもない、詩として雅歌を見るように提案しているという事である。これは、雅歌に物語にあるべき、筋・intrigue が見当たらないという主張に基づいている。このようにして詩としてみたとき、他の文学類型のように線状的に筋が展開するということではなく、それぞれの詩が互いに影響を与え合うという共鳴する関わりがあると想定することができるというのである。そして影響を与え合う幾つかの詩としての組み合わせである雅歌の頂点は、第五章の一節「友よ、食べよ、友よ、飲め。愛する者よ、愛に酔え」であるとされている。

このそれぞれの場面に関するボーシャンの分析は省かざるを得ないが、これらの詩は、単に乙女が男性を探し求めるという愛のふるまいに単純に収斂されるのではなく、愛の「法」(これはポール・ボーシャンの旧約釈義の一つのテーマでもあった)が、愛そのものを隠しつつ、しかし、暗示するというあり方を示すものでもあるという。そして、その「法」にかんする眼差しが、単に男女間の結びつきを讃えるということに雅歌を終わらせないで、「新しい兄弟姉妹関係 fraternité」を提示するに至っていると観察している。そしてこの新しい兄弟姉妹関係の中で女性というものが再評価されているのが雅歌なのであると見做される。Urfels はボーシャンのこうした見方をまとめて、これは終末論的でもあり、原初的でもある兄弟姉妹関係であると呼んでいる。

これは、ボーシャンの見る預言文学との違いでもある。預言においてもまた、神とその民の間を婚姻のように見ているが、預言文学とは違い、「雅歌は何よりもまず女性の愛を語らしめる。さらに彼女だけが愛に試みられること、その苦しみを示すのである」という観察につながるのである。この終末論的な関わりとしての愛というものは、間テキスト性による読解によって新約聖書の黙示録19章にみられる「小羊の婚宴」に出てくる小羊の花嫁と雅歌の乙女の読解によって閉じられる。

ここで、本論のリクールの議論と密接に関わっていることをいくつか指摘しておきたい。まず、ボーシャンの雅歌についての文学類型にかんする所説をそのまま用いているということである。雅歌の詩としての性格がリクールにおいてはメタファーを理解するために解釈の鍵として重要な役割を果たしている。ボーシャンの解釈はこの点でリクールの解釈の必須な要素であると言える。

雅歌における終末論的兄弟姉妹関係の中で、女性の位置が、当時の男女観とは違う、主体的な存在というものとして描かれていることをボーシャンは強調している。このことは、手法は違うが、フィリス・トリブルの読解にも、また、アンドレ・ラコックの読解にも共通する見解であることは見逃されてはならない。この点について特にリクールは論じているとは言えないものの、平等というボーシャンの見解をそのままとりいれているところから、リクールもこの点に同意していることは間違いないことであろう。

また、ポール・ボーシャンは確かに雅歌の祝婚歌としての生活の座や、文書の編集の歴史について述べていないので、歴史批評という手法を明示的には採用していないとも言えよう。しかしながら、雅歌を詩として読解するという態度はけっして歴史的手法と背馳するものではないこともまた確かである。このような中で、間テキスト手法によって読解を試みているわけであるが、これもまた、ラコック、トリブル、小友聡と共通する手法であるということに留意しておく必要がある。

注

（1）小友聡『謎解きの知恵文学――旧約聖書・「雅歌」に学ぶ』ヨベル新書（ヨベル、二〇二一）（以後、『謎解きの知恵文学』と略す）。

（2）アンドレ・ラコック、ポール・リクール共著『聖書を考える』久米博・日高貴士耶訳（教文館、二〇二一）。ラコックとリクールは、この書の中で、六つの聖書のテキストを取り上げ、各聖書テキストにつきラコックは聖書学の立場から釈義を遂行し、それが一セクションの考察となる。それを踏まえつつ、リクールは哲学者として次のセクションで釈義を施す。

　このように六つのテキストには二つのセクションがあり、セクションごとに著者が交代する構成になっている。本論で特に挙げるのは、第六章「雅歌」であり、「シュラムの女」というセクションをラコックが、「結婚のメタファー」というセクションをリクールが担当している。

　この聖書論集を表す以前の二人の聖書読解における関係、そしてこの著作執筆の事情に関して、以下の書評を参照のこと。Robert Philippe de, « André LaCocque et Paul Ricœur, Penser la Bible, Paris, Seuil, 1998 (La couleur des idées) », *Revue d'histoire et de philosophie religieuses*, vol.79, n°2, 1999, pp. 225-228.

（3）ここで、ポール・リクールをプロテスタント神学者のように扱うことはできないことを念頭に置かなくてならない。リクール自身、プロテスタントという立場から哲学をしているわけではないということを重ねて表明していることを想起する必要がある。実際、ラジオで、「私は、誰かから『プロテスタント哲学者』と紹介されると、イライラさせられます。私は、哲学者であり、プロテスタント信者なのです」。「Je suis irrité lorsqu'on me présente comme philosophe protestant, je suis philosophe et protestant.」と述べている。この発言に関しては、以下のラジオ局フランス・クルチュールのホームページを参照のこと。https://www.radiofrance.fr/franceculture/podcasts/a-voix-nue/je-ne-suis-pas-un-philosophe-protestant-2156775（参照：2022-11-17）.

　しかし、Dominique Frey も述べているように、プロテスタントの信仰が、様々な思索と関わりがあることは他の信仰を持っている思想家と同じ事態である。つまり、Frey の言葉を借用するならば、リクールは、« habitus protestant » を有しながら、同時に、信仰告白に束縛されずに思索を重ねていったと見なすことができるだろう。このプロテスタントの信仰の中から生じた思索という点で、神学者とは違う立場であっても、プロテスタントの潮流から生じたと形容できるのではないかと考える。

　Frey の評価に関しては、以下を参照のこと。Dominique Frey, « Paul Ricœur, philosophe et protestant », *Esprit*, n. 439, 2017, pp. 62-72.

（4）Charles Wackenheim は、この点に関して、トリエント公会議は、伝統という概念に関して、福音を補完するものだと明示することは拒否したという公会議の決定を重く受け止めるべきだと、公会議中の議論を追いながら解説している。この観察に特に留意する必要がある。

聖伝が聖書よりもあたかも優位にあるかのような議論は、公会議からではなく、その公会議後の対抗宗教改革を担った立役者の一人である神学者ロベルト・ベラルミーノから始まるとWackenheim は観察している。Charles Wackenheim, « Écriture et Tradition depuis le concile de Trente : histoire d'un faux problème », *Revue des sciences religieuses*, n. 55–4, 1981, pp. 237–252. 特に、p. 241 参照のこと。

(5) 実際このことは、第二バチカン公会議においても主張されている。第二バチカン公会議文書公式訳改訂特別委員会監訳『第二バチカン公会議公文書――改訂公式訳』（カトリック中央協議会、二〇一三年）、四〇三頁〔以後、著者名を省略し、『第二バチカン公会議文書』と略す〕。

(6) このような例としてボシュエが挙げられている。Cf. Charles Wackenheim, « Écriture et Tradition… », pp. 242–243.

(7) 『第二バチカン公会議文書』四〇三頁。

(8) 近藤勝彦は、東京神学大学名誉教授であられ、かつ、日本基督教団の正教師であられる。この大部な教義学の第六章、「証言としての聖書」の4節「聖書と伝統」の中に、福音主義が把握する伝統理解が示されている。Cf. 近藤勝彦『キリスト教教義学　上』教文館。

(9) Cf. John W. O'Malley, *What Happened at Vatican II*, (Cambridge, MA, USA: Harvard University Press, 2010), p. 68.

(10) この間の聖書解釈に関してのローマ・カトリック教会教導権が示した見解の歴史的推移に関しては、以下の論文などを参照のこと。Olivier Artus, « Dei Verbum. L'exégèse catholique entre critique historique et renouveau des sciences bibliques », *Gregorianum*, vol. 86, n. 1, 2005, pp. 76–91.

(11) 仏語版の「教会の中の聖書解釈（L'interprétation de la Bible dans l'Église）」においては、根本主義による解釈を、この考えによる解釈は、聖書の一字一句、いかなる疑問も批評も許さず、聖書を字句通り解釈すべきだというイデオロギーに基づくものであり、同委員会は、これは聖書に忠実であることを標榜しつつも、かえって聖書的ではないとする。

このイデオロギーの土台にある誤りは、啓示が歴史的な文脈で行われたということ、よって霊感を受けた聖書記者も、当然人間の言語で、その記者の理解の範囲内で書かれたものであり、聖霊が一字一句を決定したというものではないということを否定する点にあるという。

この解釈を委員会は次のように説明する。つまり、様々なヴァリアントがある原文のテキストを比較しながら解釈を探るという姿勢をしばしば否定し、特定の翻訳に固執し、そこから一方的に理解を引き出す。また、それまでのキリスト教伝統の中での諸解釈を無視し、しばしば反教会的姿勢を示す解釈である。このように委員会は根本主義による聖書読解の態度を総括し、これを危険なものであるとする。アプリオリに特定の解釈を危険視するこのような評価は、他の聖書解釈技法やアプローチには決して見られないことに留意すべきである。Cf. La Commisssion biblique pontificale, « L'interprétation de la Bible dans l'Église », *Biblica*, t. 74, 1993, pp. 451–528. 特に、pp. 482–484 参照のこと。

(12) オリヴィエ・アルトュスも、「カトリック聖書解釈」と他の教派と区別され、一枚岩の聖書解釈があるかのように区分した表現を用いることは、もはや不自然で不適切と感じられると明言している。つまり、聖書解釈においてローマ・カトリックに固有の手法があると想定することや、カトリックに聖書研究の固有の関心事や問題群があるとアプリオリに決めてかかる必要はないと一般的にカトリック信仰を持つ聖書学者たちは考えているということである。Olivier Artus, « Dei Verbum. L'exégèse catholique ... », p. 76.
(13) 小友聡『謎解きの知恵文学』一五一頁。
(14) Ibid., pp. 10–11.
(15) Cf. Ibid., p. 148.
(16) Ibid., p. 12.
(17) Idem
(18) Ibid., p. 13.
(19) この点について、実際にカトリック教会で行われている説教の状況と、小友聡の描写している状況との違いを指摘しておくことは有益なことと思われる。カトリックの典礼（礼拝）における説教とは、事実上、感謝の祭儀（ユーカリスト、ミサ）が祝われる際に朗読される聖書に関して行われるものに限られる。プロテスタント諸教会において行われている、礼拝の中で連続して聖書の中のあるテキストを朗読し説教していく連続講解説教 lectio continua は行われていない。

ミサ中の説教にしても、教皇フランシスコによれば、説教は十分を超えないように勧められているのだから、プロテスタントの礼拝が聖書朗読とその説教に重きを置くのとは様相を異にしている。また、ミサの聖書朗読の配分において、雅歌が朗読箇所として指定されている機会は、非常に限られている。カトリック教会において典礼祭儀の場で雅歌が朗読されていない理由は、こういう小友聡の描き出すのとはまた違った事情に基づくものであることがわかる。しかしながら、読まれていないという事実そのものは共通の事態である。教皇の発言に関しては、教皇庁のホームページの以下のアドレスを参照のこと。https://www.vatican.va/content/francesco/fr/audiences/2018/documents/papa-francesco_20180207_udienza-generale.html（参照 2022-11-17）

（20）Ibid., p. 159.
（21）Ibid., p. 57.
（22）Idem
（23）Ibid., pp. 58-69.
（24）Ibid., pp. 70-82.
（25）Ibid., p. 82.
（26）ここは、直接フィリス・トリブルの著作から引用した。フィリス・トリブル著、河野信子訳『神と人間性の修辞学——フェミニズムと聖書解釈』ヨルダン社、二〇〇九頁。
（27）Idem
（28）Idem
（29）Idem
（30）Idem

(31) Ibid., p. 210.
(32) Ibid., p. 237.
(33) Ibid., p. 222.
(34) Ibid., p. 237.
(35) Idem
(36) Ibid., p. 222.
(37) 小友聡『謎解きの知恵文学』九五頁。
(38) ここで『聖書を考える』におけるアンドレ・ラコックの解釈手法が、ド＝ロベールの書評において、どのように説明されているかを見ることは有益なことと思われる。この書評によれば、ラコックの同書における手法は、歴史批評の手法（méthode historico-critique）に忠実でありつつも、最終形態である正典における伝統的な読みに関しても対話しようとし、ユダヤ教における解釈、そして新約聖書を通して解釈された旧約聖書というキリスト教における旧約解釈にも注意を払うという、聖書の「多義性（plurivocité）」を考慮した読解であると説明している。その解釈作業の中で、ラコック自らの直観による読解も大きな位置を占めているという。
歴史批評に基礎を置くという点では、小友聡と同一であり、釈義においては必ず見られる、読解の契機ともいうべき「直観」において、小友とラコック両者は対蹠的であるということになる。Robert Philippe de, « André LaCocque et Paul Ricœur, Penser la Bible », 二二六頁参照のこと。

ここで、注意しておくべきことは、小友聡の参照するアンドレ・ラコックの研究書『Romance, she wrote. A Hermeneutical Essay on Song of Songs（1998）』は、我々の参照するリクールとラコックの共著『聖書を考える』とは別の著作であるということである。しかし、研究書と『聖書を考える』は同年、一九九八年に刊行されており、小友が見てとっているラコックの論旨、つまり、雅歌の意図するところは伝統破壊にあるという考えは、当然のことながら、『聖書を考える』においても雅歌の特徴として強調されている。『聖書を考える』四〇六頁参照。また、雅歌の2章17節における「脱＝倫理化」「脱＝神聖化」は、『聖書と考える』においても全く同じ表現で結論づけられている。同書四一六頁参照のこと。

このように、小友聡のあげる研究書と、『聖書を考える』におけるラコックの雅歌に関する考察は、同じ釈義内容を持っていると見ることができる。ただし、小友のあげている雅歌1章の5―6節と4章4節に関する考察は、『聖書を考える』には現れてこないことを付記しておく。

(39) 小友聡『謎解きの知恵文学』九六頁。
(40) Ibid., p. 100.
(41) Ibid., pp. 101-106.
(42) Ibid., p. 101.
(43) Ibid., p. 106.
(44) Ibid., pp. 106-107.
(45) Ibid., p. 128.
(46) Idem
(47) Ibid., p. 134.
(48) Cf. Ibid., p. 121. 同頁において、「ソロモンは旧約聖書では知恵の権化です」と述べている。
(49) Ibid., p. 123.
(50) Ibid., p. 139.
(51) Cf. Ibid., p. 144. これは、アンドレ・ラコックも『聖書を考える』の中で取り上げており、アンチ・ソロモンの思想をパロディーとして表明していると見ているが、小友はこれは、「深読み」であるとして退ける。ラコックの解釈に関しては、『聖書を考える』四一七頁から四二三頁を参照のこと。
(52) 小友聡『謎解きの知恵文学』一四六頁。
(53) Idem
(54) Ibid., p. 147.
(55) Idem
(56) Sophie Ramond, Patrick Pouchelle, « Bulletin de Littérature sapientielle et autres Écrits », *Recherches de*

Science Religieuse, t. 105, 2017, pp. 493–509.

(57) ソフィー・ラモンは、さまざまな聖書学の潮流をまとめて、以下のように述べている。

「現在、旧約聖書の諸書の釈義において知恵文学に関心がもたれている。より正確にいえば、こうした分類の妥当性と知恵という概念の定義に関して疑問を呈するという角度からの関心である。知恵文学の作成者たちの場という問題と同じように、固有の生活の座をもつ、文学類型としての知恵文学も疑問視されている」。

« On remarque dans l'exégèse actuelle des Écrits un intérêt pour la littérature sapientielle, plus précisément sous l'angle d'une interrogation quant à la pertinence d'une telle classification et quant à la définition même du concept de sagesse. Le genre de littérature sapientielle, avec un *Sitz im Leben* spécifique, est interrogé, comme aussi la question des milieux producteurs ». Ibid., p. 494.

この定期報告で、取り上げられている研究書は、M. Sneed 著、*Was There a Wisdom Tradition? New Prospects in Israelite Wisdom Studies*, Atlanta, SBL Press, 2015, そして、Najman Hindy, Rey Jean-Sébastien, Tigchelaar Eibert, *Tracing Sapiential Traditions in Ancient Judaism*, SJSJ 174, Brill, Leiden, 2016. Jarick John 編集の *Perspectives on Israelite Wisdom. Proceedings of the Oxford Old Testament Seminar*, Bloomsbury, London/New-York, 2016. 以上三冊の研究書である。

議論の方向性は、さまざまであるが、文学類型としての知恵文学に疑義を呈している聖書学者として、とりわけ M. Sneed, S. Week, W. Kynes などが挙げられている。ただし、こうした疑義を唱える聖書学者たちの中で、知恵文学の伝統という考えを保持した方が良いと考える A. Schellenberg などもいるということを、同論文の中でソフィー・ラモンは観察しているので、このことも付記しておく。

(58) 小友聡『謎解きの知恵文学』一二七頁。

(59) Idem

(60) 妻を得ることと、知恵の相関関係は、箴言18章の22節や、19章の14節などにある。単に美しい女性というものに関して、何がしか否定的であることに関しては、11章22節を参照のこと。家庭の中にあっておとなしくしていない場合は、愚かとされる例については、9章13節を参照のこと。このようにして、知恵を有して生活することと家制度との不可分な関係は、11章29節を参照のこと。ただし、31章のように、自立した女性を描く箇所もある。
(61) 小友聡『謎解きの知恵文学』一二八頁。
(62) これは、ソフィー・ラモンの報告するところのW. Kynesの見解である。Sophie Ramond, « Bulletin de Littérature sapientielle… », p. 494.
(63) 小友聡『謎解きの知恵文学』一一三、一六二頁。
(64) Ibid., p. 113.
(65) 小友聡の引用にならい、新共同訳のテキストとする。雅歌3章1節。
(66) 雅歌5章6節。
(67) このことは、フィリス・トリブルも雅歌の著者が誰であるかということに関わらず、修辞分析上観察できることとして、明示している。「三人の語り手の中で、女が最も傑出している。彼女がうた全体をはじめそして終え、全体を通して彼女の声が支配する」。フィリス・トリブル『神と人間性の修辞学』二一〇頁。
この観察は、心理分析、記号論研究で知られる、著作家ジュリア・クリステヴァの雅歌についての考察においても見られるものである。彼女は、聖書の中で、雅歌において「近代用いる意味において」、「女性が初めて主体となった」ことを観察している。Cf. Julia Kristeva, « Le Cantique des cantiques », *Pardes*, n. 32-33, 2002, pp. 65-78. 特にp. 78を参照のこと。

宮本久雄によるクリステヴァの解釈に関する教示に感謝する。また、このことは、後述するアンドレ・ラコックの解釈においても同様の事態が観察され、議論の俎上に登っている。
(68) 小友聡『謎解きの知恵文学』九三頁。
(69) Ibid., p. 95.
(70) Ibid., p. 151.
(71) Ibid., p. 146.
(72) 田中光『新しいダビデと新しいモーセの待望――イザヤ書の正典的解釈』教文館、二〇二二年。この著は、東京神学大学とトロント大学ウィクリフカレッジにおける研究の成果であり、付言すれば、小友聡教授も主査としてこの博士論文の審査に関わっておられる。
(73) Ibid., p. 54.
(74) Ibid., p. 58.
(75) Idem
(76) Cf. Ibid., p. 61.
(77) Ibid., p. 66.
(78) Idem
(79) Ibid., p. 68.
(80) Ibid., pp. 69–70. この頁にある田中光の注のまとめである。
(81) Ibid., p. 70.
(82) Ibid., p. 71.
(83) Ibid., p. 72.
(84) Ibid., p. 72, 88.
(85) Ibid., pp. 88–95.
(86) Ibid., p. 89.
(87) Idem
(88) Ibid., p. 95.
(89) Idem
(90) Ibid., p. 101
(91) Idem
(92) Ibid., p. 106.
(93) Ibid., p. 105.
(94) Ibid., p. 107.

(95) Ibid., p. 112.
(96) Ibid., p. 117.
(97) Cf. Ibid., p. 116.
(98) Cf. Ibid., p. 117.
(99) Ibid., p. 153.
(100) Ibid., p. 110.
(101) Cf. Ibid., p. 124, 153.
(102) Ibid., p. 124.
(103) Ibid., p. 127.
(104) Ibid., p. 129.
(105) Idem
(106) Ibid., p. 130.
(107) 小友聡『謎解きの知恵文学』一四六頁。
(108) Idem
(109) Idem
(110) Idem
(111) Ibid., p. 147.
(112) Ibid., p. 151.
(113) Idem
(114) これは、小友聡が取り上げている研究書ではなく、リクールとの共著において述べられている箇所を参照することとする。アンドレ・ラコック著『聖書を考える』第六章「雅歌・シュラムの女」三九三―四二五頁。
(115) Ibid., p. 396.
(116) Idem

(117) Idem
(118) Idem
(119) Idem
(120) Ibid., p. 399.
(121) ポール・リクール『聖書を考える』四二七頁。
(122) アンドレ・ラコック『聖書を考える』四〇八頁。
(123) Ibid., p. 400.
(124)『新共同訳』雅歌8章7節。
(125) 近藤勝彦『キリスト教教義学　上』二二六頁。
(126) ポール・リクール『聖書を考える』四二六頁。
(127) Ibid., p. 427.
(128) リクール自身は、この自然主義的読解とは何かということに関して明確な定義を与えているわけではないが、しかし、これが、現在聖書学において主流であると小友聡も考えている見方、つまり雅歌が恋愛の相聞歌であるとみなしていることを指していることは疑いようがない。もちろんラコックもこの流れの中で解釈を試みているわけである。そして、この自然主義的読解において、雅歌が、恋愛としての愛を歌っていると捉えることを指して、リクールはエロス的と名づけ、論中使用しているわけである。
(129) ポール・ボーシャンの解釈の概要に関しては、付論を参照のこと。
(130) Cf. Ibid., p. 432.
(131) Cf. Idem
(132) Ibid., p. 436.
(133) Idem
(134) Idem
(135) Ibid., p. 465.

(136) Cf. Ibid., p. 450.
(137) Cf. Idem
(138) Cf. Ibid., p. 451.
(139) Cf. Ibid., p. 454.
(140) Idem
(141) Cf. Ibid., p. 455.
(142) Cf. Ibid., p. 457.
(143) Ibid., p. 440.
(144) Cf. Ibid., p. 442.
(145) Cf. Ibid., p. 444.
(146) Cf. Ibid., pp. 430–431.
(147) Cf. Ibid., p. 440.
(148) Cf. Ibid., p. 439.
(149) Cf. Ibid., p. 458.
(150) Cf. Idem
(151) Cf. Ibid., p. 459.
(152) Cf. Ibid., p. 460.
(153) Cf. Ibid., p. 462.
(154) Cf. Ibid., p. 464.
(155) Idem
(156) Ibid., p. 465.
(157) Ibid., p. 466.
(158)『第二バチカン公会議文書』四〇五頁。この箇所のラテン語原文では、aeternae Sapientiae admirabilis

condescensio, となっている。

(159) Idem

(160) Idem

(161) Idem

(162) Ibid., p. 404.

(163) Ibid., p. 405.

(164) 近藤勝彦『キリスト教教義学　上』三三六頁。

(165) Cf. Ibid., p. 337.

(166) Cf. Ibid., pp. 338–339.

(167) Ibid., pp. 342–343.

(168) Paul Beauchamp, « Le Cantique des Cantiques », in : idem. (éd.), *L'un et l'autre Testament. 2, Accomplir les Ecritures*, Paris, Seuil, 1990, pp. 159–195.

(169) Florent Urfels « Faut-il allégoriser le Cantique des Cantiques ? L'exégèse de Paul Beauchamp », *Communio*, n. 279, 2022, pp. 15–27. 本付論は、この論文の要約であるので、引用の註を略すこととする。

むすびとひらき

本「科研費B」は、イエスと女性との出会いが披いた女性の人間的人格的霊的在り方を基盤において、そこから霊感を得たギリシア・ラテン教父および彼らと交流した女性霊性家の生と霊性を研究し、そこに参入することを目的としている。それだけでなく、その参入から学んだ愛智や修道の道行きなどを通して、現代の女性の生や男・女の関わりにも霊感とヴィジョンを得たいと志す。このような本「科研費」は、研究者仲間の活発な交わりの場ともなってきた。

その間筆者子が学んだ女性観について多少ふれてみると、まずギリシア哲学が挙げられる。ソクラテス、プラトン、アリストテレスの系譜である。ソクラテスは「善く生きる」ことを求め、その対話法を駆使して、それが魂の気遣いであり、魂の善さとして徳（アレテー）を身につけることであると説いた（『ソクラテスの弁明』）。プラトンはこのソクラテスの徳論を承け、各々の徳の根拠として各徳の形相（イデア）を示した（『メノーン』）。その中でも特に美のイデアを強調する。というのも、「真なる美」「美そのもの」（auto to kallos）は、美（to kallon）が呼び招く（kaleō）を含意するところから、正義や節制などの他の徳を抜きん出て諸々の美しいものを見せびらかせて人々の魂にエロース（熱情）を燃え立たせ、善のイデアを頂点とするイデア的精神界に愛智の人々を招き寄せるからだという。アリストテレスは都市国家（アテネなどのポリス）を秩序づける正義、節制、思慮、勇気などの四枢要徳を説いたが、他方で超越的な存在の観照（theōria）を至上とした。

このようにギリシア哲学は、イデア的な不可見の精神界を人類史上ほぼ始めて示した。しかしながらそこに参与できるのはポリスでも男子の自由市民であって、女性、奴隷、子供は除外されたのである。

ユダヤ教にあっても、女性は差別された。例えば、女性はシナゴーグ（ユダヤ教会堂）に入れず、ラビの教えを直接聞くことはできなかった。社会的には女性は父権性の下で従属的とみなされた。新約にあってパウロでさえ「男は女の頭であり……女は祈る時にかぶりものをかぶるべきだ」とし（「一コリント」十一3以下）、また「教会で女性は黙っていなさい。……もし何か学びたいことがあれば、家で自分の夫に尋ねなさい」（十四33―35）と述べている程である（その他「一テモテ」二8―15などを参照）。ただし、パウロは福音のために共に働く婦人たちを仲間と考えたり（「フィリピ」四2以下）、またキリストと教会の深い関係と夫と妻との絆を重ね合わせたり（「エフェソ」五22以下）とその女性観も豊かである。

これに対してイエスと女性との出会いははるかに人格的でアガペーにみち、そこにかけがえのない絆が結ばれた。イエスは律法的外的視点を超えて、苦しみにうちひしがれる女性と共に信頼、感謝（アガペー）、赦しなどの言葉が示す深い兄弟的な地平を披いた（「ルカ」七36―50、「ヨハネ」八1―11など）。

イエスに倣って生きようとしたラテン教父アウグスティヌスも、その回心に至る道程に女性の霊的導きと愛が与ってあまりあった。彼は最初マニ教に熱中し、神を何か巨大な物体の塊と考えていたが、プロティノス哲学と出会って精神界とその根拠に目覚めた。しかしさらに聖書の研究と読解に支えられ決定的に回心しえたのは、母モニカの祈り、長年連れ添ったはした女（concubina）の信実、貞潔の女神（Continentia）の励ましに拠ったのである。この点については、「アウグスティヌスにおける愛の地平」（筆者子［編著］『愛と相生――エロース・アガペー・アモル』シリーズ教父と相生、に所収。教友社、二〇一六年）を参照されたい。

いずれにせよ、イエスが性差別の下に蔑視され、果ては相手の男の代りに姦通罪で殺されかけたり、七つの悪霊につかれたマグダラのマリアのように苦悩の淵に生きた女性を神の似像として人間として出会ったことは、出会いの典型として現代に不変的な輝きを放っている。

最後に本年度「科研費B」によって刊行された本誌に参加し、多彩な女性観を披瀝していただいた研究者の方々に甚深の謝意をおささげしたい。

如月　立春の候。

宮本久雄拝

燈燈無尽

■執筆者一覧（掲載順）

袴田　玲

所属　岡山大学ヘルスシステム統合科学研究学域講師

専攻　宗教学、東方キリスト教思想

著書　「東方神学の系譜」『世界哲学史3』（分担執筆、筑摩書房）、「三一的存在としての人間――グレゴリオス・パラマス　第六十講話における〈神の像〉理解」『エイコーン』（48号）、「『フィロカリア』編纂の背景と神化概念の拡がり」『善美なる神への愛の諸相――『フィロカリア』論考集』（分担執筆、教友社）

村上　寛

所属　清泉女子大学キリスト教文化研究所準所員

専攻　西洋中世思想

著書　『鏡・意志・魂――ポレートと呼ばれるマルグリットとその思想』（晃洋書房）、『テオーシス――東方・西方教会における人間神化思想の伝統』（共著、教友社）

坂田奈々絵

所属　清泉女子大学文学部文化史学科准教授

専攻　キリスト教思想史、盛期中世の物質文化

著書　「ゴシック時代の教会建築を巡る神学的理解――聖書解釈との関連から」『パリ・ノートル＝ダム大聖堂の伝統と再生：歴史・信仰・空間から考える』（共著、勉誠出版）「シュジェールにおける光のカタチ――サン・ドニ修道院附属聖堂はなぜ「輝いた」のか」『光とカタチ――中世における美と知恵の相生』（共著、教友社）

阿部　善彦

所属　立教大学文学部キリスト教学科教授

専攻　中世哲学・ドイツ神秘思想

著書　『テオーシス――東方・西方教会における人間神化思想の伝統』（共編著、教友社）、『ミシェル・アンリ読本』（共著、法政大学出版局）

鶴岡　賀雄
所属　東京大学名誉教授・清泉女子大学キリスト教文化研究所客員所員
専攻　宗教学・西洋宗教思想
著書　『十字架のヨハネ研究』（創文社。講談社よりオンデマンド出版）、『越境する宗教史　上・下』（共編著、リトン）

寒野　康太
所属　南山大学人文学部キリスト教学科講師
専攻　カトリック基礎神学・組織神学・神学的認識論
論文　「ローマ・カトリック教導権における女性理解――中世研究にもとづく現代の神学」『西洋中世研究』（第11号）

宮本　久雄
所属　東京大学名誉教授、東京純心大学教授
専攻　聖書思想・教父神学・哲学
著書　『旅人の脱在論』（創文社）、『ヘブライ的脱在論』（東京大学出版会）、『パウロの神秘論』（東京大学出版会）、『言語と証人』（東京大学出版会）

シリーズ　教父と相生
西方キリスト教の女性――その霊的伝承と雅歌の伝統

発行日………2023年3月31日 初版

編　者………「キリスト教と女性」研究会
発行者………阿部川直樹
発行所………有限会社 教友社
275-0017 千葉県習志野市藤崎6-15-14
TEL047(403)4818　FAX047(403)4819
URL http://www.kyoyusha.com
印刷所………モリモト印刷株式会社

ISBN978-4-907991-91-3 C3016